《美好安徽》干部培训省情系列教材

山水安徽

SHANSHUI ANHUI

中共安徽省委组织部 安徽省水利厅 安徽省文化和旅游厅〇编写

全国百佳图书出版单位

时代出版传媒股份有限公司

安徽人民出版社

图书在版编目(CIP)数据

山水安徽/中共安徽省委组织部,安徽省水利厅,安徽省文化和旅游厅编写. —
合肥:安徽人民出版社,2019.7(2023.7 重印)

(美好安徽丛书)

ISBN 978－7－212－10484－9

Ⅰ.①山… Ⅱ.①中… ②安… ③安… Ⅲ.①山—概况—介绍—安徽
②水—介绍—安徽 Ⅳ.①K928.3 ②K928.4

中国版本图书馆 CIP 数据核字(2019)第 011969 号

山水安徽

中共安徽省委组织部　安徽省水利厅　安徽省文化和旅游厅　编写

出 版 人:杨迎会　　　　　　　　　　　责任印制:董 亮

责任编辑:汪双琴　　　　　　　　　　装帧设计:陈 爽

出版发行:安徽人民出版社 http://www.ahpeople.com

地　　址:合肥市蜀山区翡翠路 1118 号出版传媒广场 8 楼　邮编:230071

电　　话:0551－63533258　0551－63533292(传真)

印　　刷:安徽新华印刷股份有限公司

开本:710mm×1010mm　　1/16　　印张:18　　字数:233 千
版次:2019 年 7 月第 1 版　　2023 年 7 月第 2 次印刷

ISBN 978－7－212－10484－9　　　　　定价:65.00 元

序　言

　　不游安徽，不知安徽山水之美；不访安徽，不知安徽人文厚重；不遇安徽人，不知安徽人的淳朴、善良、勤劳和智慧……

　　安徽是一个美丽而令人向往的地方。在广达 14.01 万平方千米的土地上，淮河潮涌着粗犷、长江奔腾着豪放、新安江流淌着温婉，这三大水系犹如三条动脉，为安徽注入了不竭的生命之源。淮河、长江分别从安徽的北部和中部蜿蜒穿过，将安徽分为江南、淮北和江淮之间三个自然区域。地形地貌自北向南，依次展现为广袤无垠的淮北平原、连绵起伏的江淮丘陵和群峰竞秀的皖南山地。

　　安徽的山雄奇秀丽。有"天下第一奇山"黄山、中国四大佛教圣地之一的九华山、被汉武帝封为"南岳"的天柱山、横跨鄂豫皖三省的大别山，还有那"碧水丹崖甲江南"的道教名山齐云山、被王安石叹作"非常之观，在于险远"的褒禅山、李白作诗赞曰"相看两不厌"的敬亭山、欧阳修笔下的琅琊山、楚汉文化重要地区的八公山，等等。

　　安徽的水灵动旖旎。淮水汤汤，源远千里，融汇了两岸密集的支流和质朴的灵性，逶迤向东流过皖境，千百年来，滋润着淮北大地上的万千生灵，孕育了悠久深厚的历史和灿烂辉煌的文化；世界第三大河流——长江，凭借着水资源和航运优势被誉为黄金水道，八百里皖江是其中特色鲜明的一段，滚滚长江接纳了来自南北两岸山区的众多支流，汇聚了森林的养分和巨大的水能，使皖江流域以传统的"鱼米之乡"和发达的沿江城市带闻名遐迩；新安江发源于黄山山区，沿岸有迷离的奇山和潺潺溪流，山环水绕，犹如天然的山水画廊，从这里诞生了徽商、徽文化，成为现实版的"世外桃源"。

长江、淮河两岸的湖泊湿地星罗棋布，同样会令您心驰神往。五大淡水湖之一的巢湖，烟波浩渺，水天一色，气势恢宏；升金湖畔斑头雁展翅腾飞，白鹭起舞翱翔，丹顶鹤放声歌唱；丹阳湖沧海变桑田，围垦而成今天的大公圩，并已发展成为"现代化农业示范基地"，万春圩则发展成新兴的江东工业区；古雷池历史悠久、南漪湖风光旖旎……大小湖泊如同一块块翡翠，镶嵌在江淮大地。而众多隐藏在大山深处的人工湖泊——水库，以及布满丘陵和平原的灌溉工程——灌区，同样令人难以忘怀。皖南的水库如丰乐、太平湖，皖西的水库如万佛湖、佛子岭、梅山、响洪甸，皖东的水库如沙河集、黄栗树，皖中的水库如董铺、大房郢，等等，犹如颗颗珍珠。而遍布江淮的灌区内成千上万条渠道，如同无数条绸带将珍珠般的水库与当家塘串联起来，好似长藤结瓜，更像人间天河。安徽人民用勤劳和智慧，把来自天上的甘露揽入大坝与群山的怀抱，然后再用它们滋润着广袤的土地以及生活在这片土地上的生灵。

来到安徽，品读了这里的山水，就一定会发现，独特的地理气候，使安徽不仅拥有别具一格的区域禀赋，还形成了兼容并蓄的气质与胸怀。崇山峻岭赋予安徽人以淳朴和厚重，江河湖泊带给安徽人以智慧与聪颖；淮北大平原塑造出安徽人的粗犷和包容，江淮岗丘和皖南山地又赋予了安徽人以隽秀、温婉和内敛。因而，生活在这块土地上的人兼具了北方人的粗犷和江南人的温婉。城市风格也是千差万别，比如皖北城市给人的印象是与生俱来的大气鸿蒙；沿江城市则一如既往的清新温婉，诗韵流长；至于皖南的徽州小城屯溪、歙县、绩溪等，就如新安山水一般显得精致文雅。

安徽人酷爱这片山水，也珍惜山山水水给予安徽人民的滋养。党的十八大以来，安徽省牢记习近平总书记"把好山好水保护好"的谆

谆嘱托，按照"五大发展理念"，加快推进生态文明顶层设计和制度体系建设，大力推动绿色发展，深入实施大气、水、土壤污染防治三大行动计划……坚持走生态优先、绿色发展、人水和谐之路，将"三河一湖"（皖江、淮河、新安江、巢湖）生态文明建设作为全国的示范样板，同时加强植树造林和水生态修复等水土保持措施，着力解决巢湖流域水环境保护、淮河流域污染及长江、新安江流域生态环境保护等问题。启动千万亩森林增长工程；完成治淮 14 项骨干工程和长江干流堤防加固及支流治理工程，实现江河防洪除涝减灾体系的构筑，维护江河安澜；全面推行河长制、湖长制和林长制管理，并将河长制写入地方性法规，努力实现绿水青山与金山银山有机统一。

安徽美丽的自然风光、悠久的人文历史和独特的民俗风情，为皖山皖水增添了又一重魅力。安徽省旅游资源的数量、品位均在全国名列前茅。丰富的旅游资源，为安徽的可持续发展带来了源源不竭的动力，为游客欣赏安徽增添了无穷的韵味。

安徽省琳琅满目的风味特产也能够吊足您的胃口。黄山毛峰、六安瓜片、祁门红茶、霍山黄芽等远近驰名，芬芳甘醇；古井贡、口子窖、迎驾贡等名酒，入口醇和，香气馥郁；长江的刀鱼、鲥鱼和河豚，巢湖的银鱼、螃蟹、白虾，肉质鲜美，令人回味无穷；萧县的葡萄、怀远的石榴、砀山的酥梨、三潭的枇杷、宁国的山核桃等远销海内外。徽菜更是中国八大菜系之一，著名的"臭鳜鱼""胡适一品锅"是菜肴中的上等佳品。

如果您想更加深入地了解安徽，欢迎游览安徽的山水，欣赏自然美景，观赏风物遗存，了解安徽的人文，品尝安徽的名茶、名酒和菜肴，带上安徽的特产，与家人分享安徽山水的美好，感受安徽人的朴实、热情和敦厚。

目 录

名山揽翠　群峰竞秀

大江奔流　潮涌江淮

名湖闪耀　天河漾波

人文胜迹　底蕴深厚

名优特产　珍品荟萃

山水竞美
区位优越

锦绣中华，处处美好，但每个省区域禀赋不同，风光各异，仿佛美女，不仅环肥燕瘦，而且有不同的装扮、气质、韵味，从而姿态各异、仪态万方。

安徽于清康熙六年（1667年）始建省，省名取自"安庆府"与"徽州府"首字。因历史上有古皖国，境内有皖山、皖水故而简称"皖"。

安徽省介于东经114°54′—119°37′、北纬29°41′—34°38′之间，位于中国大陆中东部，属于华东地区，与江苏、浙江、江西、湖北、河南和山东六省相邻，东西宽约450千米，南北长约570千米，总面积14.01万平方千米，约占全国总面积的1.45%，居华东第3位，全国第22位。

在地理位置上，安徽属于吴头楚尾，承东启西，连南贯北，是长江三角洲地区无缝对接的纵深腹地；在地形地貌上，安徽省横有长江、淮河穿境而过，纵有大别山脉、皖南山脉连绵起伏，山水兼备，秀领东南。

安徽省自然资源丰富，丰富的水土资源和四季分明的气候特征，奠定了安徽农业的传统优势，粮、棉、油、麻、茶、烟草和水产品等均在全国占有重要位置，并已成为我国重要的商品粮与农副产品生产基地；丰富的矿产资源，奠定了我省作为华东乃至全国能源、冶金基地的基础性地位；精彩纷呈的旅游资源，奠定了安徽众多国际国内知名旅游景区和发达旅游产业的基础。

　　安徽是中国史前文明的重要发祥地，拥有淮河文化、庐州文化、皖江流域文化、徽文化四大文化圈。徽商是中国古代著名的三大商帮之一，明清时期，安徽商人就将贸易拓展到了东南亚、日本以及欧洲，留下"无徽不成商"的美名。安徽自古重视科研教育，拥有敢于开拓、善于创新的精神气质和文化基因，科学技术整体力量居全国前列，是全国首个新型城镇化试点省份，全国创新试点省份。省会合肥是我国重要的科教基地之一，也是全国第一个国家创新型试点城市、第二个综合性国家科学中心。

　　得天独厚的地理位置、地形地貌、土壤气候、人文底蕴等禀赋，使得安徽山水竞美，风光无限。

襟江带淮的地理环境

古之皖山皖水，特指今天的天柱山和皖河。昔之皖国，湖光山色，良田万顷，是典型的鱼米之乡、富庶之地。今之皖水皖山，乃泛指整个安徽的绿水青山。全省境内，山环水绕，物产丰饶，是最理想的安居家园、旅游胜地。

安徽省内地形地貌类型多样，山区、丘陵、平原和湖泊洼地兼备。其地理位置和气候处于南北过渡带，淮河是南北分界线；以淮河为界，南部为亚热带，北部为暖温带；季风气候明显，四季分明，降水丰沛，孕育着优越的自然条件和丰富的自然资源。

安徽交通便捷，全省公路总里程达 20.9 万千米，其中高速公路通车里程 4836 千米；全省铁路运营里程 4445 千米，其中高速铁路运营里程 1510 千米。贯通了京福南北大通道和沪汉蓉、沿江、陆桥东西大通道。快速铁路网主骨架基本形成，普通铁路网提质加密，城际铁路取得积极进展，轨道交通建设实现突破；铜陵长江公铁大桥、芜湖长江大桥、安庆长江大桥、马鞍山长江大桥、安庆长江铁路大桥、望东长江大桥、芜湖长江二桥 7 座跨江大桥连接南北；空中交通拥有合肥、黄山、阜阳、池州 4 个民用机场，安庆军民合用机场以及在建芜湖宣城机场；全省邮电通讯发达，是全国第三个实现所有市县通讯数字化的省份。

安徽省水域面积广阔，流域面积在100平方千米以上的河流有400多条，平均河网密度达0.4千米/平方千米。境内有全国五大淡水湖之一的巢湖，皖南有新安江，长江淮河两大川流横穿省境，是天然的黄金水道。水运条件优越，通联全省81%的市、县，能与9个省市相通。

钟灵毓秀的华东腹地

安徽省地处我国水系由西至东、山脉由北向南的过渡区，地形地貌类型多样，山区、丘陵、平原、圩区和湖泊洼地兼备，构成了山清水秀、钟灵毓秀的美丽画卷。淮河、长江分别横贯安徽的北部和南部，将全省分割成为淮北、江淮和江南三大区域。按区域地貌的综合特征，安徽省共划分为5个地貌区，即淮北与沿淮平原区、江淮丘陵区、大别山区、沿江平原区及皖南山区。

·淮北与沿淮平原区

淮北平原区除北部萧县、淮北市、灵璧县与宿州市埇桥区有小面积丘陵，部分地段有岛状石质残丘外，主要为黄泛平原，地形大致平坦，

广袤的淮北大平原（许季 摄）

自西北向东南缓缓倾斜。冲积平原上河道众多，主要河流有颍河、西淝河、涡河、浍河、沱河、濉河等，但因受历次黄河泛滥影响，河床淤浅，汛期往往由于容泄能力受限，漫溢两岸而致积水，即使在枯水季节，上述诸河流也较难起到排除地面积水的作用。丘陵海拔大多在 100 至 300 米，以不连续的长块状出现在冲积层之上。平原中的残丘海拔较低，在 100 米左右，多数孤立出现于冲积平原之中。

沿淮平原区一带主要是淮河及其支流下游形成的岗地、平原、湖泊和湖滨平原区，只在蚌埠市、淮南市等地有突起的丘陵。在淮河干流两岸的一级支流河口处及平原区较大支流的河口处，有因淮河干流或支流河道逐渐淤高而成喇叭形的湖泊。这些湖泊在冬、春季积水不多，甚至干涸。因此周围较高地点可以种一季小麦或其他作物。在汛期湖泊洼地可作为拦蓄洪水之用，但深度不大，蓄水时水面宽广，淹地很多，需要在蓄洪区周围加筑圩堤。淮河干流及支流下游两岸多河漫滩，有的面积甚广，方圆可达 10 至 20 千米，为小麦丰产区，但易遭洪涝灾害。淮南市一带丘陵海拔多在 100 至 200 米，呈弧形出露于冲积平原中。蚌埠市一带的残丘海拔高低不一，从数十米到 338 米（涂山）均有。

· 江淮丘陵区

江淮地区中部与东部习惯上称江淮丘陵区，但实际上包括有低山、丘陵、岗地、湖滨与沿河平原等，地貌类型颇为复杂，低山与丘陵多分布于江淮地区东部。

在六安市、肥西县、合肥市城区、长丰县南部、肥东县西部、霍邱县与寿县南部及定远县南部一带，多为波状剥蚀残积岗地，岗冲交替。合肥市西郊与肥西县东部有少数残丘突起，如大蜀山（海拔 282 米）、小蜀山（海拔 156 米），呈波状起伏的岗地主要为二级阶地，相对高度多小于 30 米，有的仅有 10 米左右。

太湖县、潜山市南部至桐城市之间主要为大别山南麓低丘地区，呈南西—北东向狭长形分布，南北宽度最大处在 30 千米左右。一般低丘海拔在 100 米以内，地面切割较甚，丘陵呈起伏不大的长条形。河谷宽广，有自由河曲的发育，河流以沉积作用为主，浅滩普遍。山麓低丘带与长江冲积平原之间为高丘湖泊地带，丘顶海拔一般在 400 米左右，个别如安庆市北部的大龙山，海拔达 697 米，已属低山范畴。低山缓丘之间，湖泊错列，湖泊面积也较大，如白兔湖等。

沿巢湖一带为湖滨平原区，包括合肥市以南、庐江县以北、舒城县以东地区，南北较窄，东西较长，四周为低山丘岗所包围，地势起伏甚小。沿湖除东部外均较低洼，系圩田分布。

六安护国寨田园诗韵（孙仲　摄）

明光市东部与来安县北部分布有玄武岩平岗与平顶丘陵，前者系玄武岩熔岩流上发育的剥蚀堆积台地，后者为地面流水切割后形成的玄武岩方山。

· 大别山区

大别山区位于湖北、河南、安徽三省交界地区，绵亘千里，以安徽省境内分布最广，山势也特别雄伟，其范围东起潜山市，西至省界，南自太湖县，北迄金寨县，全区略呈三角形。大别山区为江淮分水地带，南北侧与丘陵、平原区相接，主要由低山与中山组成，最高峰为霍山县白马尖，海拔 1777 米。由于受冰川与流水的侵蚀和岩石沿垂直节理风化的影响，该区海拔 1000 米以上的山地多成为悬崖峭壁，山顶多有尖峰耸立。

·沿江平原区

沿江平原区呈南西—东北走向，地势较平，海拔一般在 15 米左右，沿江湖汊地区海拔 10 米左右，最低处海拔只有 6 米，是全省地势最低的地方。在铜陵市以西，因受大别山及皖南山地的夹峙，冲积平原不及铜陵市以东地区开阔，如安庆市附近宽仅 2.5 千米。地貌类型以岗地、湖泊和冲积平原为主，沙洲也甚普遍；湖泊在沿江一带星罗棋布，面积较大，分布于两岸及支流入口处，如泊湖、黄湖、升金湖等，湖水一般较浅，不少业已围垦。低丘在沿江一带零星分布，有的与高丘低山相连，有的残留于冲积平原之中或湖泊之间，数量虽不多，但较突出。铜陵市以东，冲积平原顿现开阔，宽度可达 25 千米（芜湖市附近）。此段长江江面宽广，水流蜿蜒多曲，河漫滩与江心洲比较发育。

·皖南山地丘陵区

皖南山地丘陵区位于沿江平原区之南，分为东北部丘陵区和中南部山区。

皖南山地丘陵区东北部主要为长江支流青弋江、水阳江、郎溪河等所形成的沿岸冲积平原、岗地与湖泊洼地，外围有一部分丘陵与低山。在宣城市、郎溪县、广德县及宁国市、南陵县等地，阶地成片分布，大部分受到流水轻度冲刷，成为坡度为 5° 到 10° 的波状起伏岗地。青阳县与繁昌县之间有一片丘陵低山区，最高山岭海拔为 500 米以上，一般为 300 米左右，相对高度只有 200 米左右。南陵县东部主要是长江支流漳河与青弋江等形成的冲积平原，地势比较平坦。南陵县与青阳县之间为一片起伏不大的河谷冲积平原，谷地开阔，河流水流缓慢。

皖南山地丘陵区中南部属于山区，呈南西—北东走向的近似平行的九华山、黄山与白际山—天目山斜贯该区，它们均属中山类型。白际山—天目山山脉和与之对峙的黄山山脉，都曾受强烈隆起的影响，成为高耸挺拔的巍巍山脉，其间海拔高于 1000 米以上的山峰有 100 多座。黄山与九华山的主峰，由于冰川与流水的侵蚀以及岩石沿垂直节理风化，山峰矗立，谷壁陡峭，沟谷深切，起伏悬殊。黄山的光明顶、莲花和天都诸峰拔地而起，雄伟险奇，兀立于群峰之间，海拔均为 1800 米以上，其中莲花峰海拔 1873 米，为安徽省第一高峰。黄山号称天下奇山，素以奇松、怪石、云海、温泉饮誉中外，为中国著名旅游胜地。天目山分布在浙江与安徽省交界处，清凉峰海拔为 1787 米。九华山最高峰十王峰海拔为 1341 米。在山脉之间为规模较大的断陷区，地貌上表现为宽广的山间盆谷，其宽度自西向东逐渐增大，最狭地段约 12 千米，最宽处可达 25 千米，盆谷所在为流水汇集之处。盆谷和南北两侧矗立的高峰之间高差在 1000 米以上，造成了显著的自然地理垂直分布现象。在九华山与黄山之间有石台盆地、太平盆地、泾县盆地等，在黄山与白际山—天目山之间有祁门盆地、黟县盆地、休宁盆地、屯溪盆地、歙县盆地、绩溪盆地、广德盆地等，形成串珠连绵百余千米的宽广盆谷。

皖南山区歙县蜈蚣岭（晋知华 摄）

四季分明的气候特征

安徽省气候特征明显：春暖、夏热、秋爽、冬寒，春、秋季各约2个月，冬、夏季各约4个月。由于地处中纬度，距海较近，受季风气候影响较为显著，气候表现出明显的过渡性。全省大致以淮河为界，北部为暖温带半湿润季风气候，南部为亚热带湿润季风气候。全省四季分明，春温多变，秋高气爽，梅雨显著，伏天酷暑，夏雨集中，冷暖气团交汇频繁，又受东南台风登陆影响，天气多变，常有旱涝、风霜、冰雹等自然灾害发生。

安徽省的日照年平均数在1800至2500小时之间，年太阳辐射总量在44至54.4焦耳/平方米之间，有北多南少、平原多山区少的特点。年平均气温介于14℃至17℃之间，无霜期自北向南、自山区到平原，在200至250天之间。多年平均降雨量在800至1800毫米之间，有时空分布不均、年际变化量大、南多北少、夏多冬少的特点。安徽气候特征中最为鲜明的是梅雨和伏天。

"梅子黄时家家雨，青草池塘处处蛙"，是古代诗人对梅雨季节的贴切描述。梅雨是长江中下游的气候特点之一，安徽江南和江淮之间受其影响，持续连绵的阴雨，温高、湿大。正常情况下，汛初江南先进入雨季，长江流域正常梅雨季节是6月上中旬到7月上中旬，约27天；淮河流域雨季从6月中下旬开始可延续到9月，汛末随着副热带高压南退，雨区又由北向南退出安徽。安徽梅雨季节的早与迟、长与短、雨量大小、雨区位置和持续时间等变化不定，这是与大尺度的大气环流背景的变化有关，更是中、小尺度的天气系统共同作用的结果。

"日轮凝不去，如在洪炉中"，是古代诗人对伏天酷暑的最好形容。三伏天出现在小暑和处暑之中，是一年中气温最高且又潮湿、闷热的日子，在安徽表现的尤为明显。"伏"表示阴气受阳气所迫藏伏在地下的意思，不宜出门远行。每年有三个伏，三伏天是一年中最热的季节。伏天的起讫时间每年都不尽相同，大致是在7月中旬到8月中旬。三伏期间，由于地表湿度变大，每天吸收的热量多，散发的热量少，地表层的热量累积下来，所以一天比一天热。进入第三伏，地面积累热量达到最高峰，天气就最热。另外，夏季雨水多，空气湿度大，水的热容量比干空气要大得多，这也是天气闷热的重要原因。七八月份副热带高压加强，在副高的控制下，高压内部的下沉气流，使天气晴朗少云，有利于阳光照射，地面辐射增温，天气就更热。

承东接西的区位优势

安徽位于中国经济最具活力的长江三角洲腹地，承东接西，连接南北，沿江通海，在中国经济格局中占据十分重要的位置。

安徽省境内自然山水引领华东，历史文化南北交汇，是开放中国的前沿之地内陆腹地，北、东和东南面分别与山东省、江苏省和浙江省接壤，距东海300千米，为华东七省市之一，西北、西和西南面分别与河南省、湖北省和江西省相连，是中部六省之一。区位上居中靠东、连南接北、沿江近海，是长三角经济体的重要组成部分，是国家推进"一带一路"和长江经济带建设的重要节点，站在中国东西双向对内对外开放的前沿。近年来安徽省加快交通设施建设，综合交通网络能力显著提升，4E级合肥新桥国际机场与世界很多城市开通直航，"合新欧"国际货运班列成为连通亚欧大陆的重要物流通道，拥有6612多千米内河航道等。这样的地理区位，带动着安徽省经济社会的快速发展，形成了以合肥市为龙头、以皖江城市带为轴线的重点经济增长区域。

·合肥都市圈

合肥都市圈包括合肥、淮南、六安、滁州、芜湖、马鞍山6个省辖市和桐城1个县级市，面积5.74万平方公里，占全省的41%。2018年常住人口2729.6万人，占全省的43.2%。2018年，合肥都市圈生产总值 17543.06 亿元、财政收入 2984.53 亿元、出口总额 282.12 亿美元、社会消费品零售总额 6037.82 亿元，分别占全省的 58.5%、55.6%、77.9%、54.7%，在全省经济发展格局中占有重要位置。合肥都市圈内 14 个省级战略性新兴产业集聚发展基地持续快速发展，都市圈新型显示、机器人、智能语音、新能源汽车等产业集聚已在全国形成重要影响力。合肥综合性国家科学中心获得国家批准，量子信息科学国家实验室加快创建，聚变堆主机关键系统综合研究设施等一批大科学装置加快推进，"一室一中心"全面建设。对外开放进一步扩大，合肥、芜湖综合保税区快速发展，马鞍山综合保税区正式封关运营，合肥空港保税物流中心（B 型）及一批公共型保税仓库投入使用。苏滁现代产业园、合肥上海产业园等与沪苏浙共建产业园区蓬勃发展，合肥—宁波铁海联运班列开通，合肥都市圈与长三角城市群合作进一步深化。

·皖江示范区

皖江城市带承接产业转移示范区（简称"皖江示范区"）范围为

合肥经济开发区翡翠湖

安徽省长江流域，包括合肥、芜湖、马鞍山、铜陵、安庆、池州、滁州、宣城8市全境和六安市的舒城县、金安区，共59个县（市、区），辐射安徽全省，联接上海市、江苏省、浙江省。皖江示范区以发挥长江黄金水道优势为切入点，以水清岸绿产业优为导向，以合作发展的先行区、系统推进改革创新的核心区、中部地区崛起的重要增长极、具有国际竞争力的先进制造业和现代服务业基地、长江经济带生态文明建设的安徽样板为目标，不断提档升级，积极打造引领全省创新发展的支撑带。目前，皖江示范区已经形成智能家电、电子信息、新能源汽车等产业集群，建设了郑蒲港新区现代产业园、苏滁现代产业园等承接产业转移重要平台。

·皖北地区

皖北地区包括淮北、亳州、宿州、蚌埠、阜阳、淮南6个省辖市和霍邱、明光、凤阳、定远4个县（市），面积5.3万平方公里，2018年年末户籍人口3780万人，GDP总量8500亿元，分别占全省37.8%、53.4%、28.4%。皖北地区煤炭等矿产资源、农业资源丰富，路网密集，交通便捷，是中原城市群的重要组成部分，是淮河生态经济带安徽板块的主力，是支撑全省经济社会持续健康发展的重要力量。立足比较优势和产业基础，按照项目集中、产业集群、资源集约、功能集成等目标方向，全面推进皖北承接产业转移集聚区建设。加快建设蚌埠硅基新材料、阜阳现代医药、亳州现代中药、淮北铝基高端金属材料、淮南大数据、宿州云计算等产业集聚发展基地，形成优势互补、分工合理、协同发展的"6+N"承接产业转移新格局。依托各类开发区、现代服务业集聚区、现代农业示范区、南北共建园区，培育地方特色产业，形成"一县一产业""一园区一特色"的承接发展格局，打造一批在全省具有规模实力和市场竞争力的经济强县。建立完善推动皖北承接产业转移制度和政策体系，构建产业结构优化、开放体系完善、区域协同联动、行政服务高效、示范效应明显的长三角承接产业转移集聚区。

·皖西革命老区

皖西革命老区包括六安市、安庆市和寿县、枞阳县，特色农林资源丰富，生态环境良好，红色、历史文化底蕴深厚。加强茶叶、毛竹、中药材等特色农产品基地建设，培育具有大别山地理标志的农产品品牌，提升特色农业规模化、产业化水平，建设全国重要的特色农产品生产加工基地。积极发展红色旅游、生态旅游和文化休闲旅游，打造一批精品旅游景区和旅游线路，建设全国重要的旅游目的地。大力发展纺织服装、石化、汽车及零部件、机电家电、健康养老等产业。实施林业增绿增效、水土流失治理等重点生态工程，提升生态环境质量，建设长江和淮河中下游地区重要的生态安全屏障。

·皖南国际文化旅游示范区

皖南国际文化旅游示范区包括黄山、池州、安庆、宣城、铜陵、马鞍山、芜湖等七市，共47个县（市、区），国土面积5.7万平方公里。立足良好的生态环境和深厚的文化底蕴，将皖南国际文化旅游示范区打造成为美丽中国建设先行区、世界一流旅游目的地和中国优秀传统文化传承创新区。开展大黄山国家公园规划建设，着力构建国家与民族的圣地、生态保护与风景名胜的重地、休闲与旅游的福地。创建中国全域旅游示范区，着力推动生态、文化、旅游、科技融合发展，加快构建以文化旅游为特色的现代产业体系，提升发展质量和国际化水平。深化与沪苏浙旅游合作，构建长三角文化旅游一体化合作平台，推动面向长三角的生态旅游休闲基地建设。加强文化遗产的发掘保护和优秀文化的传承利用，弘扬爱国、诚信、礼义、尚学、敬业、和谐的徽文化精髓，丰富皖南文化内涵，提升皖南文化价值。

四通八达的交通布局

安徽省区位优越、交通发达，机场、铁路、公路，加上长江黄金水道，形成了独特的水陆空立体交通网，将安徽与长江三角洲地区紧密联系在一起，成为东部地区联系广大中西部地区重要的交通纽带。在国家交通运输网络中，具有承东接西、连南接北、居中靠东、临江近海的特征，发挥着重要地位和作用。经过持续多年的大规模集中投入，全省交通基础设施日臻完善，基本形成快速、畅通的公路、铁路、航空、水运交通网络。

• **公路**

合宁、合芜、合安、合徐、芜宣、宁千、合铜黄、宣广、连霍、泗许、宁洛、合六叶、南沿江、滁淮高速以及安庆长江大桥、马鞍山长江大桥、芜湖长江二桥、望东长江大桥等通行路段，织就了全省"五纵九横"高速公路网，构成了安徽与长三角及中西部地区便捷

巢无高速公路枢纽

畅通的交通体系。截至 2018 年年底，全省公路总里程达 20.9 万千米，其中高速公路通车里程 4836 千米。全省 16 个省辖市实现了市市通高速，基本实现南北向 6 小时、东西向 3 小时过境，一个承东启西、贯通南北、高效便捷的高速公路网络正日益完善。另外，全省一级公路里程达到 4863 千米，二级及以上公路里程超过 2.1 万千米，实现所有乡镇通沥青（水泥）路，行政村通公路率达 100%。

• **铁路**

铁路是综合交通运输网络的骨干，也是关键的基础设施和重要的民生工程。至 2018 年，安徽先后建成合宁、合武、京沪、合蚌、合福、宁安、郑徐、杭黄高速铁路，淮北高铁联络线，合肥铁路枢纽南环线及南客站，庐铜、铜九、阜六、宿淮等普通铁路，干线铁路覆盖全省

所有省辖市和 47 个县，其中高速铁路通达 14 市 16 县，铁路网密度达到 317.5 公里 / 万平方公里。开通了合肥至北京、上海、天津、重庆 4 个直辖市和南京、济南、武汉、广州、杭州、长沙、成都、福州、南昌、郑州、西安、昆明、贵阳、南宁 14 个省会城市的直达高铁动车。在建商合杭、郑阜、合安、安九、昌景黄高铁等铁路项目。我省以合肥为中心、以高速铁路为骨架、以普通铁路为基础的现代铁路网布局基本形成，在全国铁路网中的枢纽地位已经确立。

合肥高铁南站枢纽

· 航运

安徽水域面积广阔，大小河流有 300 多条，总长度 1.5 万多千米，连结全省 81% 的市、县，能与 9 个省市相通。全省内河航道总里程达 6612 千米，通航里程达 6271 千米，共有一二类口岸 11 个、港口 16 个，其中长江黄金水道 400 多千米，沿岸的铜陵港、芜湖港、马鞍山港都是万吨级天然良港。芜申运河、沙颍河、合裕线等重要支线航道基本建成，阜阳、杨桥 2 个船闸，裕溪、巢湖、固镇 3 个复线船闸建成通航，引江济淮航运工程开工建设。

2018年，全省内河营运船舶2.51万艘，运力达4704万载重吨，完成港口吞吐量5.1亿吨，集装箱吞吐量148.7万标箱。全年完成水路运输客运量、旅客周转量、货运

芜湖港

量和货物周转量240万人次、3912万人公里、11.5亿吨、5631亿吨公里。

· 航空

安徽拥有合肥、黄山、阜阳、池州4个民用机场，安庆军民合用机场以及芜宣在建机场。航线网络覆盖国内外50多个大中城市，开通

合肥新桥国际机场

了合肥—俄罗斯、合肥—大阪、合肥—首尔、合肥—曼谷、合肥—普吉、合肥—台北、合肥—澳门、黄山—首尔、黄山—台北等16条国际及地区航线，以及合肥—芝加哥、合肥—越南河内、合肥—深圳全货机航线。2018年完成客、货吞吐量1360万人次、7.5万吨，同比分别增长19.12%和9.41%。

· 地铁

安徽强化规划引导，统筹城市发展和国土空间资源，加快推进城市轨道交通规划建设。合肥市轨道交通1号线、2号线开通运营，3号线、4号线、5号线和芜湖市轨道交通1号线、2号线一期加快建设。在建城市轨道交通里程169公里。淮南、蚌埠、马鞍山等市完成建设规划编制，全省已形成城市轨道交通加快发展良好态势。

安徽省统筹综合交通枢纽与城市功能布局的关系，以综合交通枢纽为核心，协调枢纽与通道建设，完善枢纽布局体系。全面提升合肥全国性综合交通枢纽功能，推进芜湖、蚌埠全国性综合交通枢纽以及阜阳、安庆、黄山等区域性综合交通枢纽建设，充分发挥区域路网的节点作用。

丰富多样的自然资源

安徽省南北跨纬度虽不大，但南北地理环境差异较大。一方面气候从亚热带向暖温带过渡，地带性土壤由南向北从红壤到黄棕壤再过渡到棕壤，地带性植被由南向北从常绿阔叶林过渡到阔叶落叶林，自然景观呈现明显过渡性特色；另一方面南北的地貌差异，形成了皖南与皖北在经济结构、文化景观和民俗风情等诸方面的差异。南方以水田种植业为特色，北方为种植冬小麦、棉花为主的旱地农业。耕作制度从南到北也从一年两熟到三熟过渡到两年三熟或一年两熟。

特有的自然环境造就了安徽丰富的水、土地、物产、矿产等自然资源。据统计，全省多年平均水资源总量为 716.11 亿立方米，位居全国第 13 位。现有耕地 8860.6 万亩，平均年产粮食面积突破 1575 万亩；共有生物资源 10917 种，其中国家重点保护的木本植物有 30 种，珍稀野生动物 54 种，国家一、二级保护动物分别有 18 种和 368 种，以扬子鳄、白鳍豚最为珍贵；水资源蕴藏总量约为 680 亿立方米，居全国第 20 位；全省已发现近 140 种有用矿产，探明储量的有 67 种，煤、铁、铜、硫、磷、明矾、石灰岩等 38 种矿产储量居全国前十位。现已探明煤炭储量 250 亿吨，铁矿储量 29.9 亿吨，铜矿储量 384.9 万吨，硫铁矿储量 5.64 亿吨，分别居全国第 7 位、第 5 位、第 5 位和第 2 位。

丰沛的水资源

江河湖泊是水资源的重要载体。由于安徽省地处南北过渡带，冷暖气团交汇频繁，季风气候明显，降雨量较为丰沛，加上淮河、长江及新安江三大水系与众多的支流湖泊，水资源蕴藏丰富。据统计，多年平均水资源总量为 716.11 亿立方米，位居全国第 13 位。其中，地表水资源量 651.93 亿立方米，可利用量 288.44 亿立方米；地下水资

龙河口水库库区（晋知华 摄）

源量 64.18 亿立方米，可开采量 42.09 亿立方米。且由于安徽山区较多，落差较大，水力资源蕴藏丰富，理论蕴藏量为 411.8 万千瓦，其中技术开发量 161 万千瓦，占理论蕴藏量的 39%。

水资源分布不均，南多北少，年际变化量大，是安徽省水资源的显著特征。为合理利用与开发水资源，新中国成立后，安徽省兴建了 16 座大型水库、100 多座中型水库、5000 多座小型水库、塘坝，800 多座水电站、2 万多处泵站、1.5 万余处水闸、1.4 万余处农村集中式供水工程、500 多万口机电井、1800 余处规模以上灌区等，开挖了新汴河、茨淮新河、怀洪新河大型人工河道以及规模以上干支渠若干条，兴建了 24 处国家级行蓄洪区等，这些工程，使水资源得到比较合理的配置和开发利用，为安徽省经济社会发展奠定了良好基础。

2011 年中央 1 号文件明确提出：水是生命之源、生产之要、生态之基。丰沛的水资源，为安徽人民带来了巨大的财富。水的润泽使安徽省这片广袤的土地充满生机，山岗丘陵郁郁葱葱，平原圩区物阜民丰，河流湖泊生态优美。清澈见底的太平湖，蜿蜒曲折的长江……两岸树木山峦在江河湖泊中亮丽的倒影，鱼虾在巢湖和淮河里畅快游动……这些无不印证着美好的安徽山水风光。然而，自 20 世纪 80 年代初起，随着经济的快速发展和人口的增长，城乡用水大幅增长，加之水资源利用方式粗放，用水效率偏低，工业废水和生活污水排放量加剧，导致河湖发生污染、地下水位下降、水生态环境恶化等问题，严重影响到经济社会的发展和居民的饮用水安全。

"问渠那得清如许？为有源头活水来。"安徽省从源头入手，建章立制，加强水环境保护。继 1988 年《中华人民共和国水法》颁布后，安徽省相继出台《安徽省实施〈中华人民共和国水法〉办法》《关于水资源费征收管理使用的意见》《关于取水许可制度实施有关问题的通知》《关于切实加强城市供水节水和水污染防治工作的通知》《安徽省取水许可和水资源费征收管理实施办法》《安徽省人民政府关于实行最严格水资源管理制度的意见》《安徽省节约用水条例》等一系列法律法规。2002 年，安徽省开始较为系统地建立和完善水资源管理制度。到了 2014 年，安徽省已初步建成以"水资源开发利用控制、用水效率控制、水功能区限制纳污"三条红线、"用水总量控制、用水效率控制、水功能区限制纳污、水资源管理责任和考核制度"四项制度为核心内容的最严格水资源管理制度体系。

水利工程是水环境保护必不可少的条件。新时期，面对河湖污染严重，地下水位下降，水生态环境恶化等突出问题，除制度保障外，在原有水利工程设施基础上，安徽省正加快水资源配置工程建设，重点是加快实施重大水源工程建设，实施跨区域调水工程，以长江、淠史杭灌区至驷马山灌区、淮河为横，以引江济淮、淮水北调、引淮济亳为纵的"三横三纵"骨干输配水线路格局，着力构建完善的水资源配置工程体系，计划到 2020 年，安徽省新增供水能力 54 亿立方米。

此外，安徽省现建有国家和省级水功能区 248 个，实现对水功能区的全面监测，覆盖率达 100%。2012 年颁布《安徽省农村饮水安全工程管理办法》（省政府令第 238 号），加强饮用水水源地保护；严格按照水利部 2014 年出台的《入河排污口监督管理办法》（水利部令第 22 号）规定，建立取水许可和排污口设置管理联动机制，加强入河排污口管理；积极开展水生态系统保护与修复，维护河湖健康，遏制因水产生的生态环境恶化；加强地下水管理和保护，划定地下水禁采区和限采区，落实地下水开发利用红线，合理利用配置地下水等。

水环境保护关系人民福祉，关乎长远发展。为贯彻落实"创新、协调、绿色、开放、共享"五大发展理念，按照习近平总书记提出"节水优先、空间均衡、系统治理、两手发力"的治水新思路和安徽省委、省政府提出的"水利安徽"战略要求，2016 年年底安徽省出台了《安徽省全面推行河长制工作方案》，2017 年 7 月《安徽省湖泊管理条例》经省人大第 39 次会议表决通过，在全省江河湖泊全面推行河长制，在全国率先将湖泊河长制写入地方性法规。河长制推行后，安徽省建立省、市、县、乡四级河长管理体系，每一条河流、每一处湖泊都有负责人的名字。党政"一把手"管河湖，力破"九龙治水"困局，以保护水资源、防治水污染、改善水环境、修复水生态为主要任务，维护河湖健康生命，逐步实现"河畅、水清、岸绿、景美"的河湖管理保护目标。

丰饶的土地资源

地处我国东南部的安徽省，气候处于暖温带和亚热带过渡地带，地貌上属于多种构造单元的交汇处，土地资源广袤多样。安徽省土地总面积1401.26万公顷，其中农用地1121.21万公顷，占近80.02%，建设用地162.18万公顷，占11.57%，其余为未利用土地117.87万公顷，占8.41%。安徽省土地资源有以下特点。

位于南北过渡地带，土地类型众多。安徽省地跨暖温带与亚热带之间，东部距海较近，受东南季风影响，且安徽又系南北长、东西窄，所以土地利用的纬度地带性特点十分明显，即土地资源受多地带性和地域差异的共同作用，以及光、热、水的共同影响而形成了多样的类型，加之开发历史和社会经济条件的不同，形成了不同的利用方式，并且

丰收在望的淮北平原（熊志刚　摄）

均占一定的比重。

自然条件优越，土地自然生产力较高。安徽省光照充足，雨量适中，热量条件较好，且雨热同季，适宜于多种作物、经济林木生长和农林牧渔各业的全面发展。土地的自然生产力在 11588～15399 公斤／公顷·年，远远高于现有农田的实际产量；粮食作物以及用材林、经济林木等发展潜力很大。

地形复杂，土地组合变化较大。在平原地区，由于沉积物类型、成土时间及水文地质状况的差别，土地类型及组合规律在地域上的变化便非常突出，这在新的冲积平原如淮北北部黄泛平原和沿江洲地尤其明显；在山区，随海拔高度的上升，山地气候和植被均有变化，加上利用上的差别，土地垂直分布的特点显著；丘陵岗地中、小地形变化大，加上利用上的差别，形成的土地类型组合更为多种多样。

各种地貌类型的分布相对集中，形成五大农业区域。山地、丘陵、岗地、平原等多种地貌类型的组合，使全省自然形成淮北与沿淮平原、江淮丘陵岗地、大别山、沿江平原和皖南山地丘陵五大区域，为农业的专业化生产和综合发展、为选择合适的土地利用方式创造了良好的自然条件。

丰富的矿产资源

安徽省地质构造复杂，岩浆活动频繁，地层发育齐全，成矿条件优越，蕴藏丰富的矿产资源，尤以两淮的煤炭和长江沿岸的铁、铜、硫矿著称，为我国矿产较全和储量较多的省区之一。安徽省矿产资源有以下特点。

种类繁多，储量丰富。安徽省已发现矿产 158 种（含亚矿种），占全国 237 种的 66.66%；已查明资源储量的矿产有 123 种（含普通建筑石料矿种），占全国已查明 227 种的 54.18%。其中能源矿种 6 种，金属矿种 22 种，非金属矿种 96 种，水气矿产 2 种。煤、铁、铜、硫、磷、明矾、石灰岩等 38 种矿产储量居全国前 10 位。

煤炭、铁、铜、硫、非金属等矿产资源居全国前列。安徽煤炭资源占突出地位，集中分布在沿淮和淮北市，探明储量 250 亿吨，居全国第 7 位。金属矿产资源中铁矿和铜矿地位突出，主要分布在长江沿岸，探明储量分别为 29.9 亿吨和 384.9 万吨，均居全国第 5 位；硫铁矿储量达 5.64 亿吨，居全国第 2 位。非金属矿产中以建材和化工原料资源地位突出，现已探明储量的建材资源达 20 种，如水泥用石灰岩、水泥配料、石英岩等玻璃原料，硫铁矿、盐矿、明矾石、钾长石、化肥用蛇纹石、芒硝、石膏、菱镁矿等化工原料和大理岩等建筑饰材，铸石用玄武岩、砷、硅线石、膨润土等其他非金属矿产。

种类分布相对集中。由于矿产分布深受地质条件的制约，安徽省南北地区在构造运动和岩浆活动上差异明显，致使矿产资源在种类、储量和分布上有明显的南北差异性。沿江江南一带矿床数量多，金属矿产多于能源资源，65% 的铁矿和 90% 的铜矿集中在沿江一带；沿淮和淮北地区能源矿产多于金属矿产，矿床集中程度高，储量大，多煤炭、盐矿、铸石用玄武岩、钾长石、玻璃用石英岩等。

多样的生物资源

安徽省地处亚热带和暖温带的过渡地带，多种生态系统交错相间，形成了丰富的生物资源，是我国动植物种质资源的宝库。

据不完全统计，安徽现有植物 3400 余种，其中列为国家二级保护以上的珍稀物种 72 种，安徽省特有物种 16 种。许多植物种类具有较高的经济价值，是粮食、药材、木材以及纺织、食品、饲料、化工等工业原料。在农作物中，粮食作物主要有水稻、小麦、山芋、大豆、玉米、高粱、大麦等；经济作物主要有棉花、油料、烟草、麻类、蚕桑、茶叶、水果、蔬菜、药材等。林作物主要是木材、毛竹、油茶籽、板栗、松脂、油桐等。珍稀植物有五针松、琅琊榆、石斛等。安徽省省树为黄山松，省花为皖杜鹃，省鸟为灰喜鹊。皖南歙县为枇杷之乡、宁国为山核桃之乡、广德为竹子之乡、祁门为红茶之乡，大别山金寨为板栗之乡，淮北阜南为杞柳之乡。

全省现有动物物种557种，列为国家二级保护以上的珍稀物种103种，代表物种有扬子鳄和白鳍豚等，被誉为活化石。养殖动物主要有猪、牛、羊、马、驴、骡、鸡、鸭、鹅、兔等家禽家畜，水产主要是鱼、虾、蟹、贝类，其中鱼类有170多个品种。

精彩纷呈的旅游资源

世界上每一处风景都拥有自己独特的灵魂，当你畅游在青山绿水之间，当你领略历史文化厚重之时，总会产生连绵的遐想，为这大自然的美好和人类的智慧感到惊叹。

美好安徽，迎客天下。在这片神奇的热土上，不仅有"天下第一奇山"黄山、"莲花佛国"九华山、"中华翡翠"太平湖、"山水画廊"新安江等这样绚丽多彩的自然风光，还有琳琅满目的人文风景，如中国三大地域文化之一的徽文化、唱腔淳朴流畅的"中国的乡村音乐"黄梅戏、"世界上保护最完好的古民居群"和"世界上最美的村镇"西递、宏村等，可谓是"百般红紫斗芳菲"。每一处美丽迷人的风景名胜都那么让人怦然心动、神思万千，每一页辉煌的历史篇章都那么令人骄傲、引以为豪。那些自然美景、名胜古迹就像一幅幅悠远的画卷，向世人

黄山迎客松

展示着我们安徽的美好。

不仅大自然厚爱安徽，历史文化青睐安徽，而且，勤劳智慧的安徽人民，不负天赐、深孚众望，打造了驰名中外的旅游品牌，并优化组合，初步形成了全域旅游格局，品牌旅游目的地形象日益鲜明。

交相辉映的自然与文化旅游资源

安徽是中国著名的旅游资源大省，拥有美丽的自然风景、悠久的历史文化和独特的民俗风情等旅游资源，是华夏文明重要的繁衍和发展之地。开创了建安文学、桐城文派和新安文化；孕育了花鼓灯、徽剧和黄梅戏，形成中华民族文化的一道亮丽风景；诞生了道家学派主要代表人物老子和庄子、东汉神医华佗、三国枭雄曹操、北宋名臣包拯、明朝开国皇帝朱元璋、洋务运动领袖李鸿章、新文化运动倡导者胡适等历史文化名人，从而使安徽成为美丽中国的样板之地、人文中国的精粹之地。

皖北平原坦荡辽阔、沃野千里；江淮之间丘陵起伏、河湖交织；大别山区逶迤延绵、生态宜人；皖南山区峰峦俊俏、草木葱茏。安徽旅游资源数量多、类型全、分布广、品位高，旅游资源数量和品位均在全国名列前茅。据统计，截至 2016 年年底，全省共有旅游资源单体8846 个，涵盖了自然类旅游资源、人文类旅游资源和产业类旅游资源三个主类，山地资源、湖泊资源、森林资源、河流资源、温泉资源、瀑布资源、历史遗址遗迹、红色旅游资源、特色村镇资源、特色休闲旅游资源、现代都市创业文化、特色旅游商品、人文活动、乡村旅游产业资源、研学旅游产业资源、农业旅游产业资源、工业旅游产业资源、体育旅游产业资源、医疗养生旅游产业资源和文化旅游产业资源等 20 个亚类。其中，自然类旅游资源单体 1013 个，占全部旅游资源单体的 11.51%；人文类旅游资源单体 6815 个，占全部旅游资源单体的 77.04%；产业类旅游资源单体 1018 个，占全部旅游资源单体的11.45%。

峰峦叠翠、奇石异洞的连碧青山，碧波荡漾、琉璃千顷的浩瀚湖水，郁郁葱葱、遮天蔽日的茂密森林，鲜丽娇媚、奇香四溢的琼花瑶草，沁人心脾、空谷幽兰的清新空气，漫山遍野、形态各异的珍禽异兽等自然资源，为人们亲近自然、休闲、娱乐提供了场所，促进了安徽省旅游产业快速发展。饱经沧桑、神工意匠的历史文物古迹，博大精深、百家争鸣的民族文化及其载体，历史悠久、古色古香的历史文化名城，绿茵环绕、依山傍水的田园风光，炊烟袅袅、安静祥和的古镇村落，富丽堂皇、秀丽名城的现代都市风光，色香味浓、口齿留香的美食佳肴等人文资源，已经成为安徽省旅游业可持续发展的动力源泉。蓬勃发展、日新月异的工业旅游，生态画廊、休闲乐园的乡村旅游，舞动健康、彩绘生命的康养旅游，丰富多彩、寓教于乐的研学旅游，热火朝天、全民参与的体育旅游等旅游新业态，已经成为安徽省旅游业发展的新亮点，培育和发展多样化的旅游新业态资源，有利于实现旅游业与相关产业联动发展。

熠熠生辉的旅游品牌资源

安徽优美的山水和厚重的文化孕育出众多的品牌旅游资源，在全国乃至世界都极具影响。截至2016年年底，有世界文化与自然遗产1处：黄山；世界文化遗产3处：黄山、皖南古村落西递—宏村、大运河（安徽段）；世界地质公园2处：黄山、天柱山；世界非物质文化遗产1个：安徽宣纸。主要国家级品牌旅游资源详见表1。

表1　主要国家级旅游资源一览表

类　别	数　量	名　录
国家风景名胜区	10 处	黄山、九华山、天柱山、琅琊山、齐云山、采石、巢湖、花山谜窟－渐江、太极洞、花亭湖
国家森林公园	31 处	琅琊山、黄山、天柱山、九华山等
国家地质公园	13 处	黄山、齐云山、淮南八公山、祁门牯牛降、安徽大别山（六安）、天柱山、九华山、浮山、凤阳韭山、广德太极洞、丫山、灵璧磬云山、繁昌马仁山
国家自然保护区	7 处	鹞落坪、牯牛降、扬子鳄、金寨天马、升金湖、铜陵淡水豚、古井园
国家湿地公园	11 个	太平湖、太和沙颍河、淮南焦岗湖、花亭湖、蚌埠三汊河、石龙湖、秋浦河源、平天湖、安庆菜子湖、休宁横江、六安淠河
国家城市湿地公园	2 个	淮南市十涧湖、铜陵西湖
国家水利风景区	34 处	龙河口（万佛湖）水利风景区、阜南县王家坝水利风景区、岳西大别山彩虹瀑布水利风景区、太平湖水利风景区等
国家历史文化名城	5 个	歙县、寿县、亳州、安庆、绩溪

续表

类 别	数 量	名 录
中国历史文化名镇名村	27个	名镇8个：三河镇、毛坦厂镇、水东镇、万安镇、许村镇、桃花潭镇、西溪南镇、大通镇；名村19个：西递村、宏村等
国家历史文化街区	4处	黄山市屯溪老街、黄山市歙县渔梁街、黄山市休宁县万安老街、宣城市绩溪县龙川水街
国家爱国主义教育基地	10个	歙县·陶行知纪念馆、新四军军部旧址纪念馆、皖南事变烈士陵园、王稼祥纪念园、淮海战役双堆集烈士陵园、安徽省博物馆、金寨革命烈士陵园、渡江战役总前委旧址纪念馆、合肥蜀山烈士陵园、皖西烈士陵园
国家非物质文化遗产生产性保护示范基地	3个	安徽省绩溪胡开文墨业有限公司传统技艺徽墨制作技艺、安徽中国宣纸集团传统技艺宣纸制作技艺、安徽黄山徽州竹艺轩雕刻有限公司（传统美术、徽州三雕）
国家级非物质文化遗产	87个	花鼓灯、泗州戏、五河民歌、傩舞、火老虎、坠子戏、凤阳民歌、岳西高腔、岳西桑皮纸等
5A级旅游景区	11处	黄山、九华山、天柱山、西递－宏村、绩溪龙川、古徽州文化旅游区、天堂寨、八里河、三河古镇、芜湖方特、万佛湖
国家旅游度假区	1处	巢湖半汤温泉养生度假区
国家生态旅游示范区	2处	黄山、九华天池风景区
全国红色旅游经典景区	8个	安徽新四军红色旅游系列景区、安徽省淮海战役系列景区、皖西南红色旅游系列景区、芜湖市王稼祥纪念园、合肥市肥东县渡江战役总前委旧址、滁州市凤阳县小岗村、渡江战役系列景区、"两弹元勋"邓稼先故居

续表

类 别	数 量	名 录
国家级特色景观旅游名镇名村	18 个	黟县西递镇、黟县宏村镇、肥西县三河镇、绩溪县瀛洲乡龙川村、宣城市宣州区水东镇等
全国休闲农业与乡村旅游示范县	11 个	绩溪县、宁国市、石台县、岳西县、颍上县、霍山县、黄山市黄山区、泾县、南陵县、金寨县、灵璧县
全国休闲农业与乡村旅游示范点	19 个	合肥市包河区大圩镇、蚌埠市禾泉农庄、凤阳县藤茶山庄、岳西县大别山映山红文化大观园等
中国乡村旅游创客示范基地	2 个	黄山黎阳创客小镇、黄山市黟县文化旅游创业园
国家文化旅游重点项目	1 个	徽韵

空间优化组合的全域旅游格局

在 2016 年全国旅游工作会议上，国家旅游局局长提出，要推动我国旅游从"景点旅游"向"全域旅游"转变。发展全域旅游的核心是要从原来孤立的点向全社会、多领域、综合性的方向迈进，让旅游的理念融入经济社会发展全局。《安徽省"十三五"旅游业发展规划》为安徽旅游发展描绘了美好愿景，规划提出，以城市为依托，以交通为支撑，推进区域旅游统筹，拓展旅游发展新空间，努力构建"4451"开放式战略布局。统筹实施"四大板块"和"五个支撑轴"战略组合，建设优化旅游空间布局，宜居宜游、主客共享的全域化旅游目的地，提高全省旅游业空间运行的整体效率。

·四大旅游中心城市

建立合肥、芜湖、黄山、蚌埠四大旅游中心城市。立足当前，面向未来，发挥合肥、芜湖、黄山、蚌埠市作为旅游产业动力极、旅游活力迸发极、旅游线路放射极的极化作用，充分释放其战略潜能，在更大范围内、更广领域上带动全省旅游业的整体发展。

· **四大旅游目的地**

四大旅游目的地分别是皖南国际文化旅游示范区、合肥经济圈旅游区、大别山自然生态旅游区、皖北文化生态旅游区。皖南国际文化旅游示范区包括黄山、宣城、池州、铜陵、芜湖、马鞍山、安庆市。高水平建设皖南国际文化旅游示范区，立足良好的生态环境和深厚的文化底蕴，以保障皖南地区生态安全为目的，推动绿色发展、循环发展和低碳发展，探索创建大黄山国家公园。努力将皖南国际文化旅游示范区建设成为美丽中国先行区、世界一流旅游目的地和中国优秀传统文化传承创新区。按照全域旅游理念，强化国际视野、国际标准，推动生态、文化、旅游、科技融合发展，提升黄山、九华山、天柱山和西递宏村等精品景区发展水平，推动优势旅游企业实施跨地区、跨行业、跨所有制兼并重组，打造跨界融合的产业集团和产业联盟，构建以文化旅游为特色的现代产业体系。引进国际优质资本和智力资源，进行文化旅游资源保护和优质文化旅游资源开发。推进新安江、青弋江、水阳江等重点流域生态保护，实施太平湖、升金湖等重点湖泊生态保

穿过合肥城区的南淝河（陈安云　摄）

护和修复。推动旅游服务设施一体化。加快皖南国际文化旅游示范区"四纵三横"综合交通通道建设。支持九华山、天柱山等申报世界遗产。合肥经济圈旅游区包括合肥、淮南、六安、桐城（安庆）和滁州市。加强合肥经济圈之间的合作，进一步增强合肥的辐射力和带动力。引领推动合肥经济圈旅游向合肥都市圈旅游战略升级。以都市旅游、商务会展、休闲旅游、养生养老、康体运动和山地旅游为特色及主要功能，提升合肥经济圈旅游吸引力和服务水平，实现旅游产业的聚集化、一体化发展，着力打造华东、华中旅游协作的枢纽区，全省旅游服务国际化发展先导区，安徽旅游南北联动的中心区，全省旅游集散中心，成为长三角、全国乃至国际级的休闲旅游体验目的地。大别山自然生态旅游区包括六安、安庆市。深入开发红色文化、历史文化资源，有效利用大别山区生态环境优势，加强旅游设施建设，提升旅游服务水平，推进跨省协作，促进融合发展，壮大旅游产业，建设全国知名的红色旅游胜地和重要的文化、生态休闲旅游目的地。皖北文化生态旅游区包括宿州、淮北、蚌埠、阜阳、淮南、亳州市。依托中原经济区平台，策应皖北振兴，重点发展以淮河湿地为代表、生态与文化相结合的生态旅游；以历史文化为代表、文化创意与旅游业相结合的文化旅游。打造安徽旅游新的增长极，构建中原文化重要标志区，成为苏鲁豫皖区域的重要休闲旅游目的地。

· 五条旅游轴

建设"一江一河，二道一路"的五条旅游轴。欢乐皖江旅游线：以长江经济带开发引领安徽旅游发展，打造长江黄金旅游带。充分发挥长江黄金旅游通道作用，串接马鞍山、芜湖、铜陵、池州、安庆等皖江城市，努力打造面向长三角、联动长江中游城市群、具有全国影响力的旅游带。京福高铁线旅游组合大动脉：连接京津冀城市群、长三角城市群和海峡西岸城市群的高速交通通道，促进整体一体化，构成精品旅游带。淮河生态旅游带：将淮河建设成为连接东中部地区的黄金旅游通道，创新湿地生态休闲、现代农业休闲等旅游发展模式，成为全国新型农业旅游先行区、示范区，重筑第三条出海"黄金水道"。中部国家风景道：贯通六安大别山旅游风景道、环巢湖旅游大道、马鞍山江北旅游大道新干线。优化和盘活现有的线路资源，按照主题化、精品化和国际化的原则，建设跨区域国家风景廊道。大别山红色旅游风景道：依托济广高速公路，连接我国华北、华东和华南三大经济区，强化安徽承东启西、沟通南北的旅游交通功能。

· 十条精品线路

培育皖南世界遗产之旅、九华山文化之旅、欢乐皖江之旅、新安江山水之旅、皖东北历史古迹之旅、皖北文化之旅、多彩大别山之旅、淮河风情之旅、环巢湖休闲之旅、"三山三湖"精品山水之旅等 10 条精品旅游线路。

形象鲜明的品牌旅游目的地

安徽省品牌旅游目的地形象日渐明晰。安徽旅游形象口号"美好安徽，迎客天下"朗朗上口，家喻户晓。四个示范区旅游形象各具特色：皖南国际文化旅游示范区——诗画皖南，梦里徽州；合肥经济圈旅游区——锦绣山湖，华彩皖都；大别山扶贫旅游示范区——生态山水，红色皖西；皖北文化生态旅游区——黄淮风情，皖北传奇。安徽 16 个地级市旅游形象生动，令人神往：

黄山市——梦幻黄山，礼仪徽州；

池州市——生态池州，佛国九华；

宣城市——山水诗乡，多彩宣城；

安庆市——戏曲圣地，文化名城；

芜湖市——欢乐芜湖；

马鞍山市——千古人文地，一城山水诗；

铜陵市——生态铜都，幸福铜陵；

合肥市——览百里巢湖，游千年合肥；

滁州市——醉美滁州，"亭"好滁州；

淮南市——豆腐故里，五彩淮南；

六安市——青山碧水，休闲六安；

蚌埠市——禹会诸侯地，淮上明珠城；

淮北市——山水相城，生态淮北；

阜阳市——皖风徽韵，梦里水乡；

亳州市——中华药都，养生亳州；

宿州市——楚风汉韵，传奇宿州。

品牌旅游目的地优化提升步伐加快。依托"美好安徽，迎客天下"的安徽旅游形象，创新城市旅游品牌，巩固六大传统旅游品牌，培育十大新兴旅游品牌，重塑目的地品牌体系。引领消费需求，提升安徽旅游核心竞争力。通过整合现有品牌资源，依托业已形成的品牌资源优势，着力巩固升级传统旅游目的地品牌。在资源共享的基础上，共拓市场，合作共赢，优化梦幻黄山——大黄山旅游目的地品牌、徽式休闲——古徽州休闲旅游目的地品牌、灵秀江淮——淮河文化旅游目的地品牌、休闲巢湖——环巢湖休闲旅游目的地品牌、皖江画廊——皖江山水文化旅游目的地品牌、佛韵诗乡——大九华山宗教文化旅游目的地品牌六大传统目的地品牌，同时整合新兴旅游目的地资源，培育新兴目的地品牌，坚持品牌驱动发展道路，皖北新田园生态旅游目的地品牌、江淮圩堡群文化旅游目的地品牌、大别山湖群休闲旅游目的地品牌、安徽中部温泉养生目的地品牌、皖江湿地群生态旅游目的地品牌、大琅琊山旅游目的地品牌、大天柱山旅游目的地品牌、牯牛降—升金湖原生态旅游目的地品牌、皖南书乡田园旅游目的地品牌、欢乐芜湖都市休闲旅游目的地品牌十大新兴旅游目的地品牌体系逐渐形成。

名山揽翠

群峰竞秀

锦绣中华，处处有名山，而历数安徽之名山，却发现有四大特点——

第一个特点是天的原因：大别天下。

位于皖西的大别山脉，西北连接中原，东南则引领吴楚，正处在江淮分水岭上，大别山主峰，北麓白雪皑皑，南麓山花烂漫，大别山名，也正取意于此。

天堂寨山清水秀，植被丰富，是鸟兽的天堂，人间的仙境；天柱山一柱高擎，地质多变，峰奇石怪。大别山脉这两座奇山，完整地诠释了"大别天下"的内涵。

第二个特点是地的原因：秀领东南。

安徽名山所在的地质地貌在地理地质学上，极具典型性和科学研究价值。

其中，皖南山脉，北临长江，南延浙江，因处在地质过渡带而显得山峦起伏，群峰竞秀，绵延不绝，并与浙江北部的山脉，浑然一体，可谓是东南地区的引领者。

以景色著称于世的皖南山脉，不仅有被誉为"天下第一名山"的黄山，还有众多星罗棋布的名山秀峰，如齐云山、九华山、牯牛降等，它们无不是山色青翠，山花遍野，奇峰怪石，鸟鸣兽突，溪流淙淙，云雾缭绕。

第三个特点是人的原因：文化璀璨。

安徽名山，不仅景色秀丽壮美，而且人文底蕴深厚。比如，孕育楚汉文化的八公山，禅宗源流地司空山，中国四大佛山之一的九华山，中国四大道教名山之一的齐云山，以及诗仙的流连地采石矶、醉翁赞美的琅琊山……它们都人因山聚，山因人名，名闻天下，文播四方。

第四个特点是形的原因：千姿百态。

谈到名山，人们想象的往往是巍巍山峦，却不知，山不在高而在奇，形不在大而在异，境不在深而在幽，因此，名山还应该包括激浪的江峰，突兀的矶石，奇险的峡谷，幽深的洞天。安徽名山有一个鲜明特色，就是除了各种高山秀峰外，还有中流砥柱的小孤山，雄立江岸的采石矶，天下四绝之一的太极洞，华东最美的郭山大峡谷……真正显示了千姿百态，异彩纷呈。

世界自然与文化双遗产——黄山

"登黄山，天下无山，观止矣！"

大旅行家徐霞客的一声赞叹，引得举世赞同，从此，黄山风光被公认为天下第一，世间也流传一句谚语：五岳归来不看山，黄山归来不看岳。

如果说，长江象征了中国幅员辽阔，黄河象征了中国历史悠久，那么，黄山，则象征了中国风光美丽。1980年代流行至今的一曲《我的中国心》，正是取"长江、长城、黄山、黄河"这四个意象，深情

云涌黄山北海

而自豪地咏唱伟大的祖国。

中国人曾于千百座名山中，取"三山五岳"作代表，其中，三山以秀美著称；五岳以雄奇名世。而黄山，正列于三山之首，既美又奇。

论及黄山之美，则泰山之雄伟、华山之峻峭、峨眉之清凉、匡庐之飞瀑、雁荡之巧石、衡山之烟云，无不兼而有之；说到黄山之奇，千姿百态的山峦峰林，猿啼鸟鸣的绝壁深壑，漫山遍野的奇花异果，摇曳多姿的黄山松，惟妙惟肖的怪石，变幻莫测的云海，仿佛天河倾泻的飞瀑，构成了黄山静中有动、动中有静的巨幅画卷，成就了黄山生动的艺术魅力、绝世的风姿神采和恒久弥新的精神气质。

黄山还以变取胜，一年四季景各异，山上山下不同天，而且朝夕有别，阴晴不同。初春时分，繁花似锦，五彩缤纷，漫山杜鹃，争奇斗艳，十里桃花，姹紫嫣红；盛夏时节，涌泉池清，峭壁飞瀑，层峦叠翠，绿荫遍地，奇花异草，芳香诱人；金秋岁月，丹枫如火，山花流芳，层林尽染，凝紫飞红，绚丽璀璨；严冬来临，银装素裹，玉树琼崖，

雾凇冰挂，晶莹雅洁。真正是集天地之灵气，集造化之神功于一身。

黄山，古名黟山。黟者，青黛之色也，乃指郁郁葱葱的苍松翠柏所形成的山色。传说我们中华民族的人文始祖黄帝，曾在此修仙，后由六龙御车接引登仙。故而，在道教兴盛的唐朝，更名黄山，乃取"黄帝之山"之意。

黄山自古即为旅游胜地，徐霞客就曾两次登临，留下的名篇被选入如今的中学语文课本。而今，黄山风景区位于安徽省南部黄山市境内（景区由市直辖），核心区面积160.6平方千米，东起黄狮，西至小岭脚，北始二龙桥，南达汤口镇，分为温泉、云谷、玉屏、北海、松谷、钓桥、浮溪、洋湖、福固九个管理区。缓冲区面积490.9平方千米，包括五镇一场（黄山区汤口镇、谭家桥镇、三口镇、耿城镇、焦村镇和洋湖林场）。

1979年7月12日，这一天注定成为黄山风景区历史上极不寻常的日子：中国改革开放的总设计师邓小平同志以75岁高龄徒步登临黄山。雨后的黄山风景如画，白云在蓝天上随山风飘动，美不胜收，小平同志在饱览山色之后，于观瀑楼前发表了重要讲话，他高瞻远瞩地指出："黄山是发展旅游的好地方，要有点雄心壮志把黄山的牌子打出去。"他还为特产、文化产品、品牌营销、景区建设"出招"："黄山的茶叶很有名，应该包装起来，做纪念品；安徽的笔墨纸砚也可以赚外汇；黄山风景可以做明信片……发展旅游，基础设施建设很重要。"小平同志在黄山的讲话不仅拉开了黄山发展旅游业的大幕，也奠定了黄山作为中国现代旅游业发源地的历史地位。黄山的管理经验被众多学者称之为"黄山模式"。国家旅游局就提出："中国旅游，从黄山再出发。"30多年来，黄山旅游不断勇攀高峰，黄山风景区还荣获全球首个世界优秀目的地景区，作为亚太地区唯一代表参与制订《全球目的地可持续旅游标准》，先后被评为世界文化与自然遗产、世界地质公园、国家级风景名胜区、全国文明风景旅游区、国家5A级旅游景区。

山色绝妙众人醉

作为天下第一山，其秀美雄奇，自有其过人之处，古人就有"黄山之奇，信在诸峰；诸峰之奇，信在松石；松石之奇，信在拙古；云雾之奇，信在铺海"之语。而凡到过黄山的游客，无不为"黄山五绝"所倾倒，即"奇松、怪石、云海、温泉、冬雪"。如果把黄山比作绝世美女，则可以这么说：是奇松让她风情万种，怪石让她骨骼清奇，云海让她风姿曼妙，温泉让她湿润可亲，更有冬雪，让她冰清玉洁！

·奇松

人们经常看到，1970年代初，我们敬爱的周恩来总理在人民大会堂迎客松前会见外宾的照片和影像。那棵苍翠挺拔的松树，正是生长在黄山玉屏楼左侧、文殊洞之上的黄山松。它倚青狮石破石而生，高10米，胸径0.64米，地径0.75米，枝下高2.5米，树龄至少已有800年。由于它独特的树形，恰似一位好客的主人，仿佛舒展双臂，热情欢迎宾朋，因此被人称作"迎客松"。

迎客松是黄山松的代表，也是黄山的象征，更是中国与世界人民和平友谊的象征。众多的黄山松，不仅装点了黄山美景，更像黄山人民，正伸出双手、敞开心胸，热情欢迎海内外宾客来黄山游览。

黄山松，针叶短硬，树冠扁平，颈干粗韧，生长在海拔800米以上的黄山之巅，是植物学上一个独立的品种，它盘根于危岩峭壁之中，挺立于峰崖绝壑之上，巨松高数丈，小松不盈尺，显示出

迎客松雪景

顽强的生命力。

黄山松之奇，奇在它的姿态，或雄壮挺拔，或婀娜曼妙，或舒展自如，或纵横交错，或迎风而舞，或遗世独立……有人说，人间有多少舞姿，黄山松就有多少形态，真正是美得让人称奇，奇得让人叫绝。

黄山松之奇，更奇在生长环境上，以石为母，以云为乳，七十二高峰，峰峰都有苍松装扮，五百里山峦，处处都有青松点染。一棵棵松树，就是一支支画笔，为黄山抹上了生命的色彩。正因有了遍布峰林沟壑的黄山松，黄山的景美了，山活了，风动了，云涌了，雾多了，泉响了……连山石也有灵气了。

勤劳智慧的安徽人还因此提炼出"黄山松精神"：顶风傲雪的自强精神、坚韧不拔的拼搏精神、百折不挠的进取精神、众木成林的团结精神、广迎四海的开放精神、全心全意的奉献精神。黄山松精神是一种民族精神，一种时代精神，这种精神让我们的民族拥有坚韧不拔和百折不挠的灵魂。

· 怪石

1987 版《红楼梦》电视剧片头就出现一块巨石，象征着女娲炼石补天留在大荒山青埂峰上的一块多情的玉石，就是取景于黄山的"飞来石"。

其实，在黄山，如此奇特有趣的怪石随处可见。它们点缀在波澜壮阔的峰海中，或兀立峰顶或戏逗坡缘，或与松结伴，构成一幅幅天然山石画卷。它们形态别致，或大或小，争相竞秀，意趣无穷，以奇取胜，以多著称，已被命名的怪石有 120 多处。其形态可谓千奇百怪，或蹲在峰顶，似猴子观海；或站在峰间，似仙人指路；或昂首向天，仿佛"金鸡叫天门"；或一枝独秀，恰似诗仙神笔；或本身就是一座巨大的山峰，似王母的蟠桃；或横插高峰之侧，形如喜鹊登梅；或如两只动物相戏，似鳌鱼吃螺蛳；或如数人结伴而行，似五老上天都……它们有的如雕如塑，鬼斧神工；有的活灵活现，栩栩如生；有的远近左右，形态各异；有的映日生辉，因雾朦胧。

正是这些秀峰奇石，使得游览黄山之时，不仅一步一景，而且移步换景，让人浮想联翩，妙趣横生。

·云海

观海何必去沧溟，云遮雾绕在黄山。

由于植被、土壤、地貌的原因，黄山云雾扑朔迷离，仪态万方：当云雾升腾在远处时，它是流动的，是变幻的，是舒展自如的；当云雾缭绕在身边时，它是可触的，是可掬的，是可亲可近的。

黄山云雾更与峰峦、松水、泉声，浑然一体：秀峰把云雾当衣裳，仿佛少女披上薄如蝉翼的轻纱，亭亭玉立；耳边不绝如缕的松风泉声，则仿佛是一位少年正在吹奏深沉的埙音、悠扬的笛声。

当云雾上升到一定高度时，就形成了黄山"五绝"之首——云海，真乃天下奇观：千峰万壑之间，或成波涛汹涌的大海，浩瀚无际，气象万千；或与朝霞落日相映，色彩斑斓，壮美瑰丽。远近山峦，在云海中出没无常，宛若大海中的无数岛屿，时隐时现于"波涛"之上，令人神思激越，逸兴湍飞。

游过黄山的人都说：黄山的"主旋律"是在云雾中。这就表明黄

美在黄山（王永新　摄）

山最好的景色是在高峰地带，而且是有云雾时为最佳。黄山一年365天只有51天可以看到云海。一般来说，每年的11月到第二年的5月是观赏黄山云海的最佳时间段，尤其是雨雪天之后，逢日出及日落之前，云海最为壮观。

穿行云雾之间，坐观云海之际，游人无不产生幽邃、神秘、玄妙之感，仿佛置身于朦胧的桃源梦乡、缥缈的蓬莱仙境。有人说，曾经沧海难为水；游过黄山的人会说，黄山归来不看"海"！

· 温泉

古诗云："五岳若与黄山并，犹欠灵砂一道泉。"说得是，黄山有五岳所缺乏的山泉。而且，黄山不仅有妆点山色的涓涓溪流、震天飞瀑，更有汩汩而出的温泉。

温泉的价值，在水量、在水质、在水色、在水温。而四者俱佳者，非黄山温泉莫属。现已发现的黄山温泉有15处，皆常年不涸。水质以含重碳酸为主，水温皆在40℃以上，水色清澈，其味甘洌，饮浴两适，对消化、神经、心血管、运动等系统的某些疾病，有很好的治疗和保健效果。被称为黄山"五绝"之一的温泉，古称汤泉，又名朱砂泉，位于紫石峰南麓，汤泉溪北岸，海拔650米，有两个出入口，主泉泉口的平均温度为42.5℃，副泉泉口水温为41.1℃，水温还随气温、降水量的变化而变化。自唐代开发以来，享誉千年。

造化就是如此青睐黄山：不仅让她拥有绝世的颜值，还让她具有宜人的温度！

· 冬雪

观山景，人们一般只会想着春花烂漫，想着秋果累累，想着夏日清凉，而把冬景想得是大雪封山、白雪皑皑。

然而，黄山上的冬景，却别有一番风情。黄山冬雪可称得上是大自然的上乘之作，是精品中的"极品"，是当之无愧的黄山"第五绝"。

黄山冬雪不同于北国厚重严实、持久不化的雪，黄山的冬雪，妙就妙在与黄山的松、石、云、泉巧妙而完美的结合：劈地摩天的天都峰，宛如银装素裹的神女；隔壑相望的莲花峰，如同一朵盛开的雪莲；九龙峰也变成了一条蜿蜒腾飞的玉龙，飞舞在黄山的云海之上；西海群峰奇异的石林，像一尊尊身着素服的神仙，聚集在峰头之上。冰雪覆盖的狮子林，银峦相拥的玉屏峰，构成了一幅幅静中有动、动中有静的绝妙画图。

此外，黄山冬景还在黄山云雾的装扮下，风采绝世，魅力无穷，那就是：奇妙的雾凇、雪凇、树挂，把黄山装扮得如同一个童话世界。

游黄山，不仅阴晴皆佳，而且是四季皆宜！

遗产价值举世知

在中国，仅有四个自然与文化遗产地，黄山就是其中之一。

1990 年，联合国教科文组织世界遗产委员会根据遗产遴选标准批准黄山为世界文化与自然双重遗产。评价是：黄山，在中国历史上文学艺术的鼎盛时期（公元 16 世纪中叶的"山水"风格）曾受到广泛的赞誉，以"震旦国中第一奇山"而闻名。作为兼具自然与文化之美的双重代表，黄山拥有其独特的价值。

· 自然条件得天独厚

黄山经历了漫长的造山运动和地壳抬升，以及远古冰川的洗礼和自然风化打磨，才形成其特有的峰林结构。

黄山号称有"三十六大峰，三十六小峰"，主峰莲花峰海拔高达1864 米，与平旷的光明顶、险峻的天都峰一起，雄踞在景区中心，周围还有 77 座千米以上的山峰，群峰叠翠，有机地组合成一幅有节奏旋律、波澜壮阔、气势磅礴的立体画面。山体主要由燕山期花岗岩构成，垂直节理发育，侵蚀切割强烈，断裂和裂隙纵横交错，长期受水溶蚀，形成瑰丽多姿的花岗岩洞穴与孔道，使之重岭峡谷，关口处处，全山有岭 30 处、岩 22 处、关 2 处。前山岩体节理稀疏，岩石多球状风化，山体浑厚壮观；后山岩体节理密集，多是垂直状风化，山体峻峭，形成了"前山雄伟，后山秀丽"的地貌特征。

黄山有丰富的第四纪冰川遗迹，主要分布在前山的东南部，典型的冰川地貌有：苦竹溪、逍遥溪为冰川移动刨蚀而成的"U"形谷；眉毛峰、鲫鱼背等处是两条"V"形谷和刨蚀残留的刀脊；天都峰顶是三面冰斗刨蚀遗留下来的角峰；百丈泉、人字瀑为冰川谷和冰川支谷相汇成的冰川悬谷；逍遥溪到汤口、乌泥关、黄狮垱等河床阶地中，分布着冰川搬运堆积的冰碛石。

黄山是钱塘江和长江两大水系的分水岭，水资源十分丰富，自中心向四周放射状展布着众多的山涧沟谷，其中大谷 36 条，形成 36 源，汇入 24 溪水，以桃花、云门二峰为界，分别流入新安江、钱塘江和青弋江、长江。黄山高差大，山水迸泻，形成飞瀑，悬垂如练，溅珠喷玉，构成黄山最积极、最有生命力的景观，著名的有"人字瀑""百丈泉"和"九龙瀑"，此外，已命名的还有潭 20 处、泉 15 处、池 9 处。

黄山自然环境条件复杂，生态系统稳定平衡，植物垂直分带明显，群落完整，还保存有高山沼泽和高山草甸各一处，是绿色植物荟萃之地，森林覆盖率为 56%，植被覆盖率达 83%。黄山野生植物有 1452 种，其中属国家一类保护的有水杉，二类保护的有银杏等 4 种，三类保护的有 8 种，有石斛等濒临灭绝的物种 10 种，有中国特有种 6 种，黄山特有种 2 种，首次在黄山发现或以黄山命名的植物 28 种，尤以名茶"黄山毛峰"、名药"黄山灵芝"驰名中外。黄山古树名木众多，以古、大、珍、奇、多著称于世，又以黄山松最负盛名。

黄山还是动物栖息和繁衍的天堂，已知的有鱼类 24 种、两栖类 20 种、爬行类 38 种、鸟类 170 种（隶属 17 目 40 科）、脊椎动物 300 种，著名的珍禽异兽有白颈长尾雉、猕猴、短尾猴、梅花鹿、野山羊、云豹、八音鸟、白鹇鸟、相思鸟等。

· 文化源远流长

黄山的自然美，吸引了无数圣贤与文化名人。传说，人文始祖黄帝就在此修道成仙，不仅黄山因此得名，至今还有山峰名轩辕峰。

汉末，道教创立、佛教东传，黄山便成为道家、佛家相中的名山之一，众多名仙高僧纷纷驻足，流连忘返，或修炼，或建寺观。黄山的山峰中留下了诸多与道教有关的峰名，如轩辕峰、浮丘峰，以及炼丹、仙人、上升、仙都、道人、望仙诸峰，道教在黄山建立较早的道观有浮丘观、九龙观等。据《黄山图经》记载，佛教早在南朝就传入黄山，历代先后修建寺底近百座。寺庙之中，祥符寺、慈光寺、翠微寺和掷钵禅院，号称黄山"四大丛林"。此外黄山历代居士中，能诗善画者多，著名的有唐代岛云，明代海能、弘智、音可、元则、王寅，清代大均、大涵、檗庵、渐江、雪庄等。

黄山更成为无数诗人、画家咏叹、描绘的对象。从盛唐到晚清的1200年间，仅赞美黄山的诗词有典可查的就有两万多首。黄山艺术作品的体裁和内容都十分丰富。它们从各个侧面发掘体现并充实了黄山的美，成为祖国艺术宝库中的灿烂珠玉。诗文方面，李白、贾岛、范成大、石涛、龚自珍、黄炎培、董必武、郭沫若、老舍等都有不少佳作流传于世。散文中，徐霞客的《游黄山日记》、袁牧的《游黄山记》、叶圣陶的《黄山三天》、丰子恺的《上天都》等都体现了黄山绝美秀丽的风姿。尤其以体现黄山俊美恬静而著名的黄山画派，更是成为黄山文化的一颗璀璨明珠。石涛、梅清、渐江被称为黄山画派三巨子，这些大师们不断从黄山山水中吸取养分，丰富自己的艺术创作，他们以凝重简练的笔墨、明快秀丽的构图和清高悲壮的风格、深沉宏达的旨意，在画坛独树一帜。

黄山哺育了不同时代的艺术家，艺术家们又赋予黄山以艺术的生命。

佛教圣地——九华山

"昔在九江上，遥望九华峰。天河挂绿水，秀出九芙蓉。"

在诗仙李白的眼中，九座美丽的山峰，宛如天河之中秀出水面的九朵莲花。

正是李白的这首诗，这座原名九子山的名山被改名为九华山。

也是因为诗仙的这首诗，吸引了名僧金乔觉住锡九华，使九华山成为中国的四大佛教名山之一，从此名扬四海。

九华山天台主峰

九华山中多溪流、瀑布、怪石、古洞、苍松、翠竹。山光水色，变幻多姿；古刹丛林，遍布其间；晨钟暮鼓，声闻人间。唐刘禹锡赞其"奇峰一见惊魂魄"，宋王安石誉为"楚越千万山，雄奇此山兼"，素有"东南第一山"之称。

九华山景色绚丽多姿，奇险幽雅，随着季节的变化而移目换景，涉步成趣。春天的九华山，锦嶂琼崖，百花争艳；薄雾轻纱，云海翻腾；泉溪喧哗，百鸟齐鸣。盛夏九华山万木垂荫，幽谷生风，飞泉送凉，正是游览和避暑的佳期。秋到九华山，万山红遍，层林尽染；登山游人还时常可以看到飞虹架长空的壮丽景观。冬至九华山，千松雪冠立峰头，万竹掩冰卧壑阴；皑皑雪峰与山顶、山腰和盆地中的琼楼玉宇交相辉映。

九华山与山西五台山、浙江普陀山、四川峨眉山并称为中国佛教四大名山，是地藏菩萨道场。"大九华、大旅游、大产业"的发展战略，国际地藏文化节、佛茶文化节等主题活动，九华山景区的不断建设开发，让现在的九华山不断发展，先后被评为国家重点风景名胜区、国家5A级旅游景区、国家地质公园。此外，九华山在全国首推了佛香佛烛省级标准、采用山下换乘景区大巴的上山模式、拆除景区内的违规建筑，还原了一个最自然、最真实的九华圣境，已经成为国际性佛教道场，世界级的"莲花佛国"。

秀甲江南四海名扬

九华山，因山峦奇秀，高出云表，峰峦异状，其数为九，故名九子山。九华山融众多的寺院、优美的山岳风光和博大精深的佛教历史文化于一体，以其独特佛教文化和山野情趣著称于世。九华山风景区位于皖西南的池州市青阳县境内，北俯长江，南望黄山，东临太平湖，西接池阳，绵亘100余千米。

九华山天造地设，清丽脱俗，是大自然造化的精品。境内群峰竞秀，怪石林立，九大主峰如九朵莲花，各具神韵，仪态万方。

· 山水九华

九华山，山水俱美，以九华秀出、"一水五星"最为有名。

九华山为皖南三大山系之一，主体是由花岗岩岩体组成的强烈断隆带。其边缘地区除部分为沉积岩外，大多是由花岗岩闪长岩组成的褶皱断块轻度隆起带。整个山峦，共有99峰，以天台、莲花、天柱、十王等9峰最为壮美秀丽，十王峰最高，海拔1342米。

九华山景蔚为壮观。多雾、多雨、多寒的气候让九华山的日出、晚霞和云雾景观极具特色。观九华山日出，主峰皆是好去处。天台峰玉屏台上建有捧日亭，"捧日亭中望东海，日射海水红玫瑰。千树鸟语杂箫管，千岩花笑纷徘徊"。其中天台晓日为九华山十大景观之一。九华山晚霞瑰丽多姿，虎形峰和中峰是观晚霞的好去处。当夕阳慢慢西沉后，极目西眺，浮云挡住光照，天际便透射出五光十色、艳丽迷人的彩霞，万千峰峦更显斑斓绚丽。在旭日东升或夕阳西照时，人的对面若有密云或浓雾，背后为晴空，阳光恰好从背后照射，由于阳光发生衍射，人前的云幕上便出现七色光环，这就是佛光。此景虚幻神奇，在佛教圣地九华山，更加重了它的神秘色彩。"银浪轻浮碧空寒，荡风平却石栏干。恍若五色蜃楼起，不羡蓬莱阁上看。"清代诗人对九华山云海大观作此精彩描写。严寒隆冬时节，九华山雾凇出现时，漫山遍野银装素裹，冻结在峰头岩石、石洞树木上的各种冰晶玲珑剔透，千姿百态，美不胜收。

九华山景区内处处清溪幽潭、飞瀑流泉，构成了一幅幅清新自然的山水画卷。九华山的溪流"一水五星"：九华山河溪属长江水系一、二级支流的中、上游段，从山体中心部位呈放射状向外流出，镶嵌在山地、丘陵之间。规模最大的为九华河和青通河，它们均为长江一级支流，沿断层和岩层接触带发育。山南以陵阳河和喇叭河规模最大，均向南汇入太平湖，经青弋江入长江。九华山地流出的河流河谷纵剖面呈阶梯状，多裂点、陡坎，形成许多蔚为壮观的飞瀑，如龙池瀑、九子泉、舒姑泉等。河谷横剖面多呈峡谷和谷中谷状态，两岸奇峰夹峙，显得分外险峻。特别是龙溪（九华河的一段），从龙池到二天门，一连作了五次转折，常在端点形成碧水深潭，连贯在一起成晶莹璀璨的串珠，故有"一水自萦绕，五星相贯联"之称。每年雨季，山水迸泻，形成飞瀑，瀑布奔腾，冲激成潭，潭溢而又成溪泉。古人有诗赞曰："一夜风雨过，遍山满飞龙。"九华山溪流以五溪最为著名，五溪是龙溪、舒溪、澜溪、漂溪和双溪的合称，汇流注入九华河。汇流处为五溪镇，是出入九华山之门户，青山映绿水，绿水浮青山，一派江南风光。瀑布以碧桃潭最为著名，被誉为九华山第一大瀑。

九华的生态佳美宜人。九华山气候温和，土地湿润，生态环境佳

九华山天街（何清　摄）

美，森林覆盖率达 90% 以上，有 1460 多种植物和 216 种珍稀野生动物。其中珍稀树木有银杏、香果、青檀、红豆树、青钱柳、金钱松、珍珠黄洋木、黑壳楠、天女花等，野生兽类及飞禽种类 200 多种，其中金钱树、娃娃鱼、叮当鸟被誉为"九华三宝"。

·文化九华

九华山山川灵秀，自古以来深受文人雅士的青睐。晋唐以来，陶渊明、李白、费冠卿、杜牧、苏东坡、王安石等文坛大家皆来此游历，吟诵出一首首千古绝唱；黄宾虹、张大千、刘海粟、李可染等丹青巨匠挥毫泼墨，留下了一幅幅传世佳作。

唐代大诗人李白三上九华，写下了数十首赞美九华山的不朽诗篇，尤其是"妙有分二气，灵山开九华"的诗句，使九华山熠熠生辉。

九华山现存文物 2000 多件，历代名人雅士的诗词歌赋 500 多篇，书院、书堂遗址 20 多处，其中唐代贝叶经，明代大藏经、血经，明万历皇帝圣旨和清康熙、乾隆墨迹等堪称稀世珍宝。

九子莲花梵音流布

名山出名僧。在佛教鼎茂的唐朝，古新罗国王室贵族金乔觉遍访东南名山大川后看中九华山这方宝地，禅栖九华，修行佛法，圆寂后被尊为"金地藏"。从此，九华山佛教日益兴盛，以地藏菩萨道场驰名天下，享誉海内外。境内名刹古寺林立，与自然风景巧妙结合，素有"莲花佛国"之称。

·地藏道场、佛名远播

唐开元、天宝年间（713—755 年），新罗国王室贵族金乔觉出家为僧，渡海来华，自东南沿海登陆之后，便遍访名山，最终被九华山吸引，乃卓锡于此。传说他先是居住东崖峰的岩洞中，后在众多信众布施下，结庐建院，苦心修行 75 载，99 岁圆寂。金乔觉圆寂后，其尸身越三年仍"颜面如生，兜罗手软，骨节有声，如撼金锁"。因其生前逝后各种瑞相酷似佛经中记载的"众生度尽，方证菩提，地狱未空，誓不成佛"的大愿地藏菩萨，僧众认定他即地藏菩萨转世化身，遂建石塔将肉身供奉其中，并尊称他为"金地藏"菩萨。九华山遂成为地藏菩萨道场，与五台山文殊、峨眉山普贤、普陀山观音道场并称中国佛教四大圣地。

受地藏菩萨"众生度尽，方证菩提，地狱未空，誓不成佛"的宏愿感召，自唐以来，寺院日增，僧众云集，如今已经成为国际性、世界级的大型佛教活动场所。

九华大佛

·古寺林立、佛事频繁

九华山自山麓至天台峰，名刹古寺林立，文物古迹众多，尚存化城寺、肉身宝殿、慧居寺、百岁宫等古刹78座，佛像1500余尊，藏有明万历皇帝颁赐的圣旨、藏经及其他玉印、法器等文物1300余件。此外，长期以来各大寺庙佛事频繁，晨钟暮鼓，梵音袅袅，朝山礼佛的教徒信众络绎不绝。

九华山历代高僧辈出，从唐至今自然形成了 15 尊肉身，现有 5 尊可供观瞻，其中明代无瑕和尚肉身被崇祯皇帝敕封为"应身菩萨"，1999 年 1 月发现的仁义师太肉身是世界上唯一的比丘尼肉身。在气候常年湿润的自然条件下，肉身不腐已成为生命科学之谜，引起了社会广泛关注，更为九华山增添了一分肃穆神秘的色彩。

道教仙境——齐云山

道教崇尚自然，神仙居住的洞天福地都远离尘世，多在风光雄奇秀丽的深山之中，他们更将宫观建立在高山危岩之上，掩映于苍松翠柏之中。

齐云山因山深谷幽，从而成为道教徒的栖身之地、修炼之所。

齐云山，群山俊秀，奇峰挺拔，因其中"一石插，直入云端与碧云齐"而得名；据明代鲁点著的《齐云山志》所载，峰峦常有云雾弥漫，一片白色，故又称白岳。古人云：山不在高，有仙则名。何况齐云山既高且秀，既美且幽！故而既有仙，又有名！

齐云山与黄山、九华山合称"皖南三秀"，历史上素有"黄山白岳甲江南"之美誉。齐云山，一年四季山岚云雾千变万化，云海、佛光、雪树、冰花等蜃幻奇景绚丽多彩，千百年来，它的灵山秀水让黄冠羽士趋之若鹜，与武当山、龙虎山、青城山并称中国道教四大名山，还与武当山、龙虎山、青城山、景福山合称五大仙山。

齐云山气候宜人，春夏秋冬景色各具特色。齐云山山势呈东西走向，坐南朝北，光照适宜，环境清幽，空气清新。雨水充沛，春夏季雨量多，秋冬季雨量少。春季气温回升快，夏季气候炎热，初秋天气常是晴热少雨，到了深秋，天高云淡，晴空万里，冬季干寒、晴朗。如果来齐云山旅游，初秋是绝佳时机。这时的齐云山，是一个嘉木繁荫、飞泉流瀑的清凉世界。人在其中，山风徐来，心中定生一份磊落，享受一片清凉，无疑是休闲的最佳去处。

齐云山风景区位于皖南的休宁县城西约 15 千米处，距黄山市（屯溪）西 33 千米，皖赣铁路穿越齐云山镇而过。这样一个融丹霞地貌、道教文化、摩崖石刻和山光水色于一体的国家重点风景名胜区、国家森林公园与黄山遥遥相望，广迎八方游客。

齐云山秋色（汪海彬　摄）

碧水丹崖美如仙境

齐云山海拔高度仅 585 米，但众多山峰、怪石，皆陡峭壁立，故而人们用"插天"来形容。此山有 36 奇峰、72 怪岩、24 飞洞，加之境内河、湖、泉、潭、瀑构成了一幅山清水秀、峭拔明丽的自然图画。乾隆皇帝巡游江南赞誉其为"天下无双胜境，江南第一名山"。它与黄山南北相望，风景绮丽，各树一帜，古人云："黄山白岳相对峙，细看从来无厌时。"山奇、石怪、水秀、洞幽，构成齐云山"洞天福地"。

· 山奇、石怪、水秀、洞幽

齐云山 36 奇峰，几乎都是平地而起，峰峰入画，巍峨壮观。齐云山 72 怪岩，岩岩皆景。其中巧夺天工的石桥岩、幽幻莫测的仙洞、清秀静逸的云岩湖、抛金洒玉的珠帘泉最令人心醉神往。

这就是典型的丹霞地貌所致的美丽景观：地质构成为层积砂岩，赤如朱砂，灿若红霞，崖洞石壁全是如景似霞的紫红和棕红。齐云山丹霞地貌发育，主要受景德镇——祁门断裂带、江湾——街口挤压破裂带和开化——淳安褶断带三大断裂带控制。经历了隆升过程，红色砂砾岩在经历了垂直节理发育、风化破坏阶段及剥蚀搬运阶段后，同时受岩性本身砂岩与砾岩在组分和结构上的影响，差异性风化剥蚀显著，因此形成了壮观的峰林、崖、洞、方山、城堡及天生桥景观。

· 碑铭石刻星罗棋布

山清水秀的齐云山吸引了众多文人雅客的关注。李白、朱熹、唐伯虎、徐霞客、郁达夫等都曾登临齐云山，留下了数以千计的摩崖石刻。同时齐云山的道教绘画、摩崖石刻和碑刻数不胜数，几乎峰峰有题词、洞洞有刻铭。

桃源洞天道教圣地

齐云山以奇峰怪石林立、幽深奇险著称，符合道家修身养性、脱离尘俗的理念，由此自然成为中国本土宗教——道教的"桃源洞天"。齐云山道教香火盛于明代，长期以来以全真教为主，统领全山，供奉北方真武大帝，香火兴旺，祈福者日众，是全国四大道教圣地之一，有"江南小武当"之称。

·道教活动历史悠久

　　齐云山道教历史悠久，道教活动始于唐乾元年间，至今已有1200多年的历史，道教香火波及华东及东南亚各国。唐乾元年间（758—760年），道士龚栖霞云游至此，隐居山中天门岩。南宋宝庆年间（1225—1227年），道士余道元入山修炼，并于齐云岩创建佑圣真武祠，此后云游道士纷纷而来，道教建筑规模日益；明代嘉靖和万历间，江西龙虎山嗣天师正一派张真人祖师三代奉旨驻留齐云山，建醮祈祷、完善道规、修建道院，香火日盛，渐渐成为江南道教活动中心。

·道教遗迹众多

　　齐云山历代所建道观甚多，亭、台、楼、阁遍布全山，明末最盛，原有太素宫、三元宫、玉虚宫、静乐宫、天乙真庆宫、治世仁威宫、宜男宫、无量寿佛宫、应元宫、郎灵院、净乐道院、道德院、中和道

齐云雪霁（潘志超　摄）

院、黄庭道院、拱日院、东阳道院、东明太微院、榔梅院、华阳道院、西阳道院、添书院、石桥院、密多院，以及三清殿、参阳殿、兴圣殿、斗姆阁、文昌阁福地祠、土地祠、善圣祠、功德堂、碧霄庵、东岳庙、等等，此外还有"九里十八亭"。据《齐云山志》记载：有宫、观、殿、院、馆、楼、阁、亭、台等大小道教建筑108处，仿湖北武当山建制，规模宏大，气势磅礴。经历代天灾人祸，这些宫观道院及亭阁祠殿大多均已毁废。现仅存东阳道院、伯阳道院和梅轩道院。1980年起在旧址上新建了凌风、海天一望、望仙三亭，逐渐修复了玉虚宫、罗汉洞、真武殿（太素宫）等。今全山有宫、殿、院、坛、阁等108处，道观27处，道房12家。

世界地质公园——天柱山

天地造化，山峦连绵的大别山脉，一路逶迤到皖西南，峰峦突起，横空出世，形成一座大美的天柱山，尽情展现着奇伟瑰丽的风景。

天柱山又名潜山、皖山、皖公山（安徽省简称"皖"由此而来）、万岁山、万山等，因主峰如"擎天一柱"而得名天柱，是安徽省的源头山，拥有我国唯一、全球揭露面积最大、暴露最深的超高压变质带，形成了独特的地质奇观。汉武帝之前，此山与泰山、华山、恒山、嵩山并列为"五岳"，称为"南岳"。如今仍有"古南岳"之称。

天柱山峰无不奇，石无不怪，洞无不幽，泉无不秀。她既有充溢阳刚之气的"擎天一柱"，又有构成挺拔之躯的45峰；既有奇松怪石、流泉飞瀑，又有峡谷幽洞、险关古寨，还有人工湖"炼丹湖"，真是目不暇接，美不胜收。天柱山一年四季皆胜景。春天的天柱山，山峰、岩石、树木、溪流、栈道和阶梯都被重重绿色团裹，石质山峰与奇松、雾岚、云海等巧妙而完美地结合在一起，更显"峰"情万种，美丽妖娆。夏天的天柱山，雨晴交替，山风频刮，是消暑纳凉的好去处。秋天的天柱山，薄雾多，雨水少，秋高气爽。冬天的天柱山干燥寒冷，山下阳光烈，山上飞小雪，景致十分独特。

　　天柱山风景区位于潜山市西部，西北襟连大别山，东南濒临长江。现已荣获世界地质公园、国家 5A 级旅游景区、国家级风景名胜区、全国文明森林公园、中国自然与文化遗产地、国家科普教育基地六块金字招牌，还相继获得最具潜力的中国十大风景名胜区、中华十大名山、中国县域旅游品牌百强、全国文明单位等荣誉称号，被誉为"江淮第一山"。

天柱山日出

天柱风光灵秀江淮

天柱山风光秀美，文化荟萃。区内不仅有让人赞叹的自然景观，还有令人沉醉的文化沉淀。它是历代文人游览的胜地、兵家必争的要地和禅宗发展的源地。

·自然景观饮誉千古

《古今图书集成》及省府旧志皆云：天柱山为"长淮之扞蔽"，"空青积翠，万仞如翔"，"可仰摩云霄，俯瞰广野"。又谓其"上侵神气，下固穷泉"，"实为淮南江北诸山之冠"。何宗军、王克谦编著的《天柱山》称："天柱山雄、奇、灵、秀，浑然一体，在江淮间，当推第一。"

"待吾还丹成，投迹归此地"，李白想在这里终老；"天柱一峰擎日月，洞门千仞锁云雷"，白居易惊叹这里雄奇；"青山只在古城隅，万里归来卜筑居"，苏东坡也想在这安家；王安石索性"野性堪如此，潜山归去来"！黄庭坚感叹"衰怀造胜境，转觉落笔难"；朱夫子惊呼"屹然天一柱，雄镇翰维东"。当代作家王蒙感慨："惊恐迷知性，不知己

曙光照天柱

何在。大雾已弥天，不知山何在。不知柱何在，不知路何在。在在如匪在，不知如不在。"

皖山皖水、皖风皖韵让雄奇灵秀的天柱山既兼北山之雄，又具南山之秀。峰奇泉秀的天柱山让人沉醉。主峰天柱峰，海拔 1488.4 米，突兀群峰之上，高耸云表，嶙峋峭绝，瑰玮秀丽，卓尔不凡。周围诸峰，千姿百态，形状各异，起伏环拱，势如揖拜。其间遍布悬崖奇石，幽谷灵泉，苍松翠柏，名花异草。身临其境，如在蓬莱。

·地质特色闻名于世

天柱山位于中国中央造山系大别造山带东段，是古生代华北板块与扬子板块汇聚、俯冲、拼接，中生代陆陆碰撞造山的关键部位及其与郯庐断裂带复合部位，是大别山超高压变质带的重要地段，记录了两大板块俯冲、碰撞的演化过程，地质遗迹保存较为系统完整。它以全球范围内规模最大、剥露最深、出露最好、超高压矿物和岩石组合最为丰富的大别山超高压变质带的经典地段而享誉世界，是研究大陆动力学的最典型地区之一；天柱山北部花岗岩地貌绚丽壮观，峰雄石奇，崖险水秀，尤以崩塌堆积地貌最为典型，堪称"郯庐断裂带上最美的花岗岩地貌"，被专家誉为中国"天柱山型"花岗岩地貌；公园南部潜山盆地产出丰富的、亚洲珍稀的古新世哺乳类动物化石，被公认为"亚洲哺乳动物发源地之一""古脊椎动物化石宝地"。

·山水相依心旷神怡

多雾多雨的天柱山造就了山中形态各异的井潭、瀑布、溪泉。山间呈放射状分布的溪流分别汇入天柱山下的潜水和皖水，形成"两水夹一山"的格局。两水均为山溪性河流，呈现陡涨陡落情势。在中国名山中可以和天山"天池"、长白山"天池"相媲美的高山人工湖炼丹湖更是天柱山中的一颗明珠。它水质清澈、碧绿如玉，四周群山罗列，环境优雅，天晴无风，湖如明镜，蓝天白云，映入其中；四周群峰，苍崖青松倒影其中，如锦如织，给这平静的水面增添了生机；微风徐来，湖水荡漾，波光粼粼，又是一番景象，泛舟其上，如入瑶池。

·生态佳美物产丰富

天柱山上空气清新湿润，雨量充沛，水源丰富，所以天柱山植被繁茂，线条柔和，物产丰富。天柱山植物约为119科，计千种以上。主要有马尾松、杉木、樟树、女贞、苦楝、刺槐、枫香、桐、榆、椿、橡、棕、乌桕；珍贵树种有黄山杜鹃、黄山松、珍珠黄杨、三尖杉、天女花、紫树、青线柳、香果树、红豆杉、榧以及斑竹、苦竹、毛竹等。石斛、天麻、灵芝、白术、茯苓、黄连、黄精、芍药、百合、金昆草等许多名贵药材，亦附其间，尽情生长，随着垂直分布的影响，组成天然的植被层次，使天柱山的色彩更加浓烈，形象分外妖娆。深山密林中，则是珍禽异兽的理想王国，至今仍有虎、金钱豹、小灵猫、狗獾子、豪猪等，鸟类有长尾雉、黑鹊、画眉等，水中还有各种鱼类，如娃娃鱼（大鲵）等。天柱山，茶资源丰富，驰名天下。据《潜山县志》记载："高山茶气味不待薰焙，自然馨馥。""悬崖绝壁间不种自生者，尤为难得。"谷雨时节，采制贮茶，"不减龙团、雀舌"。潜河水吼等地，均产茶。舒州天柱山茶，唐宋时已负盛名。《古今图书集成·食货志》及《唐国史补》皆记"唐朝使臣至西域，见内地名茶其中有舒州茶，视为珍品"。《玉泉子》说唐名宦李德裕爱茶，特请舒州刺史寄"天柱峰茶"。沈括《梦溪笔谈》："古人论茶，唯有阳羡（江苏宜兴）、顾渚（浙江长兴）、天柱、蒙顶（四川雅安）之类。"以上四地，均产名茶，唯天柱山茶，堪称佳茗。现代所研制的"天柱剑毫"，更保持了天柱茶甘香芳美的特色，并在1985年全国名茶评展会上获奖。此外，还有石耳、樟脑。《安庆府志》云："潜山出龙须草，可为席。"舒州竹席，历史悠久，工艺精美，早就畅销省内外，远销东南亚。清宣统二年（1910年）在南洋赛会上获一等奖。

·文化浸润古迹众多

山蕴玉则生辉。天柱山因为丰富璀璨的文化而有灵魂、有精神。

这里有历史久远的薛家岗文化遗址。早在 6000 年以前，人类就开始在这片热土上繁衍生息，并创造了独树一帜的薛家岗文化。在这里出土的文物上至新石器时代，下至唐宋，其中以 13 孔石刀、罐形鼎等为代表的生活、生产用品和装饰品 2000 多件。薛家岗文化遗址以其独特的历史地位被列入全国重点文物保护单位。

这里有风格各异的摩崖石刻。天柱山麓山谷流泉摩崖石刻群堪称书法艺术长廊，鲜活地保留着跨时千余年总数数百方石刻，上有唐宋元明清以来达官名流的诗文真迹，或涉天文地理，或涉战事文化，极具观赏和研究价值，堪称石刻艺术博物馆，王安石、黄庭坚、苏东坡等一代大家创造的一溪风雅汩汩流淌到今，敢担当、轻名利的文人风骨在熙来攘往的人流中顽强地延续着。

这里有凄美动人的孔雀东南飞。我国最早的长篇叙事诗、"乐府双璧"之一的《孔雀东南飞》的故事就在天柱山的脚下演绎。诗中主人翁刘兰芝与焦仲卿之间忠贞不渝的爱情故事至今仍广为传唱。焦、刘二人的合葬墓孔雀坟可供游人凭吊。

这里有绝代双娇大小乔。自古天柱出美女，二乔便是其中的代表。据《三国志》记载，东汉建安四年，孙策在同窗好友周瑜的辅助下，率兵一举攻克皖城（今潜山市区）得二乔。孙策纳大乔、周瑜娶小乔。于是便有了苏轼笔下的那篇脍炙人口的《念奴娇·赤壁怀古》。当年二乔对井梳妆的胭脂井至今还在，可参观。

这里是兵家必争之地。天柱山地理位置十分重要，隶属潜山市，三国时，袁术、孙权、曹操交替据此，为兵争重地。唐宋时期，曾为舒州治所。南宋末年，义兵长刘源结寨西关，多次挫败元军，坚持战斗 18 年，英勇壮烈，名垂千秋。太平军年轻将领陈玉成，率部在天柱山区，与清兵相持多年。在抗日战争和解放战争中，共产党领导的游击队也活跃在天柱山。

仙山宝地古之南岳

春秋时期，天柱山属皖国封地。山称皖山，水曰皖水，城为皖城，安徽省的简称"皖"就源于此。

据有关史料记载，中国五岳之封始于三皇伏羲之前的无怀氏，距今已5000余年，那时天柱山已被封为南岳，名列五岳第二位。汉武帝刘彻南巡登临天柱山，筑坛祭岳。同行的司马迁在《史记》中记载了汉武帝这次南巡活动："登礼潜之天柱山，号曰南岳。"此后朝廷每年均派大臣前来祭岳，当年的祭岳台至今仍保存完好。天柱山因享受了700余年的南岳香火而显赫一时。到589年，隋文帝为开拓南疆，改封湖南衡山为南岳，天柱山仍以雄、奇、灵、秀的自然景观著称于世，因而改称"古南岳"。

天柱山灵绝山水加上历代帝王的加封，使之成为仙山宝地，引得佛道两家垂青。天柱山是道家第十四洞天、五十七福地，尤其是佛教禅宗的发祥地之一，自古受到文人雅士的赞美和推崇。禅宗第三代祖师僧璨在此驻锡弘法、传承衣钵，《信心铭》即在此孕育、创作而成，为禅宗思想体系的构建和传承发展做出了奠基性的贡献。唐宋以来，帝王屡屡加封，不负诗家"禅林谁第一，此地冠南州"的盛誉。白鹤道人在白鹿岗上建起白鹤观，唐明皇遣使建司命真君祠，宋太宗赐名灵仙观，宋徽宗赐名"真源万寿宫"。鼎盛的唐宋时期曾有"三千道人八百僧"之说，方圆数百里的善男信女，来此朝仙拜佛者络绎不绝。先是斗法争山，后是包容并存，也算得上是人类思想信仰史上的奇迹。宋后，多数寺观毁于兵火，或圮于废弃，虽有修复，终不能再现前朝之盛。现山中尚存三祖寺，及第、齐云、上封、护国4庵，近年经陆续修整，佛教活动已恢复正常。千百年来，众多名道高僧在此讲经传道，采药炼丹，留下许多奇妙传说，给天柱山景胜增添一层神幻色彩。

风貌迥异的其他主要名山

安徽的名山峻岭、溶洞峡谷景观数不胜数，或是诗画名山，或是宗教名山，或是景观独特，各有特色，限于篇幅的关系，未能一一列举，除了前述的四座名山而外，现仅择其中特别有名者，简介如下。

秀丽名山千姿百态

安徽山色秀美，名山众多，景色各有独特之处，秀丽的风光、独有的景致令人神往。

·华东最后的原始森林——牯牛降

有一座山，山水相融、峰高涧深，青山绿水相依，生态环境极为优美，被誉为华东地区最后的原始森林；有一座山，有着完整的天然森林植被，保存有大面积的中亚热带原始森林和珍稀动植物资源，被专家学者誉为"绿色的自然博物院""华东野生动植物的宝库"；有一座山，集雄、奇、幽、秀于一身，是国家级森林生态类型的自然保护区、国家级水利风景区，被评为"中国最值得推荐自驾目的地"。这座山，就是牯牛降。

牯牛降是安徽南部三大高山（黄山、清凉峰、牯牛降）之一，其主峰海拔1727.6米。牯牛降是黄山山脉向西延伸的主体，古称"西黄山"，因其山形酷似一头牯牛从天而降，故名牯牛降。

牯牛降风景区位于石台县与祁门县交界处，距石台县城22千米。

景区山岳风光秀美绮丽，其地层古老，气候优越，山高林密，人迹罕至；这里人杰地灵，有着浓厚的文化底蕴和光荣的革命传统。牯牛降历经沧海桑田的变化，约在8.5亿年前，雪峰造山运动使其主体抬起，结束海侵历史；在距今约2亿年时逐步形成的中生代印支运动使牯牛降的北部也抬起，与其主体融为一体，并有花岗闪长岩体侵入；后又经燕山运动、喜马拉雅山运动，大自然的伟力和奇巧，将牯牛降山体塑造得雄伟而绮丽，峰峦巍峨，峭壁深渊，成为皖南一座壮丽的大山。由于牯牛降山区成陆历史悠久，地形变化复杂，人烟罕至，天然植被保存较好，所以至今还能发现大量曾经生活在距今约7000万至200万年以前的第三纪和第四纪早期的古老动植物种类，如第三纪以前的孑遗树种杉木、红豆杉、三尖杉等，银杏则是著名的"活化石"。在牯牛降的密密森林中，还隐藏着一个喧嚣而繁盛的动物世界，其中有被列为国家重点保护的梅花鹿、苏门羚（土四不像）、黑麂、云豹、短尾猴、猕猴、小灵猫、水獭、白鹇、白颈长尾雉、鸳鸯、猫头鹰等。据不完全统计，这里有各类植物230科、726属、1348种，其中有国家重点保护的植物13种、动物29种。另外，这里爬行类也很丰富，其中蛇类就有26种以上，国内罕见，故称为"蛇的王国"。正是因为这里自然条件复杂，生物资源丰富，生态系统完好，使牯牛降成为"华东地区动植物基因库"。

牯牛降还是一座人文之山，舜耕历山的传说、李白五游秋浦的记载、曾国藩指挥的牯牛降大战，以及当地流传的"五百年前西峰寺、五百年后九华山"谚语，至今保存的目连戏、傩舞、采茶戏等民俗，无一不让牯牛降平添几许神秘、几多魅力。

·大别山奇观——天堂寨

古老神奇的天堂寨，位于大别山腹地，其间，雄关漫道，崇山峻岭，茂林修竹，龙潭飞瀑，奇松怪石颇多，气势雄伟壮观，古称"吴楚东南第一关"，区内常年云雾缭绕、峻峰林立、群瀑飘逸，因此被称作"多云山"。

　　天堂寨景区位于安徽省金寨县与湖北省罗田县交界的地区，主峰海拔 1729.13 米，山水风光秀美、红色遗迹众多、古寨风情淳朴，为国家 5A 级旅游景区、国家级自然保护区、国家森林公园、国家地质公园、省级爱国主义教育基地，是"安徽省最美的地方"之一。成陆于 26 亿年前新太古年代的天堂寨，被誉为"中华山祖"，有"植物的王国、花的海洋"的美称。

　　雄伟博大的天堂寨不仅集结了"奇峰、飞瀑、林海、峡谷、云雾、幽潭"等众多自然景观，还蕴含着丰厚的历史文化和红色文化，纯朴厚重的民俗民风更与生态景观交相辉映，进入天堂寨，有"我在山里行，赛过做神仙"的真实感受。

　　丰富的森林植被是天堂寨的中心景观。天堂寨地处南暖温带向北亚热带的过渡地带，是我国第四纪冰川孑遗植物的避难所，系华北、华中、华东三大植物区系的交汇中心，森林覆盖率 96.5%。景区内共

秋染天堂寨（江洪　摄）

有植物 1881 种，脊椎动物 185 种，属国家保护的动植物分别有 38 种和 18 种。

众多的瀑布龙潭是天堂寨的特色景观。"踏遍黄峨岱与庐，唯有天堂水最佳"，大面积的森林植被涵养着丰富的水源，形成了接力式瀑布群，常年不涸的瀑布就有 18 条，季节性瀑布 100 余处。天堂寨景区内龙潭星罗棋布，或阔或窄，或深或浅，或明或暗，或动或静，其中有九个潭较大，古称风龙九井，杜牧、刘禹锡、张耒、王安石等曾留下过赞美的诗篇。

良好的生态环境是天堂寨的主要景观。天堂寨远离都市，无污染，这里的一切均以纯天然的形式存在。尤其是瀑布湍流和高位差产生的负氧离子，以及森林中芳香类植物释放的杀菌因子，使这里空气极其新鲜，可以说天堂寨真正是一个巨大的天然氧吧，"登一次天堂，胜百回疗养"。大量的奇山异石是天堂寨的主体景观。天堂寨山石景观形态各异，巧夺天工。白马峰气势磅礴，龙剑峰形如恐龙，圣卦峰神秘莫测，情侣峰温情脉脉，可谓"千岩万壑生紫烟，山在虚无缥缈间；银浪滚滚群峰隐，扮得天堂境如仙"。

大别山自古为兵家必争之地，楚汉相交的天堂寨更是首当其冲。在南宋时，文天祥曾派同榜进士程伦倡导淮西抗元。元至正十一年（1351年）红巾军领袖徐寿辉在此建立天堂寨，招募义军达百万之众，席卷东南数省，割据一方达十一年，国号天完。明代，这里是战略防守重地，清顺治、乾隆年间分别有过农民起义，后还成为太平天国与清军对垒的战略要地。至今这里还有清代咸丰年间的关卡和义军用的石臼、古炮台、议事厅等遗址。大革命时期，这里诞生过两支工农红军，天堂寨成为鄂豫皖革命根据地的重要组成部分。1947 年刘邓大军南下，在天堂寨，西逼武汉，东指南京，为全中国的解放建立了不朽的功勋。

· 长江蓬莱——小孤山

把长江与山峰联系在一起，人们首先想象到的可能就是"两岸青山"。然而，在长江中下游，却有一座孤峰，耸立于滔滔长江之中，其旖旎奇特的景观，被誉为万里长江的绝胜、长江第一奇景，素有"海门第一关""长江天柱""江上蓬莱"之美称，被历代诗家学者吟赞为"长江绝岛、中流砥柱"。

小孤山的"孤山"是以其独立不倚而得名，至于小者，是为区别江西鄱阳湖的"大孤山"而言；世人因山形长势犹如古代妇女头上发髻，故又称为髻山。另外世俗又因小孤与小姑同音，还称其"小姑山"。小孤山坐落在安徽省宿松县东南，位于长江中下游，距离县城65千米。与江西省彭泽县的彭郎矶隔江相望，与江西的石钟山、龙宫洞遥相呼应，与国家级风景区庐山、湖北省黄梅县的五祖寺、安徽省的天柱山雄踞长江两岸。

小孤山形态特异，孤峰耸立，以奇、险、秀、孤而闻名于世，同时也因其地势非常险要，为历代兵家必争之地。小孤山原是江中石屿，形成于两百万年前第四纪冰川时期，此山高不过百米，周不过里许，然而其形特异，如一出水芙蓉，孤峰耸立。山上幽洞沧波，玉竹翠亭，峻梭碧阁，相互映衬，美不胜收；山下长江湍流，三面环水，直插江心，气势险峻。巨石悬立奇峭，大有"障百川于千里，纳群山于足下"之势。山虽小却志傲群山，上锁金蛟，下阻千浪。大别山恭其俊秀，五老峰逊其不峙。"东看太师椅、南望一支笔、西观似悬钟、北眺啸天龙"为其最形象的描写。正如南宋爱国诗人陆游赞曰："江水东流直下吴，狂澜倒挽一人无。世间枉说奇男子，砥柱还须让小姑。"小孤山不仅风景优美，而且地处要塞，一直是兵家关注之所。南宋后，曾在此设立烽火台和炮台，元代红巾军与余阙，明代朱元璋与陈友谅，清朝彭玉麟的湘军与太平军均在此对垒交锋，以争成败，故又有"安庆门户""楚塞吴关"之说。

·大型古树群落——皇藏峪

山幽林茂、古木参天，山、水、泉、涧等自然景观浑然一体，这

萧县皇藏峪秋色

样的皇藏峪，素有"幽谷圣地""淮海佳境"之称，被誉为"皖北小黄山"。

皇藏峪原名黄桑峪，因峪内长满黄桑树而得名。汉高祖刘邦称帝前曾因避秦兵追捕而藏身于此，故改名皇藏峪。皇藏峪位于苏、鲁、豫、皖四省交界处萧县境内城区东南30千米，东靠京沪铁路，西连淮北，南接宿州，北邻徐州，距徐州观音机场60千米，连霍高速、合徐高速横穿其境。

皇藏峪景区是地球同纬度保存最完好的落叶阔叶林带，淮北地区唯一能反映历史上生物群落面貌的区域，具有重要的科研价值和观赏价值。景区获颁国家级摄影创作基地、亚洲最佳生态旅游景区、国际最具潜力旅游度假目的地、中国最佳森林康养目的地等称号，为国家级森林公园、中国历史文化遗产、国家4A级旅游景区、中国最大古树群落。

皇藏峪山崖陡峭，峰峦绚丽，洞泉百出，以"奇、秀、险"著称于淮海旅游圈；同时景区的文化底蕴深厚，寺庙建筑风格独特。皇藏峪为陶墟山系南部的剥蚀低山丘陵，山岩为石灰岩体，有许多天然洞穴及井泉、山石景观。这里冈峦起伏，林木参天，岭上坡下，繁衍着松柏、黄桑、青檀等146种木本植物、700余种草本植物，并有58种鸟类在此栖息，还生存有珍奇的皮毛兽水獭、黄鼬、狐狸等，森林面积3100多亩。在平畴千里的淮北大地，有此高峰幽谷，实为难得，乃是徐淮地区游人向往之地。此外北宋大文学家苏轼、明朝两淮运同蓟门许一诚、清朝进士陈观国、民国知县赖以平等大批文人墨客都曾亲临皇藏峪。近代，著名政治家康有为于 1917 年春在徐州小住时，为实现多年的夙愿，曾专程来皇藏峪游览，寺僧以盐腌香椿芽款待他，令他感慨良久，他回忆起刘邦当年落难此峪时，曾以香椿芽冲饥，并留下"但愿香椿长春"的祝语。

· 人间清凉世界——清凉峰

走进清凉峰，漫步在逶迤的山间小径，抬头望那嵯峨黛绿的山峰，满山翁郁荫翳的树木与湛蓝辽阔的天空、缥缈的几缕云恰好构成了一幅雅趣盎然的淡墨山水画。在这里可以感受清凉峰的清幽林密、舒适宜人，领略这不可言说的大自然的美好。

清凉峰是一座具有喀斯特森林奇景的生态名山，是国家级自然保护区、安徽省六大自然保护区之一，为华东地区仅次于黄山主峰高度的另一座高峰，海拔 1787.4 米，是皖南山区的绿色宝库之一。清凉峰自然保护区位于安徽东南部绩溪县和歙县交界处，东与浙江清凉峰国家级自然保护区接壤，属我国皖南—浙西丘陵、山地生物多样性优先保护区域；安徽境内，分别建有歙县清凉峰（南坡）自然保护区和绩溪清凉峰（北坡）自然保护区。

清凉峰因地形复杂，生态环境特殊，林木茂盛，雨水充足，因而不仅珍稀动物种类繁多，还有大量具有特殊经济价值和科研价值的优良珍贵树种。区内现存有高等植物 1976 种，脊椎动物 283 种，植被类型多样，种类组成复杂，珍稀物种荟萃，保存着南方红豆杉、银缕梅、夏蜡梅等国家级重点保护植物 32 种，保护着

歙县境内的清凉峰

梅花鹿、黑麂、云豹等国家重点保护动物38种，尤其是华南野生梅花鹿，是属世界珍稀濒危、野生保存种群最大的野生动物。此外它还是一个模式标本的集中产地，产植物模式标本28种，生物资源具有多样性、复杂性和一定的古老性、原生性，具有很高保护价值。

清凉峰自然保护区不但林海莽莽、古木参天、负氧离子丰富，人迹罕至、生态完整、野生动植物资源丰富，环境清幽、气候宜人，水质优良、大气清纯，而且自然景观独特，既有类似黄山峻峭奇丽的景色，又有山中"台地"和群顶"小平原"等独特地形，境内峰峦耸峙，岭曲峰险，沟谷纵横，松奇石怪，溶洞众多，有飞瀑流泉之胜。景观类型多样化并各具特色，广阔无垠的亚热带高山草甸风光为中国东部地区绝无仅有，自然景观与区内普济寺、龙尾池等一批有着深厚文化内涵的历史古迹共同构成高山原始生态文化圈，令人神往。

·众佛拱卫——万佛山

有一座山峰，像弥勒佛盘坐，气势宏伟，周围群峰拱卫，好似诸佛拜祖，这就是山高水秀的万佛山。

万佛山位于舒城西南，距合肥140千米，距舒城万佛湖景区60千米，主峰老佛顶海拔1539米，因主峰有诸佛寺，有石匾曰"万佛名山"，因而得万佛山名。关于山名，还有一说，因万佛山中，悬崖绝壁之上拥有天然"万佛山"三字奇观而得山名。

万佛山因森林覆盖率高成为纯净的天然氧吧，是中国最大的丹霞峰林地貌之一、国家4A级旅游景区、国家森林公园、国家地质公园及国家级自然保护区，被地理学家誉为"绿色万里长城"。

万佛山以山高、峰险、松奇、石怪、瀑多、洞幽、林深而著称于世，同时具有深厚的人文底蕴。重峦叠嶂、群峰竞秀、怪石嶙峋是万佛山的特色之一，风景区内各山峰神形兼备，惟妙惟肖，栩栩如生，无不让游客惊叹大自然的鬼斧神工。秀水深潭、飞瀑流泉是万佛山的又一特色，"山因水而活，水因山更幽"。万佛山的山体下部呈断岩峭壁，水流至此，常呈巨大瀑布倾泻而下，景区内有瀑布十多处，飞流而下，气势磅礴，雾气蒸腾。森林茂密、松树奇特、植被繁多亦是万佛山的特色所在，因其处于北亚热带，优良的生态环境孕育了丰富的动植物资源。万佛山有147科、658属、1368种维管束植物，10余种国家保护动物，构成了一个天然的动植物园。其中国家保护植物25种，著名的有领春木、兰果树、香果树、天目木姜子、银鹊树以及被称为活化石的银缕梅。国家保护动物10余种，著名的有穿山甲、香獐、娃娃鱼等。这些堪称国宝的珍稀动植物受到专家学者的关注。

万佛山历史悠久，乔觉洞、诸佛寺、红军医院遗址、九烈士墓、平田烈士公墓等，构成了万佛山丰富的人文景观。漫步万佛山中，观自然美景，寻名人足迹，享森林沐浴，感红色教育，正所谓："登上万佛山，才是有福人！"

云蒸雾绕万佛山

文化名山底蕴深厚

风光成就文化，文化传颂风光。自古以来，旅游都是一边看风景，一边寻文化，走的是线路，游的是心路。文化名山，就是因文化的聚集、影响而著名的山。名山吸引游客前来怀古探幽，所谓"游山如读史"，此之谓也。安徽山川秀美，自古圣贤辈出，天下俊杰也星集雾驰，穿境而过的长江、淮河孕育着深厚的文化底蕴，故而文化名山尤多。

·江南诗山——敬亭山

"众鸟高飞尽，孤云独去闲。相看两不厌，只有敬亭山。"诗仙李白的赞誉，不仅为这座秀丽名山增添了一份诗情画意，更让它成为享誉天下的江南诗山。

敬亭山坐落在宣城市区北郊水阳江畔，原名昭亭山，西晋时为避文帝司马昭名讳，改称敬亭山。此山属黄山支脉，东西绵亘十余里，大小山峰60座，是中国文房四宝之乡——宣城文化魂之所在、情之所系。目前已成为国家森林公园、国家4A级旅游景区、中国历史文化名山。

敬亭山虽不高，但在此丘陵地带拔地而起，远看满目青翠，云漫雾绕，犹如猛虎卧伏；近观林壑幽深，泉水淙淙，显得格外灵秀。敬亭山虽无天柱山之险峻，也无九华山之灵秀，更无黄山之奇绝，她不追"五岳"之雄奇，不纳"四佛"之烟火，但自有清丽时俏之容，千古诗山之誉，风流不绝之趣。"山不在高，有仙则名"，南齐谢朓诗赞："兹山亘百里，合沓与云齐""绿水丰涟漪，青山多绣绮"；诗仙李白七次登临，留下千古绝唱。至此之后的一千多年，敬亭山吟无虚日，白居易、杜牧、韩愈、欧阳修、苏轼、文天祥、汤显祖、文徵明、石涛等先后登临，本土名士梅尧臣、贡师泰、施闰章、梅清倾力吟咏，先后有300多名文人墨客、数以千计的诗文记画涉及此山，"遂使声名齐五岳"。诗情山水之间，亦有历史沧桑。历代修建的楼台亭阁、寺庙宫观、摩崖石刻等风景名胜多达50余处，但风雨兵燹，名木古迹几毁坏殆尽。其中幸存者有宋代双塔、古昭亭坊、虎窥泉等。同时，这里富有动植物资源，包括国家一级保护动物扬子鳄和属于敬亭特产的敬亭蝾螈等。其中，杜鹃花为敬亭山花，李白有"蜀国曾闻子规啼，宣城又见杜鹃花"之名句。此外，敬亭山还以茶闻名，历史上早就有了采茶的文字记录，其物产有名者为敬亭绿雪茶，有清代施闰章咏茶诗："敬亭雀舌争相传，手制从过谷雨天。酌向素瓷浑不变，乍疑花气扑山泉。"

·桐城文派之源——浮山

　　浮山，俗称浮巢山、浮渡山，因其"东西南北皆水汇""山浮水面水浮山"而得名，坐落于皖江北岸的铜陵市枞阳县浮山镇白荡湖畔，北距合肥120千米，南距县城30千米，合（肥）铜（陵）黄（山）高速公路掠境而过，南临白荡湖，西邻菜子湖，南望九华，北靠长江，山水浑然一体，犹如一叶轻舟漂于水面。是安徽省首批省级风景名胜区、国家森林公园、国家地质公园，入选"全球网民心目中安徽最美的地方"，有"海上蓬莱"之美誉。

枞阳县浮山会圣岩石刻长廊（何义权　摄）

浮山如船如渡，火山岩洞景观尤为奇特，是一座保存比较完善，具有典型性的白垩纪晚期火山喷发形成的古火山，由富含钠、钾的火山岩组成，虽经大自然改造，仍保留其完整性与典型性。该火山岩盆地位于地质上称为淮阳古陆、张八岭古陆及江南古陆之间的下扬子沿江火山岩带内，在距今约1.4亿年至1亿年的侏罗纪晚期至白垩纪早期近4000万年中，曾几度喷发，中间还有一次岩浆入侵活动，形成了如今奇特的火山地貌，地质学上称浮山组——浮山旋回，被看作是中国的"维苏威"。其地质构造全国罕见，为世界同类型地质构造的典型，是国内中生代粗面质火山岩中最具代表性的地区之一，堪称一座"天然火山地质公园"。浮山古火山是研究长江中下游郯庐断裂地壳深化过程的天然记录，是研究深部地壳、地幔的标本。

一方水土养育一方人，桐城文派宗师方苞、刘大櫆、姚鼐等名士一生无不受到浮山深刻的影响。这里有火山岩洞，这里有摩崖石刻，这里河湖风光、人文胜迹交相辉映，这里是桐城文派之源。

浮山还是一座文化名山。早在晋梁时期（265—557年），浮山就建有寺庙。历朝历代无数名流雅士、文人墨客，如唐宋的孟郊、白居易、范仲淹、王安石、欧阳修、苏轼、黄庭坚等均来此游览。他们在浮山吟诗唱游，留下了大量的摩崖石刻，现存483块。文体各异，书法万千。有诗词、游记，有庵堂碑记、题词留名。大者一米见方，小者不及一寸，或铁画银钩，或清瘦严谨，或丰润饱满，或端庄秀丽，成为宝贵的文化遗产，构成了浮山之一名景。

·禅宗圣地——司空山

司空山风景区是国家3A级旅游景区，位于安徽省岳西县西55千米的店前、冶溪两镇交界处，海拔1227米，面积35平方千米。风景区内，四季分明，景色优美。南望端岩，如画照海；西瞻卓绝，若峭壁插天；迤东绕北，移步换形，变幻莫测。

司空，本是位极人臣的官名。相传战国时期有位淳于氏，官居司空，一生为官清正，后来到大别山南脉一座高耸入云、人迹罕至的高峰下隐居。此后，所居之山，被称作司空山，又名司空原。传说，西汉末年有朝官挂冠而去，归隐此山，于赤壁下炼丹，得道成仙。东汉末年，道教大师左慈居司空山并建"玄妙观"，从此成为仙道胜地。诗仙李白游司空山留有诗篇。唐肃宗至德元年（756年），李白避居此山，留下了《避地司空山言怀》和《司空山瀑布》诗两首，其中"雪霁万里月，云开九江春"之句，为众多描写司空山风光的点睛之作，后人将诗刻于陡峭石壁上。此后，历代墨客骚人、名流雅士慕名而来，留下了无数脍炙人口的诗篇，许多石刻碑文，至今依稀可见，如"我来司空山，登台怀李白""佛氏虽殊数，二祖曾卓锡""李白曾卜筑，慧可尝洞栖"等诗句。还有李白住处"司空原"建"太白书堂"，书堂前有"奎心石""印心石""翰墨泉""洗墨池"等。

最让司空山名扬天下的，乃是禅宗源流于此。禅宗是佛教中国化

司空山春晓（余飞跃 摄）

的标志，是大智慧的集中体现。577 年，北周武帝灭佛，受达摩衣钵的禅宗二祖神光（又名慧可）护衣钵、经像南逃，历尽艰辛，卓锡司空山，掘石窟建刹，重开禅宗法门。说来也真有缘："司"与"思""四"同音，佛说四大皆空，坐禅讲"思惟空"，故而后来又称司空山为"四空山""思空山"。二祖后来北上中原，行前，在司空山将衣钵传给三祖僧璨。有意思的是，三祖后来去了大别山南脉的天柱山，传衣钵给四祖道信，道信后来去了黄梅，传衣钵给五祖弘忍，弘忍仍然在黄梅传衣钵给六祖惠能。惠能为了避祸，去了南方，最后将禅宗发扬光大，然后，惠能的弟子本净禅师又来到司空山，这已经是大唐盛世了。唐玄宗天宝三年（744 年）唐玄宗遣中使杨光庭到司空山采长生不老药——常春藤，得到本净禅师指点，玄宗大喜，诏本净入京，拜为国师。本净回司空山后，玄宗赐银敕建"无相禅寺"，造僧房 5048 间，下设 9 庵 4 寺，从此司空山名扬四海，僧尼云集，香客盈门，盛况空前，历代不绝。如今，虽经"文革"之灾，人们仍然能寻到"二祖禅刹"旧迹，"祖师洞""三祖洞""讲经台""传衣石"仍在，赵朴初多次来司空山，题字写诗，赞誉不已，称它为中华禅宗第一山。

·皖东明珠——琅琊山

"其西南诸峰，林壑尤美。望之蔚然而深秀者，琅琊也。"

因欧阳修一篇《醉翁亭记》而闻名遐迩的琅琊山，后人赞叹道：名山名亭明故里，蓬莱之后无别山。如今是中国 24 座文化名山之一，为皖东的游览胜地，享有"皖东明珠"之美誉，先后被评为国家重点风景名胜区、国家森林公园、国家 4A 级旅游景区。

琅琊山，古称摩陀岭，后因东晋琅琊王避难于此，改称"琅琊山"，位于安徽省滁州古城西约 5 千米处的群山之中、现滁州市的西南郊，紧靠滁州市区，距合肥 150 千米，距南京 59 千米。

琅琊山地处亚热带北部边缘和暖温带的南端，是南北植被类型的过渡地带。现已识别出植物 153 科，其中乔灌木 58 科；植物类名贵中药 140 科 803 种，珍贵树木如琅琊榆、醉翁榆是琅琊山风景区的特有树种。混交的树种繁多，各具特色，有很高的观赏和科研价值，因盛产多种中药材，而被人们誉为"天然药圃"。

千百年来，琅琊山留下了无数文化遗存：有卜家墩古遗址及发掘出来的大量古迹和文物，更有古清流关、唐代琅琊寺、宋代醉翁亭、丰乐亭、唐代画圣吴道子刻绘的观音像、宋代书法大家苏轼所书《醉翁亭记》碑刻。唐寺、宋亭、南唐古关、幽深古道相映生辉，吸引了宋朝以后历代的文人墨客、士子游客前来访古探幽，吟诗作赋，造就了琅琊山独有的名山、名林、名泉、名洞、名亭、名寺、名文、名人等"八名"胜境。山林幽谷中重修和复建的南天门、野芳园、深秀湖、欧阳修纪念馆等景点和苏唐青、苏轼、赵孟頫、董其昌、文徵明、祝枝山、张瑞图、黄元治等历代书法名家书写的《醉翁亭记》，"真、草、隶、篆"碑刻与山中原有的古道、古建筑相映成趣。

· 游山如读史——褒禅山

"褒禅山亦谓之华山，唐浮图慧褒始舍于其址，而卒葬之；以故其后名之曰褒禅。今所谓慧空禅院者，褒之庐冢也。距其院东五里，所谓华山洞者，以其乃华山之阳名之也……"

王安石的一篇《游褒禅山记》，让这座秀丽的小山成为举世皆知的文化名山。

褒禅山地处安徽省马鞍山市含山县城以北 7.5 千米，东临和县鸡笼山国家森林公园，西接伍子胥过昭关的昭关山，面积约 20 平方千米，主峰海拔 481 米，形成已有 2.3 亿年。它是国家 3A 级旅游景区、省级文物保护单位，被安徽省共青团选为少先队员教育基地。

褒禅山历史悠久，景致宜人。这里原为一片汪洋，随着地壳运动，大海抬升为陆地，陆地又沉陷为大海，如此循环反复，终于在最后一次燕山造山运动中升出海面。其东有灵芝山，山上树木参天，古以盛产灵芝得名，此山为裸露的石灰岩山体，泥土极少，树木为天然原始林，全部生长在山石缝中，主要树种有：青檀、黄檀、三角枫、马甲子（摇钱树）、银杏树等，有的树龄已有上千年的历史，后山的天然植被层次分明，植物品种较多，有野生的灵芝草、何首乌、杜仲、白芨、明党参、枸杞子等名贵中草药；动物主要有狼、獐、獾、猫头鹰、翠鸟、喜鹊、山鸡等。有起云峰，高耸入云，"天欲雨，山则云遮雾障"。登褒禅山极目远眺，四周青峰环绕，山野之趣，赏玩之乐，探幽之险，登临之兴，令人流连忘返。

1054年4月，北宋著名的文学家、思想家、改革家王安石游览了此山，并写下了千古名篇《游褒禅山记》。这篇文章被教育部选为高中必读课文。游记中展示了华阳洞"险、奇、美、绝"四大特点。

华阳洞被誉为天下第一名洞，洞内钟乳石影倒挂，怪石嶙峋，洞深1600米，有10大景区，102个景点。整个洞群分前洞、后洞、天洞、地洞，洞洞相通。洞中有洞，洞上有河，河上泛舟，移步换景，神奇虚幻。到此一游会给你带来"游山如读史，看洞若观画"的艺术享受。

·烟浪天门——天门山

"天门中断楚江开，碧水东流至此回。两岸青山相对出，孤帆一片日边来。"李白一首《望天门山》，让长江两岸两座并不高大的山峰，闻名天下。

天门山位于安徽省芜湖市境内，又名东梁山或博望山，与西梁山（又名梁山）两山夹江而立。虽然海拔高度仅有82.12米，却因山势陡峭，如刀削斧砍，突兀江岸，隔江对峙，宛如天设之门，故称天门山。

天门山地势显要，历来为兵家必争之地，实为古都金陵（南京）的"天门"。故李白在《梁山铭》中说：梁山博望，关扃楚滨；夹据洪流，实为要津；天险之地，无德匪亲。

史载，早在春秋年间，吴楚大战，就有"楚获吴乘舟余皇"于此地；三国末年，晋人伐吴，王濬楼船自武昌顺流东下，吴主遣将军张象率舟师万人，御之于天门山。后张象望旌而降，王濬遂直指建业。东晋时，王敦作乱及桓温专命，皆自上流移镇姑熟，以夺天门山之险。南北朝时，南朝皆有大军据天门山，以阻北兵。唐朝末年，起义军曾在此连铁锁，断江路。南宋时期，金主完颜亮南侵，就在西梁山被阻。

千百年来，除李白之外，天门山因其处在交通要道，留下了许多诗词名文。此外，山上还建有佛寺、娘娘庙和天门书院，可谓是"儒佛道"俱全。

元代名士欧阳玄在任芜湖县令期间，曾于天门山题"天门烟浪"，并题有诗作，从此被列为芜湖八景之首。

天门山夕照

· 楚汉文化发祥地——八公山

"风声鹤唳、草木皆兵"的成语，让八公山闻名天下。

此成语记载的是1600多年前发生的一场著名的战争——淝水之

战。其实，因八公山乃"中州咽喉，江南屏障"，地理位置显要，自古就是兵家必争之地，历史上战事频繁，遗存丰富。

八公山古称淝陵、北山、紫金山，后因西汉文化大家、淮南王刘安聚集八位高人（人称"八公"）在此架鼎炼丹，后来传说是"一人得道，鸡犬升天"，从此改名八公山。刘安等人在炼丹时，还发明了受人喜爱的食品——豆腐，因此，人们每每吃起豆腐，便会想到八公山。

淮南王刘安最大的贡献，是在八公山下，招贤纳士，编撰了《淮南子》。此书为战国至西汉年间流行的"黄老之术"的集大成者，是中国先秦两汉思想史上的一座瑰宝，它不仅大力宣扬、讲述了中华文化"顺其自然"的伟大思想，而且详解了五行原理；不仅第一次整理编定了二十四节气，而且保存了如《女娲造人》等众多的远古神话故事。仅此而论，八公山就可以称为当之无愧的文化名山。

八公山位于安徽省中部、淮河中游，淮南市与寿县古城交界处，由大小40余座山峰叠嶂而成，方圆达200余平方千米，主体部分属淮南市八公山区，南麓小部分属淮南市寿县。八公山不仅文化璀璨，自然山水也同样神奇秀丽。丰富的自然资源可用"林密、石奇、泉古、水秀"八个字来概括。这里有面积达10余平方千米的天然次生林，植被保护良好，乔木高大，树种繁多，山林茂密。由于流水剥蚀、溶蚀、风化作用，裸露的石灰岩体流纹深刻，造型生动，似微缩"锦绣河山"，呈"石林"状排列，绵延数平方千米，十分壮美。八公山有形成于8亿年前的"淮南虫"化石，是世界上发现最早的古生物化石，被国际地质学界誉为"蓝色星球"上的生命之源；在淮南八公山地区所产出的"淮南生物群"，主要包含有宏观藻类、蠕虫类及造迹生物的遗迹化石等，是世界珍稀的化石类型；2000年，中科院考古队在八公山又发现了古猿化石，距今300多万年，是我国迄今为止发现最早的古猿化石。

如今，八公山已被列为国家地质公园、国家森林公园、国家4A

级旅游景区。

·相王分封地——相山

在广袤的皖北平原，有一座山峰，奇峰古寺掩映其中，乃是方圆诸山之宗、古代相王分封之处，这就是相山。

相山公园坐落在淮北市相山南麓，相山山脉自徐州蜿蜒而来，主峰为皖北地区制高点。公园内，风景秀丽，环境优美，景色宜人。园内有奇峰、云洞、林海、苍柏、古寺、汉碑，山顶云洞吞吐云树、顷刻万端，香炉峰形势峻峭，叠翠峰翠色诱人。人文景点有乾隆皇帝题词"惠我南黎"、水牛墓、奏鸣台、饮马池和藏经洞等数十处，更有古刹显通寺，辉煌气派，其内部还有刘开渠纪念馆，展示一代大师风采。

相山公园集人文古迹、游乐教育于一体，是休息游乐的理想场所，先后被评为国家4A级旅游景区、中国非物质文化遗产，是淮北市与外界联系的重要窗口和纽带，也是淮北市唯一的大型综合性风景名胜公园。

淮北相山显通寺（牛旭东　摄）

峡谷与洞窟神秘奇特

安徽的名山风采，不仅表现在拥有那些高耸入云的崇山峻岭，也包括幽深的溶洞、险峻的峡谷和突兀的石矶。纵然他们没有让人仰望的高度，却自有那让人赞叹的广度、难以探寻的深度以及雄立浪头的气度。

·天然界碑——鄣山大峡谷

以"奇、险、秀、旷、绝"闻名于世的鄣山大峡谷，生态十分原始，被誉为"华东地区最美的峡谷"，游客、旅游界专家、业内人士称其为"世间过去无，方知今日有"的梦里仙境，"苏浙沪"的一座天然后花园，联合国更将其列为生态示范区、植物基因库。

历史上，大峡谷就是江南名山，古称"三天子都""三王山"或"鄣峰"，又称伟人谷。春秋时代，吴越以此为界，单体巨石百丈岩就是一块天然的界碑；秦代设立"鄣郡"，以山命名，《山海经》《祥符经》均有记载。

鄣山大峡谷景区位于安徽省绩溪县东南部大鄣山中，是国家级自然保护区——清凉峰的南大门。更神奇的是，它位于北纬30度线上，而这条纬线上，还有金字塔、百慕大、神农架、黄山。站在谷底，不容你不思接千古，神驰八极，穿越时空，感叹宇宙之浩渺，造化之神奇。

大峡谷景区，是一座天然的大氧吧，峰峦叠嶂、云雾缭绕，谷中溪水清澈、清幽纯净，斑斓水色与峡谷中的万千奇石相映衬，还有无数的飞瀑龙潭、彩池银帘。水绕峡谷流转，曲折跌宕；人在水上踏行，风情万种。景区内拥有43种国家级珍贵物种和13种国家级保护动物；有百丈岩、葫芦潭、天子神像、龙观潭、天门中开、龙门泉、冠顶生花、圣母瀑、天子墓、炼丹坊、神龟顶石等50多个景点。其中"伟人石像、百丈岩、葫芦潭、冠顶生花"堪称四绝：亿万年前天然形成的毛主席石像，酷似伟人晚年的侧面头像；"世界第一巨石"百丈岩，是景区内又一亮点，高 460 米，宽 180 米，如巨钟覆地，高耸云天，雨过天晴，佛光乍现，实属一绝；郭河之水从天池而下，蜿蜒曲折，秀美绝伦；一条徽杭古道穿峡谷而过，历经了风雨沧桑，隋末农民起义领袖越国公汪华、明代的抗倭名将胡宗宪、清代的红顶巨贾胡雪岩、徽墨巨子胡天注、大文豪胡适等都曾在这条古道上留下了足迹。

·鬼斧神工——皖西大裂谷

一座大山被神斧劈开，两厢峭壁撑天对峙，沿着蜿蜒石阶缓步而下，野花葱郁，青苔染壁，大藤悬挂，清溪跌宕，时有几声鸟啼，形成清幽、恬淡、深邃的氛围，令人置身其境、神思遐想久久不愿离去。这就是被誉为中国版"东非大裂谷"的皖西大裂谷。

皖西大裂谷，原名避王岩，源于明末清初农民起义军首领张献忠在六安地区流动作战的史实和民间传说。景区位于六安市区南 35 千米张店镇境内、大别山东北麓，为国家地质公园、国家 4A 级旅游景区，是国内唯一的山裂奇观。

皖西大裂谷静默低调，所以很多人都错过领略她的魅力的机会。只有你亲自走进皖西大裂谷，静观她、体会她、欣赏她，才能感悟她的美妙之处。皖西大裂谷由两条山脉"夹紧双脚"，形成一道狭长"V"字形通道，对峙相望的两条山脉就像是一座巍巍大山被人从中横

皖西大裂谷（蒋长虹 摄）

劈两半。景区内生态环境有远古自然韵味,是国内罕见的生态原始地貌。同时皖西大裂谷地处大别山脉,刘邓大军挺进大别山时,最重要的一次战役——张家店战役,就发生在此地。现仍保存有许多革命遗迹,可供游客参观凭吊,是大别山红色旅游不可或缺的亮点之一。

· 东南第一洞——太极洞

明代大文学家冯梦龙把"广德埋藏、钱塘江潮、雷州换鼓、海市蜃楼"称之为天下四绝。其中被列为"四绝之首"的"广德埋藏",就是如今被人称誉的"东南第一洞"——太极洞。

太极洞古称太极真境、长乐洞、广德埋藏,小学语文课本里的《滴水穿石的启示》,曾提到这个神奇的洞穴。太极洞景区坐落在宣城市广德县城东北新杭镇桃园村境内的石龙山腹部,距县城38千米,与江苏省宜兴县、浙江省长兴县田地搭界、山水相连、互为穿插交错。如今,太极洞已被列为国家4A级旅游景区,也是中国最有名的道教道场之一。

地质探明,太极洞形成于2.5亿年前的地壳运动,早在2000多年前即是人们游览猎奇的理想场所。走进景区,首见洞口上方刻有"太

广德太极洞

极洞"三字，系明代万历年间刑部侍郎吴同春手迹。进得洞内，又能发现许多支洞，是洞中有洞，洞洞相通，而且每一个洞都有不一样的景象，不仅石柱林立，钟乳石绚丽多姿，神态奇异，惟妙惟肖，而且有地下泉水，汇而成河，可行船处，达750米之长，登舟览胜，如入仙境，无人不惊叹。只有大自然的鬼斧神工，才能造就这样一个险峻壮观、幽深曲折、神奇绚丽的大洞天。如今开发的景点已达500余处，景色奇妙、瑰丽，集全国溶洞之精华，《中国石林》称道"桂林山水，广德石洞"，有"黄山归来不看岳，太极游后不览洞""名绝天下，世界奇观"之赞誉。

太极洞外，有碧波荡漾的"池湖"，乃北宋范仲淹挥毫言志之处。此外，老君殿、天游亭、公亭、太极山庄等古建筑群散落在翠竹碧水之间，一派江南园林风光。

·迷失的历史——花山谜窟

2001年5月20日，时任中共中央总书记的江泽民同志来到当时的古徽州石窟群，视察后欣然为景区命名、题词为"花山谜窟"，并连声感叹"真是太绝了！""是个千古之谜！""这真是个大宝贝，要是宣传到国外去，了不得！"

与举世闻名的敦煌石窟相比，花山谜窟洞内没有壁画、没有佛像，也没有文字，更无任何史料记载，就是在当地的民间传说中也难寻其踪影，但花山石窟点多面广，形态殊异，规模之恢宏、气势之壮观、分布之密集、特色之鲜明，国内罕见，堪称一绝，被誉为"北纬30度神秘线上的第九大奇观"。

花山谜窟坐落在安

歙县花山谜窟

徽省黄山市中心城区（屯溪）篁墩至歙县雄村之间新安江两岸，是黄山山脉的延伸部分，距中心城区 12 千米，是以新安江为纽带，呈哑铃状连接了花山、雄村两大景区。景区集青山、绿水、田园景致、千年谜窟、奇峰怪石、摩崖石刻、石窟、庙宇、古建筑之大成，为国家 4A 级旅游景区、国家重点风景名胜区、首批省级文明创建单位。

花山谜窟具有丰富、独特的历史研究及观赏价值。走进花山连绵的群山中，毫不起眼，都是不过百米高的小山，但进窟一看，每座窟都是规模宏大别有洞天，可谓一窟一巨疑。它不同于国内外其他著名石窟，它不是天然溶洞，而是古代人工开凿的规模宏大形态奇特的地下宫殿群，目前已发现石窟 36 座、遗址区面积达 7 平方千米。据考古、地质方面的专家对石窟出土的西晋釉陶等文物进行考证断定，它开凿于西晋年间，距今有 1700 多年的历史。它是目前我国已经发现的规模最大、谜团最多、面积最大的古石窟遗址。奇怪的是，尽管建造花山谜窟工程非常浩大，但是历史上却没有任何文字记载，至于这些洞窟源于何时、如何形成、数以百万方石料到底去了何处、如何开采和运输至今仍是一个不解之谜，这就使它显得更加扑朔迷离。花山谜窟谜团众多，带来了各种猜想，如对石窟形成时代最悠久的一种猜想是越王勾践伐吴的"秘密战备基地"说，就用途而言提出的"采石场"说、"屯兵"说、"徽商屯盐"说、"功能转化"说，此外，还有"皇陵"说、"花石冈"说、"晋代"说、"临安造殿"说、"方腊洞"说、"九黎氏部落"说、"青铜器工具"说，甚至"外星人建造"说，等等。猜想多多，而且还在继续，皆因花山谜窟毫无史料记载而难成定论，这也为花山谜窟增添了更多神奇魅力。

· 千古一秀——采石矶

大自然在长江岸边，以其鬼斧神工，不仅劈削出三峡这样的悬崖巨壁，也雕琢出"三矶"这样的玲珑玉璧。

所谓"三矶"，即指长江岸边突兀江中的三座石头山——城陵矶、燕子矶、采石矶。它们并称为"长江三矶",而诗仙李白独爱采石矶。唐玄宗开元十二年(724年),年轻的李白沿长江东下,首登采石矶,举目眺望,江山如画,美不胜收,诗兴大发,并从此与采石矶结下不解之缘,后又多次重游,写下了《横江词》《牛渚矶》《夜泊牛渚怀古》等绝妙佳作。晚年,李白又盘桓在采石矶上,对江抒情,把酒问月。传说,李白有一天在采石矶边泛舟,正要举杯邀明月,忽见月亮在水中,乃跳进滚滚长江,要去捞月,结果被江水卷走,幸得有大鲸出现,诗仙便骑鲸仙化而去。人们一时寻不到李白尸骨,乃将衣冠葬于采石矶上。后人又建太白楼以纪念,千古以来,无数文人骚客在此访古探幽,留下了许多诗文。如今,这里已经成为国际诗歌吟唱地。

作为东南锁钥、军事要塞,采石矶突兀江中,绝壁临空,扼据大江要冲,水流湍急,地势险要,自古为兵家必争之地。史载,当年秦始皇东巡会稽,就在此渡江;东汉献帝兴平二年(195年),孙策在此渡江,与周瑜会师,攻取江东之地,最终创立吴国。此后,有史籍记载的采石矶战役共有20多次,最著名的要数明朝开国大将常遇春三战采石矶。

马鞍山采石矶

采石矶还有一座天然石洞，洞傍山临江嵌在崖壁间，下落无地，如自水出。洞内上下两层，洞内有洞，可通大江。洞中供奉天、地、水三元水府神位，故名"三元祠"，又称三元洞。关于此洞，尚有另一个传说：宋朝时，此地出了三位学子，连中三科状元，轰动一时，于是，乡人立三元祠以激励后生。

采石矶位于马鞍山市西南的翠螺山麓的长江东岸，南接著名米市芜湖，北连六朝古都南京，峭壁危耸，突兀江流。它外形似螺，草木繁盛，苍翠欲滴，曾名"翠螺山"；西麓的悬崖因"金牛出渚"的传说，又取名"牛渚矶"；后因采石功用，改名"采石矶"。采石风景区总面积 64.85 平方千米，以太白楼、李白衣冠冢、蛾眉亭、三台阁、三元祠等为核心，囊括了 33 处景观，山水相映、人物相倚、古今相融、情景相辉。目前采石矶正在申报国家 5A 级旅游景区。

大江奔流

潮涌江淮

山因水而生发灵性，水因人文而源远流长。淮河、长江、新安江，三大水系潮涌奔腾，承载着厚重的文化，流淌着悠远的历史，跳动着时代的脉搏。

安徽省境内河流湖泊纵横交错，流域面积在100平方千米以上的河流有400余条、1000平方千米以上的河流有71条，全省平均河网密度达0.4千米/平方千米，水系网络发达且特色分明。

以江淮分水岭为界，淮河以北是黄淮冲积平原，深厚、平坦、辽阔的土层，自西北向东南倾斜。千里淮河蜿蜒流过皖境八百余里，两岸支流密集。沿岸断续相连的湿地、洼地和湖泊，是淮河滞洪、行洪地带。淮河南岸主要是山丘区坡地。江淮分水岭以南为长江水系，号称"黄金水道"的八百里皖江处于长江下游。皖江水系北岸区域西起大别山区，逶迤东延，主要为平原；皖江以南为低山丘陵与坡地，通称皖南山区。新安江位于皖境最南端，属钱塘江水系，居钱塘江流域上游。新安江以率水为正源，从源头起流域纯属山区性河道，行于诸峰对峙的山脉之间，形成众多大小不一的山间盆地和谷地。

安徽受地理位置和汛期东南台风登陆影响，水旱灾害频发，洪涝和干旱已成为制约安徽省经济社会发展的因素之一，加之黄河夺淮导致淮河流域千百年来水患不断，给安徽人民带来了深重灾害。新中国成立以来，从治淮到围绕三大流域开展防洪抗旱和生态环境保护，安徽省委、省政府领导全省人民进行了大规模的水利建设。经过60多年的努力，在三大流域初步建成防洪、除涝、灌溉工程体系，社会效益和生态效益显著。

　　近年来，安徽省深入贯彻落实党的十九大做出的"坚持节约资源和保护环境的基本国策""实行最严格的水资源与生态环境保护制度"等重大决策部署，积极践行"五大发展理念"，认真实施"十三五"规划，持续加大淮河流域的综合治理力度，完善淮河中游蓄泄体系和功能，提高防洪排涝减灾能力；把长江生态环境摆在压倒性位置，"共抓大保护，不搞大开发"，加强长江岸线的加固与生态保护、新安江流域水土保持与水生态环境建设，改善三大流域生态环境，有效保护与合理利用水资源，力争"十三五"期间，建成节水型社会，基本恢复河湖湿地生态功能，全面治理水土流失，基本实现流域综合管理现代化，加快建设绿色江淮美好家园。

八百里皖江——长江

　　"滔滔江汉，南国之纪。"中国第一大河长江全长 6300 余千米，发源于青藏高原唐古拉山脉中段各拉丹冬峰西南侧，流经青海、西藏、四川、云南、重庆、湖北、湖南、江西、安徽、江苏、上海 11 个省、自治区、直辖市，纳千溪百川，于崇明岛以东注入东海。江源至宜昌为上游，宜昌至湖口为中游，湖口以下为下游，安徽为下游起始段。

　　长江流经安徽省境 400 余千米，俗称"八百里皖江"，境内流域面积 6.6 万平方千米，占全省总面积的 47%。沿江地区是北面淮阳古陆和南面江南古陆之间的凹陷地带，地处亚热带季风气候区，四季分明，雨量充沛。长江安徽段干流为"藕节型"河道，江面开阔，沙洲众多，干流流速平缓，水量充沛，终年不冻，是舟楫之兴、航运之利的"黄金水道"。航运带动了社会经济发展，促使沿江地区百业兴旺发达。

长江夕照（徐宏图　摄）

干流两岸为冲积平原，左岸西起大别山区，逶迤东延，大别山以东，岗丘连绵，形成江淮分水岭；右岸沿江平原以南，群山秀丽，层峦叠嶂，为皖南山区低山丘陵。沿江圩区水网交织，港汊纵横，田畴相望，是著名的鱼米之乡。

从经济发展的角度看，安徽拥江近海，承东启西，航运和区位形势优越。2014 年，国务院出台《关于依托黄金水道推动长江发展的指导意见》，标志着长江经济带建设的全面启动。2016 年年初，习近平总书记指出，"推动长江经济带发展必须坚持生态优先、绿色发展的战略定位""当前和今后相当长一个时期，要把修复长江生态环境摆在压倒性位置，共抓大保护，不搞大开发"。2017 年 9 月，安徽省发布《关于推进长江经济带生态优先、绿色发展的实施规定》。站在新的历史起点上，安徽省全面贯彻落实习近平关于长江经济带发展的重要战略思想，加快实施绿色行动计划，统筹推进长江经济带生态优先、绿色发展，提出打造水清岸绿产业优美的长江（安徽）经济带的目标。构建畅通、高效、平安、绿色的现代化航运体系，提升长江生态建设水平，优化岸线功能布局，有序开发和保护长江岸线资源，加强流域生态综合治理等措施，八百里皖江将焕发新的生机。

黄金水道与沿江城市带

安徽省内河水运资源丰富，长江安徽段（以下简称皖江）以安庆为起点，以马鞍山为终点。沿江两岸分布着安庆、池州、铜陵、芜湖、马鞍山五座城市，称为皖江城市带。作为长三角经济体的重要组成部分，更是国家推进"一带一路"和长江经济带建设的重要节点。皖江干流流速平缓，水量充沛，含沙量小，终年不冻，其中有 342.8 千米为国家一级航道，是舟楫之兴、航运之利的"黄金水道"，为皖江城市带走向省外乃至世界提供了天然的通道。得天独厚的水运优势，优良的港口，为沿江地区经济社会的发展提供了坚实保障。

·蜿蜒奔腾的黄金水道

流经皖境的八百里长江干流处于长江下游，江面开阔，水流深广，航运便利。皖江水系可通航河段总长度 4147 千米，通航里程 2526 千米，通航河流、渠道共 63 条。干流主航道水深 6 ~ 8 米，全年可通航 3000 ~ 5000 吨级轮船，芜湖以下可通万吨海轮，因受南京长江大桥桥孔高度限制，往来安徽的轮船载重量在 6000 ~ 7000 吨之间。

皖江两岸有 15 处山矶，其中左岸 3 处，右岸 12 处。这些山矶是控制境内皖江流势的重要节点。依山矶节点，"八百里皖江"分为 13 个河段，似 13 节莲藕依次相连，河道一般宽 2 千米左右，在安庆市下、无为县天然洲上、马鞍山市采石矶下等处河宽约为 4.5 千米，在分汊江段，遇大洪水时最大河道宽度可达 10 千米，水运条件良好。

长江北岸自湖北、安徽两省交界处的段窑开始，张家洲（属江西省）尾部以下为江西、安徽两省界江；于八里江口进入三号洲，江中三号洲属安徽省宿松县，行程 24 千米，至小孤山；后流至牛矶，以下江道全行安徽省境内。又流过吉阳矶，左纳华阳河，进入皖江安庆江段。

安庆江段全长 165 千米，上始宿松县段窑、下至枞阳闸，左纳华阳河、皖河、枞阳河等。安庆江段航运业发展历史悠久，早在南宋安庆建城前，便有盛唐湾古渡口；1902 年安庆被辟为"通商口岸"；改革开放后，安庆港于 1986 年被国务院批准为一类外贸口岸，2004 年被国家公布为全国主要港口，2017 年被国务院正式批准为汽车整车进口口岸，现为全国 28 个内河主要港口之一。安庆港辖区内干线河势稳定，具有建设 5000 ~ 10000 吨级江海轮深水泊位的岸线优越条件；航道水流平缓，不受潮汐影响，冬无冰冻，春无凌汛，通行能力较好，是皖江北岸唯一深水良港，素有"皖西南咽喉"之称。

皖江流经池州市 158 千米，沿岸岸线长 162 千米，右纳尧渡河、黄溢河、秋浦河等。池州江段常年通航 5000 吨级船舶；岸线多数水域建港条件优越，水运条件良好，是长江经济带的重要组成部分。池州港是长江干线和安徽省的重要港口及皖西南地区综合交通枢纽，是长江干线对外国籍船舶开放的口岸之一、安徽省唯一涉外游轮停靠地，最大靠泊能力 1 万吨级，年通过能力超过 1000 万吨。

皖江东北流，下江口至羊山矶为大通江段，于梅龙南纳九华河，至大通镇南纳大通河。羊山矶至荻港为铜陵江段，长约 59.9 千米，是长江下游最复杂的多分汊河段。羊山矶河宽约 1 千米，以下有 10 余千米的单一河道，尔后逐步展宽，又先后被成德洲、汀家洲等分成分汊河道，在金牛渡附近汇合后至荻港，进入黑洲河段。左岸横埠河接纳陈瑶湖、枫沙湖来水。

铜陵港位于铜陵长江大桥下游 1.5 千米处，是古铜都铜陵的南大门。港口自然岸线长 11.9 千米，航道平均宽约 1.2 千米，终年可通航 3000 ~ 5000 吨级船舶，于 1993 年被批准为一类开放口岸。铜陵港交通便利，公路方面内达安徽省内各市县，外通华东、华南等地区的大中城市，铜陵长江大桥沟通了江淮、苏北与皖南经济腹地的联系；铁路方面有宁铜铁路、铜九铁路直达港口，通江达海、干支互通，为港口的集、疏、运创造良好条件。2016 年年底，铜陵港港口吞吐量突破亿吨大关，成为安徽省第二个超亿吨港口。

皖江干流黑洲河段自荻港至三山河口，长约 33.8 千米，为典型的鹅头型三分汊河段。上自三山河口，下至东、西梁山，全长 48.6 千米，称芜裕江段。以大拐为界，分为上下两段。上段有两个反向弯道组成，鲫鱼洲以上为南向弯段，以下为北向弯段，长江在大拐附近成约 90 度急弯直向北流。下段大拐至曹姑洲头河道顺直，逐渐展宽，水流始分汊。裕溪河从北岸经裕溪闸在裕溪口加汇，漳河、青弋江从南岸分别于鲁港、芜湖市区注入。

芜湖港位于青弋江、运漕河与皖江汇合处，是皖江上重要的港口城市和中西部地区接轨长三角的桥头堡。芜湖港辖长江岸线 75.7 千米，岸线顺直，水深稳定，陆域开阔，具有良好的锚泊、航行条件。早在明初，该地"附河距麓，舟车之多，货殖之富，殆与州郡埒……市声若潮，至夕不休"。到了乾隆年间，"四方水陆商贾日经其地，阛阓之内百货杂陈，繁华满目，市声若潮"。1876年芜湖港开始对外通商，可常年通行靠泊万吨级远洋船舶，年通过能力5000万吨。现为全国28个内河主要港口之一和国家一类对外开放口岸，是安徽省最大的货运、外贸、集装箱中转港。

过芜湖江段后，进入马鞍山江段。马鞍山江段上起东、西梁山，下至慈姆山（猫子山），长约36千米，是两端束窄、中间展宽的顺直分汊型河段。东、西梁山之间江宽1.1千米，慈姆山处江宽约2.2千米，中部展宽段包括江心洲宽达8千米。北岸先后接纳牛屯河、得胜河、驷马山引江水道；南岸接纳水阳江（姑溪河）至孙家闸止，以下进入江苏境内。

马鞍山港位于皖江下游南岸，是皖江的东大门，也是国轮外贸运输、集装箱内支线港口，被交通运输部列为首批全国内河重点港口。马鞍山港主要服务于钢铁、电力工业，并为马鞍山市及皖东、皖中地区内外物资运输服务，是城市和腹地经济发展的重要交通枢纽，对完善和拓展城市功能，发展外向型经济，以及对上海经济区的协调发展，具有重要的战略地位，年吞吐量达到5000万吨，是长江十大港口之一、国家一类口岸。新建的和县郑蒲港是继上海、南京两个深水港后，长江第三个、也是最后一个万吨级深水良港，作为安徽省江海联运枢纽中心，正日益成为皖江经济带崛起的新的增长极。

千帆竞秀、百舸争流。近年来，安徽省兼顾生态效益与社会效益，把实现"绿色航运"作为发展航运的一项重要工作。绿色航运不仅在于经济效益和生态环境相结合，更重要的是强调航运效益和环境的相互协调，使之可持续发展。皖江经济带未来将成为生态更优美、交通更顺畅、经济更和谐、市场更统一、机制更科学的黄金经济带，不负皖江"黄金水道"之美名。

·因水而兴的五座城市

假水之利，因水而兴的皖江城市安庆、池州、铜陵、芜湖、马鞍山，是安徽开发较早、较为发达的地区，五座城市各有特色：安庆市是中国历史文化名城，池州市因生态而闻名，铜陵市是中国古铜都，芜湖市为江东名邑，马鞍山市则有"钢城"之称。

人文之城安庆市 皖江的起点安庆市，现辖桐城市、潜山市、怀宁、岳西、太湖、望江、宿松七县（市）及迎江、大观、宜秀三区，常住人口达 461.2 万人。作为安徽西南中心城市，素有"长江万里此封喉，吴楚分疆第一州"之美称，是著名的历史文化名城。境内有薛家岗和张四

安庆振风塔

墩等新石器时代文化遗址。南宋景定元年马光祖于现安庆市筑城，安庆自此得名；南宋嘉定十年（1217 年）安庆城被移到今天的宜城渡，至今已有近 800 年的历史。东晋郭璞曾称"此地宜城"，故安庆又别名"宜城"。安庆素有"文化之邦""禅宗圣地""中国传统戏剧黄梅戏之乡"的美誉；也是《孔雀东南飞》、"大乔小乔""不越雷池一步""六尺巷"等著名故事的发生地。古皖文化、禅宗文化、戏剧文化和桐城派文化在这里交相辉映，形成独具特色的皖江地方文化。

自康熙六年（1667 年）至 1949 年，安庆市一直是安徽省布政使所在地和全省政治、经济文化中心，与徽州并称安徽两大代表城市，是中国较早接受近代文明的城市之一。清咸丰十一年（1861 年）曾国藩创办安庆内军械所，制造出中国第一支枪、第一台蒸汽机和第一艘以蒸汽机为动力的轮船；清光绪年间，陈独秀在安庆藏书楼进行演说，

首举新文化运动大旗；后安庆爆发徐锡麟巡警学堂起义和熊成基炮马营起义，接连打响安徽辛亥革命第一枪和安徽新军起义第一枪。作为安徽省历史上第一个省会城市，安徽省的第一座发电厂、第一座自来水厂、第一部电话、第一条官办公路、第一个飞机场、第一个现代图书馆、第一所大学、第一张报纸等都诞生在这里。

安庆现在是皖西南商品集散地和以石油化工为主的轻工城市。近年来，安庆依托现有的产业基础和优势，改造提升传统产业，大力发展战略性新兴产业：2017年5月筑梦新区正式开园，吸引61家企业入驻，其中安徽首个BOPA薄膜项目入驻，预计年产值可达10亿元。

生态之城池州市 皖江自安庆下行，右岸即是池州市。池州市是皖南国际文化旅游示范区的重要组成部分。现辖贵池区、东至县、青阳县、石台县和九华山风景区，常住人口达144.3万人。池州市设州置府始于唐武德四年（621年），迄今已有近1400年的历史。晚唐杜牧、北宋包拯等历史名人曾先后任池州刺史、知府，李白、苏轼等众多文人雅士都曾驻足寻芳，留下了千余首脍炙人口的不朽诗篇，为池州赢得"千载诗人地"的美誉。

池州晨曦（梦幻居士 摄）

池州市素以生态闻名，有"天然氧吧"之称，旅游资源丰富。境内有全国四大佛教圣地之一的九华山，不仅自然景色秀美，而且是著名的国际性佛教道场；有被称为"华东动植物基因库"的国家级野生动植物自然保护区——牯牛降，古木参天、千沟万壑、山水相映，有"第二黄山"之称；还有被誉为"中国鹤湖"的亚洲重要湿地自然保护区——升金湖，湖水清澈如镜，沿湖烟树迷蒙，一派江南水乡好风光。

近年来，池州市立足生态建设，打造"海绵城市"，为我国首批16个试点"海绵城市"之一，并建成市内湿地公园；并通过策划"水上＋陆上"精品旅游线路，充分发挥出长江黄金水道旅游带和腹地生态资源富集优势。

铜都新城铜陵市　皖江自池州下行至右岸铜陵市。铜陵于 1956 年依矿建市，是一座新兴的工贸港口城市，地处上海与武汉、南京与九江的正中心，是中国著名的黄山—九华山旅游风景区的北大门。现辖铜官区、铜陵郊区、义安区、枞阳县，常住人口 160.1 万人。宁铜铁路、铜

铜陵市天井湖（汪佳欣　摄）

九铁路、宁安城际铁路、合福客运专线穿境而过。

铜陵是中华民族青铜文明发祥地之一。早在 3000 多年前的商周时代，铜陵就开始了相当规模的铜业生产。历经汉、唐、宋等历史时期，为中国铜工业史写下了一页页光辉灿烂的篇章。新中国第一炉铜水和第一块铜锭出自铜陵，第一家集铜采、冶、炼于一体的大型有色金属企业、第一个铜工业基地均建在铜陵，铜陵由此被誉为"中国古铜都、当代铜基地"。

"脉脉铜陵水，迢迢玉镜飞"。铜陵自然资源丰富，盛产"金、银、铜、铁、锡、生姜、老蒜、麻"，素有"八宝之地"的美称。矿产资源尤

其丰富，境内已探明的矿藏30多种，其中，铜储量占全省70%以上，硫铁矿储量位居华东第一、全国第二，石灰石、黄金和白银的储量均居全省之首。作为一座资源型城市，铜陵市在全国首倡循环经济升级版，铜陵经济开发区成为全国首批、全省首家循环化改造示范园区；金桥开发区成为全省唯一入选国家级改造重点支持的省级园区，领跑全国循环发展。

"群岗联络接铜陵，何代流传十里名"。铜陵依山、襟江、含湖，重峦叠嶂，湖泊镶嵌，游地棋布，有九华山头天门（大士阁）、金牛洞古采矿遗址、天井湖公园4A级旅游景区等自然人文名胜，诗仙李白曾赋诗赞叹："我爱铜官乐，千年未拟还。要须回舞袖，拂尽五松山。"铜陵境内江面平阔，得到中华白鳍豚等诸多水中精灵的青睐，成为水生生物和人类共建的美好家园。

江东名城芜湖市　铜陵下行至右岸芜湖市。芜湖市坐落于皖江与青弋江交汇处，现辖芜湖、繁昌、南陵、无为四县和镜湖、鸠江、弋江、

芜湖滨江（冀盛　摄）

三山四区，常住人口367万人。

芜湖春秋时设邑，因鸠鸟繁多得名"鸠兹"，距今已有2500余年，自古享有"江东名邑""吴楚名区"之美誉。繁昌"人字洞"的发现，把人类的活动上溯到200万~250万年前。春秋时干将铸剑于神山赤铸山，冶炼、锻铸业由此连绵发展，遂有"三刀"（剪刀、菜刀、剃刀）驰名于世；南宋爱国词人张孝祥捐田百亩成镜湖；北宋时黄庭坚贬官宣州不赴任而流寓芜湖赭山广济寺桧轩（后更名滴翠轩）读书。芜湖古城区萧家巷内，清初名画家萧云从与铁匠汤鹏相邻而居，后来便诞生了民间非物质文化遗产——铁画。儒林街上的夫子庙俗称文庙，大殿内至今还保留着米芾撰写的《太平州芜湖县新学记碑》；明代大戏剧家汤显祖，晚年曾在这条街的"雅积楼"歌吟弹唱，清代小说家吴敬梓则将他熟悉的芜湖乡土人物作为范进、牛布衣和郭铁笔的原型，写进《儒林外史》中，为芜湖文化史增光添彩。

芜湖半城山半城水，地势南高北低，地形呈不规则长条状。南倚皖南山系，北连江淮平原，重峦叠嶂，湖泊纵横，襟江带河，风光秀丽。地貌类型多样，平原丘陵皆备，河湖水网密布。山体面积占总面积的20.5%，水域面积占总面积的14.4%。境内有各类湖泊1000多个，青弋江、水阳江、漳河贯穿境内，黑沙湖、龙窝湖、奎湖散布其间。正所谓"云开看树色，江静听潮声"。

芜湖商业发展较早。明中后期即为著名的浆染业中心，清末发展为江南四大米市之首，开辟为通商口岸。近年来，江城经济飞速发展，全市经济综合实力显著增强，经济增长质量不断提升。2016年，芜湖市全年地区生产总值达到2699.44亿元，财政收入512.30亿元。以奇瑞为首的高新产业链正在形成：首家国产高性能双发通用飞机翱翔蓝天；首款国内全铝车身新能源汽车疾驰上路；国产六关节机器人出货量稳居全国第一。

钢铁新城马鞍山市 皖江自芜湖下行至南岸马鞍山市。马鞍山市

马鞍山雨山湖

是1956年随着"马钢"的兴建而发展起来的新兴工业城市，辖含山县、和县、当涂县及花山区、雨山区、博望区，常住人口227.6万人。该市城区西傍皖江，中含一湖，众多玲珑剔透的青山点缀在城市四周。山、水、城融为一体，是一座具有典型江南风韵的山水园林城市。著名园林专家陈从周先生对此有"九山环一湖，翠螺出大江"的称许。

"巨灵劈破苍山石，鞭起九龙入空碧。"翠螺山麓的采石矶为"长江三大名矶"之首，历来为兵家必争之地，堪称中国历代战争的天然博物馆。南宋文臣虞允文曾在此以1.8万人大破完颜亮60万金兵。采石矶上的太白楼与黄鹤楼、岳阳楼、滕王阁齐名，并称长江"三楼一阁"。早从六朝开始，许多贵族选择这里作为终老之地，被列为20世纪80年代中国十大考古发现之一的东吴名将朱然墓，是此地诸多六朝贵族墓葬中最具代表性的一座，墓中出土的精美漆器及绘画作品，填补了汉代至三国时期美术史的空白。

马鞍山境内的青山，又名谢公山，四周群峦叠翠，景色清幽。南朝著名诗人、宣城太守谢朓游历至此，被青山景色陶醉，遂于青山南麓建宅一处（今谢公祠）。李白钟情于谢朓的山水诗，"一生低首谢宣城"，有"宅近青山同谢公"的夙愿。李白去世后，其生前好友范作之子范传正与时任当涂县令诸葛纵于唐元和十二年（817年），将李白墓迁至青山，范传正为新墓撰文："谢家山兮李公墓，异代诗流同此路。"墓前建享堂一座（今太白祠）。自1989年起，每年重阳节，马鞍山均举办国际吟诗节，现已成为安徽主要旅游节庆活动之一。历史的积淀，还为这里留下了众多人文宝藏。昭明太子阁遗址、黄山塔、"当代草圣"林散之艺术馆、广济寺、小九华等100多处人文景观，都闪烁着独特的光彩。

马鞍山被称为"钢铁之城"，是中国十大钢铁基地之一。马鞍山矿产丰富，矿区地处长江下游宁芜至罗河成矿带，是我国七大铁矿区之一。矿区内的铁矿山有马钢（集团）控股有限公司所属南山、姑山、桃冲铁矿及待开发的罗河铁矿，已探明的铁矿产地31处，伴生矿产地10处，铁矿总储量16.35亿吨，占安徽全省铁矿总储量的57.32%。马鞍山钢铁厂是该市兴起的基础，作为原材料加工企业，马钢不断向高端化发展，新型板材的推出带动销量的飙升，2016年销量一举突破200万吨大关；以马钢为龙头的轨道交通装备产业集群粗具规模。马鞍山还立足"一带一路"倡议，启动中欧合作产业园建设，为城市发展注入新的活力。以港兴市战略有序推进，马鞍山综合保税区成功获批、马鞍山口岸郑蒲港正式对国际船舶开放，成为全省唯一的一江两岸同时对外开放的国家一类水运口岸。外贸进出口总额继续保持省内领先位次，连年荣登"全国外贸百强城市"排行榜。

皖江携波卷浪，呼啸着奔腾向前，接受着岸边红花绿树的礼赞，哺育着沿江儿女。然而，工业文明的快速发展一度对皖江生态造成威胁，影响了两岸环境和人民生活。新时期，党中央从可持续发展的角度出发，坚持"五位一体"，加强生态文明建设。习近平总书记指出，长江拥有独特的生态系统，是我国重要的生态宝库，当前和今后相当长一个时期，要把修复长江生态环境摆在压倒性位置，共抓大保护，不搞大开发。随着河长制、湖长制和林长制的全面推行，皖江干流、各级支流和湖泊，都将有更加全面的严格管束，我们将共同守护一条健康的皖江，让皖江永续造福于安徽人民。

九大江堤与江南鱼米乡

长江安庆段同马大堤（晋知华 摄）

皖江境内，有九大江堤，分别为：同马大堤、安广江堤、枞阳江堤、无为大堤、和县江堤、池州江堤、铜陵江堤、芜湖江堤、马鞍山江堤。作为长江防洪屏障，九大江堤犹如铜墙铁壁，保护着沿江城市群和沿岸圩区。江堤外，江流潮涌，航运便利、舟楫相连，水产丰富、渔歌唱晚；江堤内，圩区与河网湖泊连片密布，土地肥沃，是长江中下游名副其实的鱼米之乡。

·围湖垦田千百载，筑就江堤保安澜

皖江境内围垦文化发展较早。早在东汉末年，东吴孙权为军需粮秣计，在今当涂境内筑圩垦殖，这是安徽沿江圩堤建设的最早记录。随着历次中原战乱，南迁人口不断增加，围湖造田规模逐步扩大。宋朝时王安石变法鼓励农耕，围湖垦地达到鼎盛期；到了明清两代，沿江圩堤大多已成雏形，此后历经民国，续有修整。千百年来，人水争地，圩田不止，水患不休。

自公元前196年至公元1911年的2000多年间，皖江流域共发生大洪水214次，平均十年一次；1911年至1949年就发生洪灾7次，平均五六年一次；1949年至2016年，皖江流域又经历了8次大洪水，特别是1954年洪水，沿江圩口几乎全部溃破，被淹农田909万亩，受灾人口514.3万人。民谣"家住无为洲，十年九不收"是其真实写照。因此，防御洪水，联圩并堤，加高堤防，便成为历朝历代治理皖江的首选之策。

明清时期，安徽沿江地区堤防、涵闸工程发展迅速。在宋代圩田建设的基础上，通过联圩、并圩，圩堤标准有所提高，并逐步演变为外御江水的江堤。从明万历十六年（1588年）至乾隆五十九年（1794年）的200年间，仅无为县修建的江坝，载入府、州、县志的就有34条，经过反复修治、连接，形成无为大堤。清道光十八年（1838年），安徽、湖北两省联合修建同仁堤。此后，同仁堤与丁家口堤、初公堤、泾江口堤、马华堤相连接，形成同马大堤。皖江南岸的铜陵江堤、芜湖江堤、马鞍山江堤，以及皖江北岸的和县江堤、枞阳江堤等也于清末基本形成。

清末至民国时期，皖江流域的洪涝灾害也较突出，皖江北岸的同马大堤、无为大堤出现多次溃决。民国时期，安徽成立堤工局，负责堤防修筑。先后培修无为大堤、修建马华堤等沿江堤防并疏浚巢湖，兴建涵闸。但1937年后，安徽沿江各县相继被日本侵略军占领，已建的水利工程设施遭到人为破坏，致使工程中途停顿，设立的水位、流量站停止观测。到1949年新中国成立前夕，除部分在极端困难条件下修筑的堤防、涵闸和农田水利工程外，曾作为沿江、江南富庶与繁荣基础支撑的水利事业，已衰败不堪。

新中国成立后，安徽省开始全面治理皖江干流。1954年夏，皖江干流发生特大洪水，虽经全力抗洪抢险，无为大堤安定街和同马大堤相继溃决。是年秋至1955年春，安徽省组织民工堵口复堤，对重点堤段退建；并对无为大堤实施护坡、护岸工程，取得良好效果。20世纪70年代后，又对无为大堤实施堤身培修和除险加固，不断提高大堤的防洪能力。1973年、1983年、1998年汛期，无为凤凰颈和芜湖的水位分别接近1931年和1954年的最高洪水水位，无为大堤均安全度汛。

同马大堤因受堤基及流态影响，经常发生崩岸，严重影响防洪安全。过去崩岸发生后，即在崩岸处退建新堤。1955年起，改消极退堤为积极防护，即在崩窝内挂石沉柳促淤，效果显著。1983年冬开始实施填塘固基，并全面整修加固穿堤闸站，此举有效提高了堤防的防洪能力。

新中国成立以来，同马大堤经两次复堤，五次整修加固、加高，加速标准化堤段建设，取得很大成效，经受了 1954 年后的多次大洪水考验，保证了华阳河流域和皖河下游地区的防洪安全。1983 年长江洪水后，无为大堤、同马大堤开始逐年进行除险加固，至 1998 年，累计完成投资 2.3 亿元。

1998 年长江发生仅次于 1954 年的全流域大洪水，皖江全线超警戒水位，经过 90 天的防守，汹涌的洪水终于俯首东去。安徽省委、省政府于 1998 年 12 月 31 日印发《贯彻中共中央、国务院关于灾后重建、整治江湖、兴修水利的若干意见》，要求按照"堤防要能防御建国以来发生的最大洪水，重要地段的堤防要达到能防御百年一遇洪水的标准"抓好水利工作。

1999 年 5 月，国务院批转水利部《关于加强长江近期防洪建设的若干意见》，将无为大堤确定为 1 级堤防，将同马大堤、广济圩江堤、枞阳江堤、和县江堤确定为 2 级堤防，列入国家投资计划，加大投资力度，分别按标准进行加固建设。同马大堤、安广江堤、枞阳江堤、无为大堤、和县江堤、池州江堤、铜陵江堤、芜湖江堤、马鞍山江堤等九大江堤的除险加固工程相继纳入国债建设项目。经过 5 年多的紧张施工，至 2005 年年底，共计完成堤防加固 955 千米，填塘固基 814 千米，混凝土和块石护坡 532 千米，修建防汛道路 894 千米，总投资 63.8 亿元。重要地段的堤防达到百年一遇的防洪标准。2009 年，总投资近 14 亿元的 120 座沿江排涝泵站更新改造工程基本完成。

"禹力所到，河清海晏"。随着九大江堤除险加固的完成，城市防洪工程的建成，皖江流域初步建成了一个以防洪为主，兼有排涝、灌溉、航运等多功能的防洪工程体系，基本实现皖江的安澜。771 千米的长江干堤、230 千米的成圈河堤、328 座涵闸站，保护着沿江 923 万亩农田和 1227 万人民的生命财产，以及工业、交通、国防等重要设施的安全，成为安徽沿江地区经济社会发展的重要保障。

·假水之利多货殖 鱼米之乡话江南

　　巍巍九大江堤是风景线，更是生命线。昔日"家住无为洲，十年九不收"的频繁水害灾况逐步被皖江安澜所取代。皖江圩区内水源充足，土地肥沃，粮食产量高，是重要的粮食生产基地，早有"圩田收，食三秋"的民谣。大量的圩田解决了百姓的生计问题，促进了沿江社会经济发展。南宋诗人杨万里目睹浩瀚无垠的圩田，曾作诗称"夹路垂杨一千里，风流国是太平州"。而今漫步九大江堤，眺望两岸圩区，平畴绿野，男耕女织，渔歌帆影，北往南来，无愧为"鱼米之乡"的美称。

　　皖江渔业的发展历史悠久，源远流长。早在春秋时期，今和县、含山两县境内已有专业渔民从事捕捞活动。三国时，望江县雷池曾设有"渔盐官"，为"按湖设治"之始；隋代，在今宿松县境，已有人工蓄养鱼类者；唐、宋时期，皖江两岸鱼苗业兴起，除满足本地养殖需要外，还销往东南沿海等地；到了明清两代，今枞阳县、无为县境内的鱼种饲养技术享誉全国。新中国成立以来，安徽省委、省政府大力提倡水产养鱼，保护水产资源，皖江曾查明有各种鱼类135种。但

长江南岸圩区春光（肖本祥　摄）

20世纪70年代后，由于工业快速发展、人口急骤增长、渔业水域受到严重污染，人工放养受鱼种、拦鱼设施、堤防闸站建设不配套等条件限制，加之酷渔滥捕，水产资源全面衰退。

进入2000年后，安徽省委、省政府大力提倡水产养殖，实施禁渔管理与增殖放流，保护水产资源。仅2004年至2008年全省放流鱼苗达4.5亿尾，放流国家二级保护水生物胭脂鱼37.81万尾。随着可持续发展观和长江经济带生态优先、绿色发展建设规划的实施，安徽省正着力构建"两带三区"发展格局，即沿江现代高效渔业产业带、沿淮特色优质渔业产业带、环巢湖生态渔业产业化先行区、皖南皖西生态渔业养护区和城郊休闲观光渔业示范区，创建一批生态渔业产业化示范县、示范区、示范主体，实现产业集聚发展，渔业增效、渔民增收、生态良好、平安和谐的现代渔业发展新格局正在逐步形成。

航运在皖江流域水、铁、公路综合运输网中占有相当的优势。在古代，便利的水运条件促使航运在交通运输中长期居主导地位。随着航运的繁荣，长江流域成了唐以后各朝代的财赋之源。明清时期，北方的货物经运河、长江日夜南运，南方的商品则源源向北运输。当时中国经济繁荣的12座名城都位于长江流域。

便捷的航运，直接催生了芜湖米市的形成。清朝初期，芜湖的商业地位已经凸显，康熙《太平府志》中描述为"聚舟车之多，货殖之富，衣冠文物之胜，殆与州郡埒"，有"近海鱼盐富，濒淮粟麦饶"之称。1876年，芜湖被辟为通商口岸。次年，在李鸿章的推动下，镇江七浩口的米市迁至芜湖，至清光绪八年（1882年），芜湖米市正式形成。据统计，1949年之前，芜湖计有米号124家、米行48家、小市行218家、砻坊和碾米厂134家。据民国《芜湖县志》中记载：米粮输出量多时达500多万石，少时也有300万至400万石。当时曾用"堆则如山，出则如江"的说法来形容芜湖米市的盛况。

蜿蜒奔腾的皖江，为安徽沿江城市的发展提供了得天独厚的条件。

皖江之水带动了沿江城市和大型工业的兴盛。从 1862 年 7 月安庆内军械所制造出中国第一台蒸汽机、1916 年安徽省最早的机器纺织工厂芜湖裕中纱厂的开办，到当代安庆石化、铜陵有色、马鞍山钢铁、芜湖汽车和造船等工业的兴盛，皖江沿岸成为安徽现代工业快速发展的重点区域。不仅如此，因不少圩区是沿江两岸的湿地，地方政府因地制宜，利用圩区资源，开发建设生态绿化观光带，选择河湖中部分滩涂建造休闲点，部分地区还建有农家乐和乡村客栈，形成集垂钓、休闲、观光、农活体验、住宿为一体的示范化服务景点。

　　党的十八大以来，安徽提出打造水清岸绿产业优美的长江（安徽）经济带的目标，标志着八百里皖江掀开了崭新的发展篇章，奏响了新时代壮美的皖江之歌！新时期，蜿蜒八百里的黄金水道，已成为皖江城市群通往省外乃至世界的重要通道；皖江两岸也已成为连接中国中东部的重要经济文化走廊，皖江流域宜居宜业的宏图正在皖江儿女的手中绘就，兴皖富民的浪潮将从这里席卷整个江淮大地。

皖江的重要支流

　　春秋以降，长江从天然的束水归槽到人工筑堤束水归槽演变成现状。如今的皖江两岸支流、湖泊众多，一级支流 22 条，其中流域面积在 1000 平方千米以上的有 12 条，北岸有华阳河、皖河、菜子湖水系、裕溪河、巢湖水系、滁河等 6 条，南岸有黄湓河、秋浦河、大通河、漳河、青弋江、水阳江等 6 条。北岸支流大都发源于江淮分水岭南侧，一般源近流短，自西北向东南流注长江；南岸支流源出皖南山区，出九华山带的河流较短，出黄山、天目山带的河流较长，一般自西南向东北流入长江。

· 皖江北岸重要支流

　　皖河　皖河发源于岳西县境黄梅尖南麓，以长河为主源，源流俗称银河。皖河河道长 227 千米，流域总面积 6442 平方千米，南流经太湖县城东和潜山市，纳潜水、皖水，自老鱼潭以下始称皖河，后于安庆市西郊沙帽洲南入皖江。其河谷宽广，水流平缓，河床为沙质，两岸多农田；下游为平原圩区、湖泊滩地，因受江水顶托倒灌，容易受涝。

三国时期，扬州刺史刘馥曾在潜水上修建吴塘，又称吴塘陂（吴塘堰）；同时在皖河上修建乌石堰，都是著名的灌溉工程。孙吴吕蒙屯垦皖河湖区时建有西圩，即今望江县五联圩的前身，是望江县的粮食主产区，"居民千有百余家，国赋参邑之半"。

蜿蜒秀美的皖河是一条流经黄梅戏故乡的河，其上游群山逶迤，"古南岳"天柱山耸立于江淮间，与大别山诸峰浑然一体；中游"粟布云集，货贿泉流"，孔雀东南飞的故事在这里流传，徽班进京从这里启程，京剧鼻祖程长庚、黄梅戏表演艺术家严凤英都生长于皖河岸边。其下游千顷沃野，美田弥望，水稻、棉花、荞麦、湖蟹、鳜鱼、珍珠等应有尽有。

与皖河在皖江北岸巨网相连的是华阳河流域众多湖泊，从宿松、望江、怀宁直到安庆，龙感湖、大官湖、黄湖、泊湖、武昌湖、石门湖，这些古彭蠡组成的江湖连通的水域，如今已被排灌闸站等水利工程控

皖河上游支流天仙河（晋知华 摄）

制，成为皖江防洪的系统工程。

菜子湖水系 菜子湖水系地跨安庆市区、岳西县、潜山市、怀宁县、桐城市、铜陵市枞阳县，由大沙河、挂车河、龙眠河、孔城河四条主要支流及菜子湖湖区其他水系组成。菜子湖湖水出湖后向东南流经枞阳河（又名长河），长河纳连城湖来水绕枞阳县城南注入皖江。"枞江夜雨势如倾，拂柳滋花尽有情。几个渔翁趁新水，江头无数棹歌声。"昔日的枞阳河芦苇郁葱，清风夜荡，芦鸣似雨，为旧桐城八景之一的"枞江夜雨"。今天，枞阳河担起新的历史使命，成为"引江济淮"的输水起始通道。

裕溪河 古称濡须水，是巢湖流域洪水入江的主要通道，河长 61 千米，流域面积 13486 平方千米，湖泊水面 808 平方千米（其中巢湖占 780 平方千米）。裕溪河属合裕航道的下段，是安徽省"两干三支"高等级航道网的主干线，也是贯穿江淮之间唯一的高等级通道。裕溪河水源丰富，汛期暴雨集中，一年有半年受长江水倒灌；中洪水位时，航道水流平稳，河宽水深，通航状况较好。由于河岸坍塌和枯水期农民打坝拦水抗旱，泥沙回淤形成的浅滩连年增高扩大，河道弯曲日趋严重，通行困难。1949 年以后，安徽省多次对裕溪河进行大规模整治，1962 年在裕溪河上游巢湖出口处，建成巢湖闸；1969 年在距入江口 4000 多米的裕溪河上，建成安徽沿江最大的水闸工程——裕溪闸枢纽工程。2017 年在原址拆除老闸改建新闸，经过扩容改造，裕溪船闸级别将和航道等级一致，为二级，设计最大船舶吨级为 2000 吨，船闸与复线船闸共同运行，可以满足 2050 年船闸的年单向过闸货运量预测需求。

滁河 滁河发源于江淮分水岭东段，古称涂水，唐代改名滁河。滁河流经皖苏两省，长 224 千米，其中安徽省境内长 178 千米；流域面积 8015 平方千米，其中安徽省境内面积 6265 平方千米。滁河流域北、东北、西北皆达江淮分水岭，西南与巢湖水系毗邻，东南抵长江之滨。

地跨安徽省合肥市、巢湖市、滁州市及江苏省南京市。滁河流域水资源量大，在安徽省境内的多年平均水资源量达18亿立方米。滁河干流和驷马山引江水道与长江沟通，可常年通航100吨级船只。

滁河流域内著名的古城滁州，建于隋开皇九年（589年）。滁州因滁河而得名，境内水系发达，河流众多，拥有1000多所大中小型水库。蜚声中外的国家重点风景名胜区、首批4A级旅游景区和国家重点森林公园——琅琊山，与市区相依，山在城中，城在山中。"春潮带雨晚来急，野渡无人舟自横。"山水美景激发了唐朝诗人韦应物的诗兴，北宋欧阳修也在此留下千古名篇《醉翁亭记》。

·皖江南岸重要支流

青弋江 青弋江又名鲁阳河、泾溪、舒溪，发源于安徽省黄山北麓，河长309千米，流域面积8178平方千米。青弋江源头主河段为清溪河（又名美溪河），经石台县、黄山区注入陈村水库，出陈村水库流经泾县（此段原名施溪河）、宣城、南陵、芜湖等地，于芜湖市区入长江。青弋江两岸支流密布，水力资源丰富，多年平均水资源量达30亿立方米。

青弋江流域以多风景名胜和人文景观著称，河、湖、山、泉并存，以山水见长。青弋江出陈村水库后，西北流至桃花潭镇，即李白诗"桃花潭水深千尺，不及汪伦送我情"所咏之地。桃花潭镇古称南阳镇，后称水东，是一座浸润着浓郁历史文化色彩的千年古镇。江又东北流至泾县（泾川镇），左岸的云岭是新四军军部旧址所在。泾川素有"山川清淑、秀冠诸邑"之誉，水西寺、太子泉、明代大小崇宁双塔连为一体，构成了秀丽的水西风光；

水墨青弋江

矗立在水西山的皖南事变烈士陵园，是全国革命传统教育基地。

2012年，国家投资28亿元建设青弋江分洪道工程，成为新中国成立以来安徽省最大的单项水利工程。该工程的实施将显著提高青弋江下游圩区防洪能力，彻底解决青弋江水网圩区洪水漫溢、出流不畅的问题，为该地区由传统农业耕作区向全省"现代化农业示范基地"建设提供了较为完善的水利保障。

水阳江 水阳江古名青水、冷水、句溪，跨皖苏两省，发源于安徽省绩溪县戈溪河上游家朋乡和阳村里平坑，在马鞍山市当涂县注入长江。河长252.4千米，跨安徽省宣城市绩溪县、旌德县、宁国市、宣州区、广德县、郎溪县，芜湖市芜湖县，马鞍山市当涂县和江苏省南京市溧水县、高淳县等。流域面积10265平方千米，其中安徽境内流域面积9109平方千米。

水阳江以西津河为主源。西津河穿宁国市境内，至城北郊与东津河汇合后，以下始称水阳江。西津河上游建有港口湾水库，现为青龙湾景区。宁国市有"中国山核桃之乡""中国元竹之乡"的美誉。

水阳江入宣州区境内，北流至佟公坝。佟公坝始建于唐朝大历年间，是著名的古水利工程，灌田1.95万亩，时称德政陂。后历久弛废，清康熙年间郡伯佟赋伟重筑石坝，灌溉远及40余里，当地民众感怀其德，改称佟公坝，沿用至今，现仍有7.5万亩耕地受益。

水阳江过佟公坝后，分为两支，一支注入南漪湖，另一支为水阳江主干，西北穿过宣城市城区北门，左纳同样穿过城区的宛溪河。

宣城市是皖东南政治、经济、文化中心，辖区内盛产宣纸、宣笔和徽墨，被誉为"中国文房四宝之乡"。文化名山敬亭山位于水阳江左岸，宣城城区北郊。南齐谢朓《游敬亭山》和唐李白《独坐敬亭山》诗篇传诵后，历代颂赞敬亭山的诗文达千数，被称为"江南诗山"。

水阳江流域多年平均水资源量61.95亿立方米。水能资源经济可开发量8.82万千瓦。上游山区盛产林、竹、生漆、山核桃、香菇、茶叶等；下游圩区水产丰富。流域内广德、郎溪县及宣州区，河、沟、塘、渠等星罗棋布，是扬子鳄生存栖息的良好场所，属中国重要湿地、扬子鳄自然保护区。域内还有中国重要湿地——石臼湖湿地，国家级水利风景区——青龙湾、卢湖竹海等。

漳河 发源于南陵县何湾镇。自南向北，流经南陵、繁昌、芜湖三县和芜湖市区，于鲁港汇入长江。全长119千米，流域面积1450平方千米。南陵县是中国青铜文化的发祥地之一，境内遗有大工山古铜矿冶遗址、皖南土墩古墓群、牯牛山古城池遗址，均被列为全国重点文物保护单位。当地三国文化和盛唐文化积淀丰富。三国名将周瑜曾任春谷（南陵古名）县令，黄盖墓、小乔衣冠冢均在境内。李白曾三度寓居南陵，遗有《南陵别儿童入京》等诗作26首；诗人杜牧留有《南陵道中》等诗3首。南陵县河网密布，古桥众多，著名的有麒麟桥、玉带桥等，极具徽派文化建筑特色。南陵县非物质文化遗产丰富，入选省级非物质文化遗产名录有《目连戏》等。

大通河 因出口经大通镇而得名。河道长68千米，跨芜湖市南陵县，宣城市泾县，池州市青阳县、贵池区，铜陵市区，流域面积1230多平方千米。

大通河有二源，一源为青通河，另一源为七星河，两河于双河口汇合，以下称大通河。干流河长12千米，河道顺直平缓。其右岸为铜陵县境，左岸为贵池区境，安徽贵池十八索湿地自然保护区就位于此处。

流域内青阳县自西汉年间设县至今，已有2100多年历史。九华山雄踞县境西南，佛教文化源远流长。地方戏曲"青阳腔"被誉为京剧源头，列入首批国家非物质文化遗产。境内还有滕子京墓、太平山房、李氏宗祠等文化遗存。

秋浦河 古称秋浦江，又名云溪河。发源于祁门山脉的大洪岭湘源山，呈由南向北流向，河道长145.3千米，地跨黄山市祁门县，池州市石台县、贵池区，于池口入江。流域面积 3019 平方千米。

秋浦河为池州境内流域中最长的一条河，沿岸风光旖旎，景色迷人，有牯牛降国家自然保护区和古石城遗址、昭明钓台、仰天堂等名胜古迹，为省级风景名胜区"秋浦仙境"主要组成部分。诗仙李白于唐天宝八年至上元二年间（749—761 年）曾五到秋浦，《秋浦歌十七首》其十诗云："千千石楠树，万万女贞林。山山白鹭满，涧涧白猿吟。君莫向秋浦，猿声碎客心。"写尽秋浦之魂。历代名人骚客纷纷踏踪而来，寻幽访胜，留下数以万计的诗文佳作，因而美丽的秋浦河被誉为"流淌着诗的河"。

皖江的湖泊与湿地

皖江两岸湖泊密布，水面面积在 10 平方千米以上的湖泊，北岸有龙感湖、大官湖、泊湖、武昌湖、石门湖、白荡湖、巢湖，南岸有升金湖、龙窝湖、丹阳湖、石臼湖等。

安徽沿江湖泊湿地在历史发展中遗留下诸多问题亟待解决，如历史上坡耕种植和全垦造林导致的水土流失加剧，湖盆淤积严重，湿地生态系统退化；生物资源过度利用，水产资源量下降；城镇化、工业化进程加快造成的环境污染等。进入新世纪后，安徽省委、省政府在"十三五"规划中明确提出要"加强水生态保护，严格水源涵养，连通江河湖库水系，加强湿地恢复治理和水土流失综合治理，保障饮用水水源安全"。2017 年 8 月，安徽省第十二届人大常委会第 39 次会议表决通过《安徽省湖泊管理保护条例》，将湖泊河长制写入地方性法规，对恢复和增强湖洼湿地原有行洪蓄水能力，限制人为污染湖泊活动，维护水环境和水生态健康提供了法律保障。不久的将来，碧水蓝天、沙鸥翔集、锦鳞游泳的美好画卷将在皖江两岸徐徐展开。

·升金湖里日升金，丹阳湖区变桑田

升金湖 曾称生金湖，亦名深泥湖，又曰新深湖，因湖中日产鱼价值"升金"而得名。升金湖位于池州市东至县长江南岸，是长江河漫滩洼地经泥沙封淤积水而成的河间洼地湖。东西长约27千米，南北最大宽8千米，岸线长165千米，湖区集水面积为1548平方千米，汇入本湖的主要河流有黄湓河、五丰河、坦埠河、唐田河。

古时的升金湖水系港湾众多，且江、河、湖、港相连，沿湖港口均有航道相通，是水运和商贾往返要道。白天，湖水荡漾，烟霞缥缈，帆影点点，渔歌阵阵，采自湖区的鱼虾蟹鳖和南部山区的竹木山货源源不断运往山外，日用商品又陆续运回山里，一派繁忙景象；入夜，月色溶溶，渔火点点，湖水轻拍，十分恬静自然。千百年来，由于人口增加，围堤垦殖增多，加上每年泥沙从黄湓河上中游推入湖中，湖面不断缩小。

以其自然形态，升金湖分为三大片：姜坝杨家嘴至新建小渡嘴以西为上湖，内有旧时的大清湖、澄潭湖等；下湖则包括新华龙家嘴至

生态良好的升金湖（程昭　摄）

贵池唐田沙山以东，内有旧时的八百丈湖等；上下湖之间为中湖，湖内有旧时的升金湖、坦埠湖、唐田湖等。湖的周围地形多样，湖岸曲折蜿蜒。东、南低山环抱，西为丘陵岗地，北滨江滩洲圩。湖区东北侧有黄溢闸，建闸前，长江、黄溢河、升金湖自然相连。每至汛期，江水循黄溢河倒灌入湖，沿湖农田经常遭受洪水灾害；汛后，江水回落，农作物又缺水灌溉。黄溢闸投入运行后，江、湖分隔，汛期拒江倒灌，解除了长江洪水入湖给沿湖群众带来的灾害；非汛期则控制湖水位，蓄水灌溉、养殖，效益显著。

升金湖区所在地气候温暖湿润，江河水系发达，森林覆盖率57%。作为国家第一个生态经济示范区，国家一级保护动物有白头鹤、东方白鹳、黑鹳、白鹤、大鸨、白肩雕、黑麂等7种；国家二级保护动物有胭脂鱼、虎纹蛙、黄嘴白鹭、白琵鹭、白鹮等21种。冬季，随着长江水位下降，升金湖露出大片浅水、泥滩、沼泽，吸引了大批雁鸭、鹤、鹳、鸥类等水禽前来越冬，是中国主要的鹤类越冬地之一。中国有9种鹤，升金湖就有白头鹤、白鹤、白枕鹤、灰鹤4种。升金湖是中国最大的白头鹤越冬地，越冬白头鹤总数约350只；还是东方白鹳最主要的越冬地，越冬东方白鹳总数约250只，有"中国鹤湖"之称。大鸨、黑鹳和东亚地区天鹅、䴉鹳类等也爱将此作为主要越冬地。

2003年，"升金湖生态科考旅游区"建设项目被列入安徽省"861"行动计划，是该计划中唯一一个非工业项目；2011年，按照"保护优先，自然增值"原则，安徽省对升金湖实施生态修复养殖。1997年，升金湖经国务院批准为国家级自然保护区，2015年12月25日入编《国际重要湿地名录》。

丹阳湖 丹阳湖古称巨浸，旧名南湖，又称西莲湖。《太平府志》载：丹阳旧多红杨，一望皆丹，故曰丹杨，杨与阳同音，遂称丹阳湖，简称丹湖，沿用至今。公元前500多年，古丹阳湖与石臼湖、固城湖等为一湖泊群，其范围西自鲁港经芜湖至当涂一线，濒临长江，湖的北、东、南三面为低山、丘陵环抱，呈平浅湖盆，面积达2000余平方千米，湖区西通长江。入湖来水主要有水阳江、青弋江、漳河。到了清代，这个湖群仅存丹阳、石臼、固城三湖，以丹阳湖最大。乾隆《江南通志》、康熙《太平府志》等古籍中均有对古丹阳湖原貌轮廓的记述。

古丹阳湖自春秋吴国于固城湖筑相国圩，开创围湖造田的先例后，先后又围垦而成大公圩、万春圩、天成圩、荆山圩等，古丹阳湖地区沧海变桑田，逐渐成为长江中下游地区重要的农业耕作区。

大公圩被誉为江南首圩，它的开发与演变反映了该地区的农业与经济发展历史。位于当涂县的大公圩肇兴于三国时期，因围湖而成，水源充足，土地肥沃，粮食产量高，时有"圩田收，食三秋"的民谚。圩田解决了百姓的生计，同时增加了官府税赋收入。唐宋以后，大公圩的开发从早期的军事需要，过渡到经济发展的需要。在官方和民间的推动下，两宋时大公圩迅速发展，在明清日趋完善。大公圩总面积363平方千米，圩田31.2万亩，圩堤长78.2千米。在其开发过程中形成了创新围垦形式、因地制宜发展生产的思想，采用了科学养护堤坝的方法，有"江南第一圩"之美誉。

万春圩在今芜湖市，其前身是北宋土豪秦氏"世擅其饶"的秦家圩。宋嘉祐六年（1061年），著名科学家、政治家沈括出任宣州宁国县令，于芜湖勘察废秦家圩，并将自然地势绘制成图，呈送转运使张颙，极力主张修建万春圩。万春圩修成后呈梯形，堤外还筑有缓坡。堤下植杨柳、芦苇以防浪。堤上设有五座堰闸，可以控制蓄泄。圩区中间大道长22里，可容双车并行。田以百亩为一方。四周挖小沟环绕。每四方田成一区，有大沟为界。既有灌溉和舟楫之便，又可消除涝渍。沈括又将万春圩的规模、收益、地形、水情等写成《万春圩图记》，广泛宣传修圩的好处。万春圩自北宋修复后，一直沿用到明代，对圩田的建设起到极大的指导和推动作用。1980年万春圩与相邻圩口联成一体，形成芜当联圩，保护耕地5万亩。

新中国成立之初，丹阳湖区面积 184 平方千米。湖滩地高者莎草丛生，是野鸭等水禽栖息之处，汛期鱼类洄游其间。后由于泥沙不断沉积，湖区淤浅，沼泽化面积扩大，20 世纪 60 年代后，数十年间围垦面积达 134.52 平方千米。围垦后的丹阳湖，只剩下运粮河及其周围水域，湖形如带，南北狭长。

丹阳湖地区气候和自然条件优越，山水相拥、湖汊纵横，自古以来形成了一处独特的文化单元。湖周散落着十多处新石器文化遗址。湖区居民世代繁衍，形成了颇具特色的方言、谚语、风俗、民歌等民俗文化和《天仙配》等众多古老的神话传说，如今依然流传于当地的划龙船、点水灯、接三姑娘、放生民歌等，则浓缩了农耕文化的精华。美丽的湖区风光吸引了众多文人造访，唐朝大诗人李白都禁不住赋诗《姑孰十咏·丹阳湖》吟诵："湖与元气连，风波浩难止。天外贾客归，云间片帆起。龟游莲叶上，鸟宿芦花里。少女棹轻舟，歌声逐流水。"明清蒙学课本《幼学琼林》记述，丹阳湖与饶州之鄱阳、岳州之青草、鄂州之洞庭、苏州之太湖，并称为天下五湖。

石臼湖 该湖湖名首见于北宋乐史所撰《太平寰宇志》："石臼湖在（溧水）县西南三十里，西连丹阳湖……"因湖的形状酷似石臼，故名；又名北湖，原本是丹阳湖的一部分，后因湖圩分割而成。

石臼湖位于安徽省当涂县与江苏省溧水县、高淳县的交界处。湖水向西经水阳江下游姑溪河注入长江，是水阳江下游的自然滞洪区。湖呈东西向长方形，长 22 千米，最大宽度 14 千米，湖岸线总长度约 70 千米，湖面达 200 余平方千米，蓄水量达 12.64 亿立方米。

石臼湖是皖江沿岸典型的季节性湖泊，湖景随着季节的更迭和湖水的起落变化无穷。每年三四月间，春风渐起、沿湖桃花飞红之际，来自宣州区、郎溪县、广德县山区的洪水由水阳江经塘沟河入湖，时如驯羊，平稳不喧；时如烈马，奔腾咆哮。"四望皆横"的横山亘峙湖的北岸，釜山则形似扣锅静立湖的西北，湖中望山，山如浮黛；山顶观湖，湖似碧玉。石臼湖所产鱼类多达百余种，尤以银鱼、紫虾和特有的金甲红毛大蟹最为名贵，被称为"水人参"的芡实籽更是名闻江南。

·茫茫大泽今安在，湖泊美景换新颜

古雷池（今武昌湖）

龙感湖、大官湖等众多湖泊洼地是古彭蠡泽经解体后形成一片片残积湖。春秋战国至秦汉时期，江南的鄱阳湖和江北的大雷水，原是连成一片的汪洋大泽，统名"彭蠡泽"；三国时代，"彭蠡泽"南扩，湖水进抵今鄱阳湖；西晋以后长江改道，"彭蠡泽"分为南北两部分，江南仍称彭蠡泽（今鄱阳湖），江北叫大雷池；宋元以后，大雷池之名逐渐被各区域性湖名代替，湖北省黄梅县境内的大湖叫感湖、源湖，安徽省宿松县境内的叫龙湖、官湖等。1955年，龙湖、感湖合称为"龙感湖"。

龙感湖　龙感湖位于湖北省和安徽省交界处，为安徽省安庆市宿松县和湖北省黄冈市黄梅县共有。入湖主要河流有湖北省境的古角山河、安徽省境的二郎河，均自北向南入湖。集水面积3519平方千米。湖水向东，经筑墩河泄入大官湖。龙感湖曾有一个画龙点睛的名字——雷池，成语"不越雷池一步"的故事就发生于此。

大官湖　古称大子池、大白荡，因被地方官僚霸占而名大官湖。流域集水面积3863平方千米，主要经筑墩以承受龙感湖来水。上游花凉亭水库灌区太宿干渠自北向南伸至湖区区间，有灌溉尾水入湖，出水流入黄湖、泊湖。

黄湖 黄湖因汛期江水倒灌入湖，水泛黄色，故名。北接皖河上源长河、泊湖水系，西与大官湖相连，东、南濒长江，出水至泊湖。黄湖地处宿松县最东端，是宿松最早看到日出的地方。每当清晨日出东方，红彤彤的太阳从湖面冉冉升起，光芒四射，与湖水交相辉映，水天一色，其景美不胜收，这就是古宿松十景中的"黄湖日出"。

泊湖 泊湖集水面积 4941 平方千米。主要通过长河承黄湖泄水。泊湖与黄湖区间汇水面积 955 平方千米，主要有支流凉亭河自西北来汇。出水分别经杨湾闸、华阳闸入江。

大官湖和黄湖、龙湖的水产养殖总面积居安徽省之首、全国第二。大官湖银鱼、黄湖白虾、龙湖鳜鱼，堪称"宿松三珍"。

武昌湖 宿松东邻望江县，境内有武昌湖及青草湖，统称武昌湖。武昌湖北、西接皖河流域，总集水面积 557 平方千米。入湖河流主要有雅滩河、茅家河、太慈河。出流有两支，一支由幸福河入皖河，另一支经新漳河于漳湖闸下泄入长江。

20 世纪 50 年代，武昌湖还是一系列串联湖泊，自西向东为赤湖、武昌湖、青草湖和漳湖。1959 年建皖河闸后，武昌湖成为水库型湖泊；青草湖被围垦 36 平方千米，漳湖则全部被围垦。武昌湖湖区现已列为安徽省政府批准的安庆沿江湿地保护区范围，属省级重点湿地。

长淮千秋——淮河

"钟鼓将将，淮水汤汤。"淮河发源于河南省南部的桐柏山。流域范围西起伏牛山，东临黄海，北屏黄河南堤和沂蒙山脉，同黄河流域紧邻，南以大别山和皖山余脉与长江流域分界。

淮河干流全程1000多千米，其干支流斜铺密布在河南、安徽、江苏、山东四省。淮河横亘于中国的南北轴心线上，划出了中国东部的南北气候分界线。历史上的淮河流域气候温和、雨量适中、土地肥沃、物产丰富，是中华文明发祥地之一。"淮河南北分界带"既是淮河流域一个特殊自然地理区域，同时也是南北文化过渡、交融地带，中华

淮河夕照（韩金辉　摄）

文明的起源、南北文化的融合和变革、改朝换代的风云，总是离不开居于黄河、长江之间的淮河。淮河流域人民兼容南北的智慧与胸襟，使得江淮地区百业昌盛。民谚"收了淮河湾，富甲半边天"，曾是淮河流域物阜民丰的写照。

淮河也是一条历经沧桑的河流。淮河自河南省淮滨县洪河口进入安徽后，落差陡降超过100米，加之历史上黄河多次夺淮对淮河水系造成破坏，原淮河下游入海尾闾淤塞，致使流过皖境的800多里河段形成两头高、中间低的"锅底"型地势，导致上游水留不住，中游水流不动，下游水流不走，"一遇洪涝，一片泽国；一遇旱灾，赤地千里"。千百年来，水患始终困扰着两岸人民。新中国成立后，党中央、国务院高度重视治淮工作，制定"蓄泄兼筹"的治理方针；安徽省委、省政府带领全省人民，发扬艰苦奋斗的精神，在上游修建水库、塘坝，将水留住；中游建行蓄洪区和节制闸、开挖人工河道，削减分流洪水；下游扩大和开辟了入江入海水道，加快洪水下泄。随着治淮骨干工程的建设，淮河防洪工程体系不断完善，防洪条件大为改善，整体防洪能力明显加强，有效保障了群众的生命财产安全，为经济社会发展提供强有力的保障。历时六十余载，经过三轮大规模治理，结束了淮河出海无路、入江不畅的历史，初步理顺了黄河夺淮造成的紊乱水系，淮河流域恢复昔日的富庶繁华。

作为国家重要的商品粮生产基地、能源原材料供应基地和中部崛起战略重点区域的淮河流域，也是我国人口密度最大、环境问题较为突出的区域。"十三五"期间，国家规划将淮河流域作为重点流域进行综合治理，为淮河流域环境治理、产业优化转型升级、推动区域绿色发展带来历史性机遇。

流过皖境的干流

淮北大堤（熊志刚　摄）

淮河古时与长江、黄河、济水并称"四渎"。发源于河南省南部的桐柏山，是中国七大江河之一。安徽境内的淮河干流处于淮河中游，上自豫皖交界处洪河口起，下至皖苏交界处红山头止，河道长430千米，流经阜南县、霍邱县、颍上县、凤台县、寿县、淮南市、怀远县、蚌埠市、凤阳县、五河县、明光市（县级）等九县两市，流域面积6.69万平方千米，占安徽省土地面积的48.5%。

在1000多千米的淮河干流上，有"三峡""四关""三口"。所谓"三峡"是指峡山口、荆山口、浮山峡，均位于安徽省境内。"四关"是河南信阳的长台关、安徽寿县的正阳关、安徽凤阳的临淮关、江苏滨海的云梯关。"三口"因军事要害得名，即颍水入淮口、涡水入淮口、运河入淮口，前两口位于安徽境内。

淮河干流于洪河口北纳洪河后，始进入安徽省阜南县境内。洪河口是淮河中游段的开始，也是淮河在安徽省的起点。沿岸有重要的水利工程千里淮河第一闸——王家坝闸、淮河第一处蓄洪区——蒙洼蓄洪区、曹台孜退洪闸。淮河南纳史河后进入霍邱县境内，南岸有淮河中游最大的蓄洪区——城西湖蓄洪区，可蓄水29.5亿立方米；城西湖蓄洪区尾部对岸是颍上县邱家湖行洪区。

淮河干流从城西湖蓄洪区和邱家湖行洪区之间穿流而出，即至第一道控制工程——临淮岗洪水控制工程。该工程是治淮标志性工程，总投资 22.67 亿元。其主体工程跨阜南、颍上、霍邱三县，控制面积 4.22 万平方千米，坝下为姜唐湖蓄洪区，南岸有城东湖蓄洪区。淮河出临淮岗，东行至正阳关——千里长淮第二关（位于寿县正阳关镇），北纳颍河，南纳淠河，并汇集了上游干支流全部山区来水，总控制面积达 91620 平方千米，素有"七十二水归正阳"之称。

过了正阳关，淮河南岸为寿西湖行洪区和瓦埠湖蓄洪区。淮河在东淝河入淮口处转向北流，再转南流，形成一个小河套，沿途有董峰湖、上六坊、下六坊 3 处湖洼，也是淮河的行洪区。董峰湖行洪区位于淮南市毛集试验区，出口处即是淮河第一峡——峡山口，两岸危岩对峙，峭壁如削，东、西峡口扼守着淮河上下游交通，堪称"长淮津要"。淮河出峡山口，南纳西淝河，经上、下六坊行洪区，在淮南市潘集区平圩镇附近转东北流，北岸是汤渔湖行洪区。

北岸凤台县三面环水，古称州来、下蔡。清雍正十一年(1733 年)置县，沿革至今，是中国民间艺术花鼓灯之乡、中国民间歌舞之乡。现代化的永幸河灌区支撑起当地以水稻、棉花为主的农业生产，有"淮

穿过荆山涂山的淮河（马娟　摄）

上明珠""皖北江南"之美誉。凤台县因地处两淮煤田中心地带，拥有丰富的煤矿资源，是全国深井采煤第一大县；煤电产业为当地支柱产业。

沿河下行不远处是新兴能源城市——淮南市。淮南市煤炭资源丰富，矿区分布在淮河两岸，面积约3000平方千米，远景储量444亿吨，探明储量180亿吨，占安徽省的70%，华东地区的50%。依托得天独厚的资源优势，淮南被建设成为安徽省煤化工基地，16对现代化矿井年产煤炭近亿吨，是中国十三个亿吨级煤炭基地之一。同时，淮南市又是华东最大的火力发电基地之一。作为中国电力工业的摇篮、安徽省最大的电力企业聚集地，淮南拥有六大发电企业和26台发电机组，建成装机总量1220.8万千瓦，已建成两条1000千伏特高压电网。淮南矿业在全国率先打破行业和区域的界限，将煤炭资源转化为电力产业，"煤电一体化思路"应运而生。在淮南现代化发展思路下，还厚积着悠久的历史文化底蕴。淮南王刘安曾在八公山招贤纳士，著书立说，编纂了《淮南子》，记载了二十四节气，还发明了华夏美食——豆腐。

淮河在南纳窑河后，出淮南进入蚌埠市境，北岸是荆山湖行洪区，之后从荆、涂两山之间蜿蜒流过淮河第二峡——荆山口。北岸涡河于荆山东麓汇入，山上有卞和洞、白乳泉、望淮楼等名胜，山顶建有启庙，与南岸涂山顶禹王庙隔河相望。

淮河继续东流至中游第二道控制枢纽——蚌埠闸。闸南岸是蚌埠市，因淮河水中多蚌，古乃采珠之地，素有"珍珠城"的美誉。这里拥有7300年前淮河流域人类文明的双墩文化遗

淮河峡山口（许季　摄）

存，流传着大禹治水"三过家门而不入"的神话。蚌埠境内，淮河水面宽阔，河床深广，具有航运和建设内河港口的天然条件，成为全国内河28个主要港口之一；蚌埠位于京沪淮南铁路的交会点，交通便捷，有交通枢纽之称。蚌埠市立足区位优势，发展为安徽省重要的综合性工业基地。蚌埠市辖三县均为全国商品粮大县，怀远石榴、五河螃蟹、固镇花生闻名遐迩。

淮河流至淮上区沫河口镇，北纳北淝河，河口以下是临北段行洪区，对岸是方邱湖；后流至千里长淮第三关——临淮关（位于凤阳县临淮镇），南纳濠河后东北流，南岸是花园湖行洪区、香浮段行洪区。香浮段行洪区末端即是浮山，与北岸峰山铁索岭构成淮河第三峡——浮山峡。据史料记载，南北朝梁武帝在此筑浮山堰，故又称"萧梁堰"。淮河过浮山峡后东流进入滁州市境，至阚台子转南流，沿苏皖边界流至红山头。

南岸是潘村洼行洪区，位于明光市，是安徽境内淮河干流最后一个行洪区。北岸的五河县，因境内淮、浍、漴、潼、沱五水汇聚而得名。唐代名为古虹，宋朝始称五河，至今九百余载。境内曾出土全国保存最完整的十万年前淮河古菱齿象化石。当地民歌《摘石榴》获国际民歌节金奖，以其为代表的五河民歌被列入国家级非物质文化遗产名录。

流过富饶之地的支流

有道是："走千走万，不如淮河两岸。"

淮河自桐柏山而下，蜿蜒向东，沿途支流呈羽状排列两侧，像一把巨大的蒲扇，摆放在中国版图的中央。在安徽境内，淮河北岸主要支流有洪河、谷河、润河、颍河、西淝河、芡河、涡河、漴潼河、濉河，以及人工河道茨淮新河、怀洪新河和新汴河等；南岸主要支流有史河、沣河、淠河、东淝河、窑河、濠河、小溪河、池河、白塔河等。北岸支流一般都源远流长，具平原河道特征；南岸支流均源于江淮分水岭北侧，流程较短，具山区河道特征。

·流域面积最大的支流——颍河

颍河又名沙颍河，古称颍水，是淮河北岸流域面积最大的支流。颍河发源于河南省嵩山伏牛山脉，流经安徽省的界首市、太和县、阜阳市城区、颍上县，至颍上县沫河口注入淮河，全长619千米（安徽省境内长208千米），总流域面积39877平方千米（安徽省境内有4112平方千米）。

颍河在沈丘与界首交界处的长胜沟进入安徽省境，穿界首城区而过。春秋鲁昭公三十年（前512年）楚筑养城，为界首有城之始；东汉时期王莽、刘秀逐鹿于此，留下全国唯一一座以皇帝帝号命名的城镇——光武镇；抗日战争期间，界首市因地理优势特殊，人口剧增，商贾云集；改革开放后，富硒康等品牌享誉海内外。"界首彩陶"成功申报国家地理标志证明商标，为国家级非物质文化遗产。

河出界首，在陈渡口进入太和县。太和县是中国书画艺术之乡、中国民间文化艺术之乡、全国著名医药集散中心，医药基地被确定为省现代医药产业集聚发展基地。太和县自秦朝置县，迄今已有2000多年，元大德八年（1304年）改名太和县，寓意太平祥和。境内有

荆山北望淮河支流（马娟　摄）

七处故城遗址、五处古文化遗址和元代文庙建筑群等古建筑。历史名人有汉章帝师张酺、东汉清诏使范滂、清朝两广总督徐广缙等。

颍河南流至阜阳市城区。阜阳古称汝阴、顺昌、颍州，历史悠久，阜南县台家寺遗址出土的饕餮纹尊及近年来的发掘成果，揭示了该地区曾是淮河流域青铜器文明的中心。早在商周时期，今阜阳地区颍河两岸的农业就得到了开发。战国时期魏惠王开凿了人工运河鸿沟，通过颍水将黄淮两大河沟通起来，唯务农桑是对淮河地区历史的精准概括。阜阳襟带淮河，怀抱古颍州西湖，淮河的重要支流沙颍河、汾泉河呈"Y"形在阜交汇，境内河网纵横交错，沟塘星罗棋布，城区拥有大小 18 条河流，在北方城市中实属罕见。北宋词人苏轼曾任颍州知州，面对百姓疾苦，他先后向朝廷上奏《申省论八丈沟厉害状二首》《奏论八丈沟不可开状》二文，组织开挖颍州的沟渠，疏浚治理颍州西湖。不但解除了水患，而且造福了颍州百姓。他还赋诗赞美颍州西湖："大千起灭一尘里，未觉杭颍谁雌雄。"2016 年国务院批复《中原城市群发展规划》，阜阳作为"东部承接产业转移示范区"之一。现阜阳的 18 条河流都已打通，形成统一的水系，重现了古颍州"三清贯颍"美景，18 条河流如 18 根蚕丝，织造出皖北的"滨水城"。

颍河东南流入颍上县境内。颍上县城坐落在颍河南岸，春秋时期设"慎邑"，秦汉置"慎县"，隋大业二年（606 年）定名颍上县，迄今已 1400 多年。这里曾孕育出春秋时期杰出的政治家、军事家、思想家管仲和少年英才甘罗。颍上县还是花鼓灯艺术和推剧的发源地，有"东方芭蕾"之称的颍上花鼓灯及颍上推剧分别被评为国家级、省级非物质文化遗产。

·人文荟萃的支流——涡河

涡河位于淮河北岸，古称涡水、过河，夏王朝过氏部落居于此，繁衍生息，因而得名。涡河发源于河南省开封市黄河南岸，于鹿邑县涡北镇东进入安徽省境内，东南流至怀远县城东北注入淮河，河道全长 423 千米（安徽省境内长 227 千米），流域面积 1.59 万平方千米（安徽省境内 4340 平方千米），是淮河第二大支流。

涡河东流入安徽首先进入亳州境内。亳州市是国家级历史文化名城，古称谯郡，西周时姜姓谯国迁都于此，修筑谯城。秦时置县，魏黄初二年（221 年）封谯郡为陪都，元至正十五年（1355 年），刘福通拥韩林儿在亳称帝，建"韩宋政权"以亳州为国都三年，故亳州为三朝古都之地。亳州是曹操和神医华佗的出生地。曹操、曹丕、曹植三父子开创建安文学新局面，史称"建安风骨"。现亳州城内遗存有曹操地下运兵道、曹操宗族墓群等历史古迹。华佗发明麻沸散，被后人称为"外科圣手""外科鼻祖"。北宋著名的道家学者陈抟老祖也出生于此。涡河为域中襟带，航运便利，商业发达。清康熙年间《亳州志》有"豪商巨贾比屋而居，高舸大舫连樯而集"的记载。今天犹存的花戏楼和亳州老街，仍能依稀看出她昔日的富丽恢宏。亳州还以药都闻名，与河北安国、江西樟树、河南禹州并称"四大药都"，是全球最大的中药材集散中心，为中国四大药都之首。中国名酒古井贡酒的生产地——古井镇，也位于此地。

涡河东南流入涡阳县，与武家河交汇处北有郑店村，道家创始人老子诞生于此，老子著有《道德经》，受水的启迪他写下了"水善利万物而不争"的哲理。承载着老子思想的天静宫坐落在郑店村，1989 年复建，现为国家 4A 级旅游景区。涡河与武家河交汇处对岸是涡阳县城。涡河绕涡阳县城东南流，北岸有高炉镇，三国时期曹操在此建造高炉，铸造兵器，高炉镇之名由此而来。为庆祝胜利，曹操召集酿酒师酿酒，犒赏三军，从此，高炉美酒十里飘香，美名远扬。

涡河水一路东南，过西阳镇入蒙城县境。蒙城古称山桑、漆园等，唐天宝元年（742 年）定名蒙城县，沿用至今。蒙城县是中国楹联之乡、省级历史文化名城，也是道家学派的代表人物庄子的故里。"津人操舟若神""吕梁丈人在急流中畅游""鱼相忘于江湖"等故事都寄托了庄子对"道"的追求。蒙城县东郊有始建于北宋年间的庄子祠,经历代修缮扩建,至今巍巍壮观。蒙城县许疃镇毕集村,被称为"中国原始第一村",这里发掘出的新石器聚落遗址——尉迟寺遗址,距今有4500多年,已被列为国家级重点文物保护单位。

· 南岸一级支流——史河

史河古名决水,流域跨豫、皖两省。发源于金寨县西南,大别山北麓,豫、皖两省交界的伏牛岭(三省垴和棋盘石山系),流经安徽省丁埠、金家寨、梅山、叶集,河南省固始等地,至三河尖入淮河。史河是淮河南岸一级支流,长220千米(安徽省境内长110千米),流域面积6889平方千米(安徽省境内2685平方千米);也是皖西地区和河南省南部的重要水系,属山区型河道,水浅流急,支流较多,河道总落差288米,坡陡势急;红石嘴以下河道,坡缓势弱,河道浅宽,最宽达700~800米。上游建有梅山水库,为安徽省当地径流利用率最高的河流。流域内众多的水利设施形成史河灌区(安徽境)和梅山灌区(河南境),为淠史杭灌区的重要组成部分。

流域内的金寨县是六安瓜片的原产地、主产地,其板栗产量居全国县级第一。境内大别山三大主峰之一的天堂寨是国家级森林公园、国家级自然保护区、国家地质公园和5A级旅游景区。革命战争年代,全县有10万群众参军参战,诞生了59位开国将军,是中国工农红军第一县、全国第二大将军县,被誉为"红色摇篮、将军故乡"。

史河下游入淮口的霍邱县,古称蓼国。自西周开疆建制,至今有1400多年历史。霍邱县三面环水,

巍巍大别山(蒋长虹 摄)

133

南拥沃原，是国家商品粮、优质油菜生产基地县，粮食总产量稳居全省第一；国家地理标志产品临淮柳编，被评为国家非物质文化遗产，远销海外；国家级重点文物保护单位李氏庄园是全国闻名的四大地主庄园之一。

·水量最大的支流——淠河

淠河古称沘河，淮河南岸支流。淠河有两源：东淠河发源于岳西县大别山北麓，西淠河发源于金寨县的天堂寨，两源北流，于六安市两河口汇合始称淠河，至正阳关注入淮河。淠河全长260千米，流域面积6000平方千米，水量为41.8亿立方米，占安徽境内淮河水量的20.1%，为淮河各支流的首位。东、西淠河水能蕴藏量丰富，上游分别建有佛子岭、磨子潭、白莲崖和响洪甸四座大型水库。依托水库作为水源，自1958年起连续施工6年，兴建了国内灌溉面积最大的灌区——淠史杭灌区。

东淠河北流经霍山县。霍山有"小南岳"之称，现遗存汉武帝敕封的"小南岳"和明代文庙等人文景观。霍山有"金山药岭名茶地、竹海桑园水电乡"之称，资源丰富，有被誉为"软黄金"的霍山石斛和断血流、天麻、茯苓、杜仲等名贵中药材；霍山黄芽早在唐朝就被奉为御用贡茶，与黄山、黄梅戏并称"安徽三黄"。

东、西淠河在六安城区交汇。六安市，为皖西重镇，现辖霍邱、金寨、霍山、舒城四县和金安、裕安、叶集三区。六安之名始于公元前121年，汉武帝取"六地平安、永不反叛"之意，置六安国；又因舜封皋陶于六（Lù），故后世称六安为皋城。皋陶被史学界和司法界公认为"司法鼻祖"，与尧、舜、禹并称上古四圣。六安的六安瓜片是中华传统历史名茶，中国十大名茶之一。唐称"庐州六安茶"，明始称"六安瓜片"，为清朝贡茶。六安山清水秀，自然风光优美，有金寨县天堂寨风景区、舒城县万佛湖风景区、霍山县佛子岭风景区等。同时，六安文物古迹灿若星河，有皋陶墓、汉英布墓和东城都遗址等。作为大别山区域中心城市，六安是国家级皖江城市带承接产业转移示范区、长三角城市群成员城市、国家级交通枢纽城市，还是全国优质羽绒服原产地和集散地，素有"羽绒之都"美誉。

· 古淝水与东淝河

东淝河即古淝河，又称淝水，淮河南岸支流。它发源于江淮分水岭北侧，汇集了西起六安市裕安区龙穴山、东至肥西县大潜山以北的来水，支流众多。河道全长 152 千米，流域面积 4193 平方千米。涉及六安市裕安区，合肥市肥西县、长丰县，淮南市寿县、谢家集区。

东淝河注入瓦埠湖，后流经寿县入淮河。寿县隶属于安徽省淮南市，别称寿州、寿春，有"地下博物馆"之称。淮河自古以来舟楫便利，是商旅往来的水上要道，淮河流域主要河道沿岸，相继兴起了一批繁华的城市，其中寿春更是有"江东之屏藩，中原之咽喉""重险之固，得之者安"之称。优良的地理和气候条件，使寿春自古就物产丰富，加之芍陂（今安丰塘）的修建，对楚国的经济繁荣和屯田济军发挥了极其重要的作用，使楚国得以积草屯粮，整军经武，养精蓄锐，为楚国晚期在寿春立足奠定了雄厚的物质基础。

安丰塘被誉为"天下第一塘"，与都江堰、漳河渠、郑国渠并称为中国古代四大水利工程。安丰塘古名芍陂，位于寿县城南 30 千米处，隋唐以后，因芍陂在安丰县境，又名安丰塘，明代以后芍陂之名渐废。据《后汉书·王景传》记载，塘为春秋时期楚庄王时（前 613—前 591 年）楚相孙叔敖主持建造。据文献可考，从东汉建初直至清康熙年间，历代都对芍陂进行修治。古代安丰塘南

寿县安丰塘（晋知华 摄）

起寿县众兴集的贤姑墩，北至老庙集、戈店一带，水源来自六安龙穴山和淠河。唐代以后，豪强占塘为田，至明代，已有三分之二的塘身被占。现存塘周长25千米，面积34平方千米，四周筑堤，堤顶高程31米，堤顶宽8～10米，蓄水近1亿立方米。南有中心沟，引淠河水入塘，有泄水斗门27座。北堤有节制闸和泄水闸各1座。安丰塘是中国水利史上现存的最早的大型陂塘灌溉工程，工程选址科学，布局合理，水源充沛，新中国成立后，政府多次投入资金对安丰塘进行维修，现在已经成为淠史杭灌区的反调节水库，继续发挥着古塘效益，灌区农业生产有了很大发展，寿县也被列为全国商品粮生产基地县。

安丰塘历史文化底蕴深厚，地域文化氛围独特，2015年被评为世界灌溉工程遗产，2016年被列入中国重要农业文化遗产，目前正在申报"全球重要农业文化遗产"。宋代文学家王安石曾写《安丰张令修芍陂》等文，用"鲂鱼鲅鲅归城市，粳稻纷纷载酒船"赞誉芍陂之益。如今，塘西北处所建孙公祠内众多的古代碑石，记载着楚国令尹孙叔敖及历代循吏率众筑坝修塘的丰功伟业。

· 浍河、汴河与新汴河

浍河，古名涣水河，又名浍水，原为隋炀帝大业六年（610年）开凿的连接黄河、淮河、长江三大水系的运渠，有"岁漕江、淮、胡、浙运米百万及东南之乡，百物众宝不可胜计"的记录，也是唐、宋、元、明等历代的传统水运线路。浍河现为怀洪新河最大的支流。其发源于河南省商丘市夏邑县，全长约320千米，流经河南夏邑县、永城市，安徽省濉溪县、宿州市、固镇县、五河县等市县，在五河县九湾入香涧湖与漴河汇流通过怀洪新河流入洪泽湖。浍河在安徽境内全长205千米，流域面积6910平方千米。因其主要支流为包河，故有时也称"包浍河"。

汴河，古名"汴水"，又名"古汴渠"。隋炀帝大业元年（605年）开凿的连接黄河、淮河的重要渠道，取名"通济渠"。古汴河在今河南省永城市入安徽境内，经宿州市埇桥区、灵璧县、泗县，于江苏盱眙入淮河。全河段南北纵横黄淮大平原，全长 600 多千米。唐宋以降，特别是北宋之后黄河南决加剧，泥沙淤积成患，加之人为灾祸，致使漕运繁盛 400 多年的唐宋生命线"汴渠"水流断绝，淤废堰塞。

新汴河是新中国成立后开挖的第一条人工河道，始于宿州市西北崎岭子，在江苏泗洪县溧河洼注入洪泽湖，全长 127 千米。因河道平行于隋代通济渠（唐宋称汴河），故名新汴河。

浍河与新汴河均流经宿州。宿州市资源丰富，煤层气探明储量 600 亿立方米，煤炭探明储量 60 亿吨，是国家规划的 13 个大型煤炭基地之一。所辖四县一区均为全国著名粮棉大县，有"果海粮仓"之称；萧县和砀山县境内的百里黄河故道是全国最大的连片水果产区；灵璧县所产灵璧石天然神韵，雄居中国四大奇石之首。

宿州因水而兴，隋大业年间，通济渠（汴水）开通，古城宿州随着汴水漕运的兴盛逐步发展起来；唐宪宗元和四年（809 年）始置宿州。史称这里"扼汴水咽喉，当南北要冲"，为"百战之道"，楚汉相争

新汴河宿州城郊段（高伟萍　摄）

的垓下古战场、掩香埋玉的虞姬冢均在此地；鄢陵季子挂剑徐公墓、闵子骞"芦衣顺母"的故事流传至今；刘邦藏身避祸而得名的皇藏峪，现已辟为国家森林公园，方园50里内山峦叠翠，千年古刹瑞云寺掩映在群山林海之中。宿州市被誉为"书法之乡"和"杂技之乡"。宿州褚兰汉画像石刻被誉为"汉代社会史料的艺术宝库"，泗州戏已有近三百年历史。

·明皇故里——濠河

淮河南岸支流濠河，古称濠水。发源于凤阳县凤阳山北麓，北流经临淮镇入淮河。濠河全长44千米，流域面积621平方千米。濠河流域古为淮夷之地，春秋时名为钟离子国，隋称濠州。濠河沿岸还是明代开国皇帝朱元璋的故里，明洪武七年（1374年）朱元璋赐名"凤阳"，沿用至今；境内目前仍保存有明朝洪武年间的中都城遗迹、钟离古城、明陵石刻、明皇陵等。庄子、惠子观鱼谈乐的濠梁观鱼台，苏东坡题名的禅窟寺、玉蟹泉以及被誉为"江北第一洞"的韭山洞也在凤阳境内。濠河流域的传统"凤画"和"凤阳花鼓"继承中国传统文化，既不失地方特色和乡土风味，又符合现代人的审美需求，成为人们喜闻乐见的艺术形式。

悠久沧桑的历史

淮河的历史悠久而沧桑。早在3000多年前商代的甲骨文和2900年前西周的钟鼎文里就有"淮"字出现。淮河流域地处我国南北分界线，这里气候温和、雨量适中、土地肥沃、物产丰富，是人类活动开发较早的地区。从远古时代开始，我们的祖先们为趋利避害，因水灾的苦难而激发生存智慧，创造古老文明。又因水之利，酿成社会变革，推动文明演进，为中华文明发展历史增添华丽篇章。

宋以前，淮河下游河床深阔，独流入海，尾闾通畅，很少有泛滥决溢现象。自大禹导淮、孙叔敖修建芍陂（今安丰塘），加之历代兴修水利，淮河流域两岸陂塘星罗棋布，成为中国重要的粮食主产地，被誉为"天下粮仓"。

北宋之后，黄河夺淮频发，长达600多年；加之梁武帝时期和民国期间以水代兵，致使淮河流域水系紊乱、河床淤高，水利工程几乎破坏殆尽，失去了抵御水旱灾害的能力。历朝历代虽采取了一些治理措施，但成效甚微，未能根本扭转淮河旱涝灾害频发的局面。淮河两岸从"走千走万不如淮河两岸"的富饶之地，变成了"十年倒有九年荒""大雨大灾，小雨小灾，无雨旱灾"的贫瘠荒原。

·大禹导淮的先秦时期

为了征服洪水和开发水资源，淮河流域的治理开发早在公元前21世纪就开始起步。

大禹时代处于公元前2000年左右气候异常的洪水期，《孟子·滕文公下》记载："当尧之时，水逆行，泛滥于中国。蛇龙居之，民无所定。"面对洪水带来的灾害，大禹采取"疏导"的方法，治理淮河，三过家门而不入，足迹遍布淮河流域，终于遏制了洪水的泛滥。春秋《禹贡》记载："导淮自桐柏，东会于沂泗。"据地理考古研究，传说中的大禹治水也即龙山晚期豫东和鲁西南治水，相当程度上是疏浚被黄河泥沙淤塞的原有水系，排除湖沼地带壅堵的积水，排干与开发一些沼泽，即对"洪荒"条件下的自然水系环境进行人工的分野。

由于治水有功，大禹接受舜的禅让，晚年又将首领位置传给儿子启，从此，中国进入奴隶制社会。人类由野蛮转向文明，由渔猎转向农耕，人们安居乐业。怀远县的涂山，相传是大禹娶涂山氏和大会诸侯的地方。现有禹王宫、启母石、防风冢、禹会村等多处遗址。

·黄河夺淮与秦汉治黄

秦汉时期是封建社会不断发展的时期。秦末社会局势动荡，中原地区社会经济遭到严重破坏。汉朝建立后，政府采取轻徭薄赋、与民休息的政策，促使经济逐渐恢复发展，人口日益增多，为大规模兴办农田水利事业创造了有利条件。汉武帝时，黄河从瓠子（今濮阳西南）决口南侵，"东注巨野，通于淮泗"，洪水泛及 16 郡，长达 23 年；汉武帝发布兴修水利的谕令，当时全国出现"用事者争言水利"的局面，掀起了淮河水利史上第一个治水兴利的高潮。据《水经注》记载，当时在淮河流域兴建和整修的陂塘灌溉工程多达 90 余处。

西汉末期，黄河、汴渠决坏，水患持续 60 余年。东汉永平十二年（69 年），王景奉诏主持对汴渠和黄河的综合治理，整治汴渠渠道，新建汴渠水门。不但使黄河决溢灾害得到平息，而且充分利用了黄河、汴渠的水力资源。黄河河道经王景治理后，由千乘入海，800 年不曾改道，淮河由此进入了一个相对安澜时期。

· 河渠畅通的三国魏晋南北朝时期

东汉末年，中国社会四分五裂，各路军阀拥兵割据，民死田荒，十室九空，社会生产也遭受严重破坏。三国时，曹操出于统一疆域和战争的需要，发布《置屯田令》，在淮南、淮北大规模屯田，修建陂塘，通河渠，筑坝堰，开稻田，掀起又一轮水利兴修高潮，农业取得很大发展。经过数十年经营，水利灌溉和航运工程遍及淮河上中下游，运道畅通，物资粮食储备充足，形成"自寿春（今寿县）到京师，农官兵田，鸡犬之声，阡陌相属"的景象。"走千走万不如淮河两岸"的美名从那时便传扬开来。

南北朝时期，政权分立，统治阶级以水代兵，人为酿成水患。据《梁书》记载，南朝梁武帝于天监十三年（514 年），在今五河县淮河干流上筑建浮山堰，壅水灌寿阳（今寿县）魏军。堰成后，于次年八月溃决，造成下游 10 余万人死亡的惨剧。浮山堰"堰长九里，上广四十五丈，下广一百四十丈，高二十丈"，就工程规模和水工技术来说，堪称当时世界上最大的水坝，但就后果而言，却是中国历史上以水代兵酿成巨祸的典型。

· "江淮熟，天下足"的隋唐与北宋时期

隋朝的建立结束了中原 300 多年的分裂割据局面，淮河流域的开发得到恢复和发展。隋代开凿南北大运河，沟通海河、黄河、淮河、长江、钱塘江五大水系。大业元年（605 年），隋炀帝征募河南、淮北诸郡百余万人，在淮河流域开挖通济渠。这条人工运河自今河南省板诸引黄河水，于今江苏省盱眙县对岸入淮河，成为唐宋时期的水运大动脉。

唐宋两代对农田水利工程十分重视，唐朝时设水部郎中，总管航运、灌溉事务，专门制定水利法律《水部式》，这是由中央政府颁布的中国第一部水利法典。在唐朝政府的重视和推动下，两淮兴建、整治大量陂塘灌溉工程，对发展农业生产、繁荣经济起到重要作用。

北宋政府为发展农业，颁布《农田利害条约》和《淤田法》，大大调动了农民种田的积极性，短短几年，全国兴修的农田水利工程达 1 万多处，灌溉面积达 3000 万亩。自然科学家沈括是《农田利害条约》的积极推行者，他还主持汴渠的整治工程，在豫东、皖北发展淤田灌溉。在北宋重农政策推动下，江淮地区农业发展迅速。北宋思想家李构评："天下无江淮不能以足用，江淮无天下自可以为国。"

自大禹会诸侯于涂山、凿宽荆山口、导淮入海以来，自东汉至北宋时期，古籍中没有黄河大规模泛淮记载。这段时期，淮河独流入海，尾闾通畅，水旱灾害较少。

· 灾祸不断的元明清及民国时期

自 12 世纪起，黄河开始频繁夺淮。北宋时期已有七八次黄河泛淮的记录。南宋后黄河夺淮情势越发严峻，较为严重的一次发生在金明昌五年（1194 年），黄河在阳武南决，经汴河故道侵泗夺淮。元代统治者出于调运南方粮食物资之目的，仅致力于维持水运贯通，对黄河则任其在淮河流域泛滥。

明清时期，京杭运河在淮河下游相汇。朝廷为确保漕运畅通，弃淮河不顾，采取"蓄清刷黄、以淮济运"的治河策略，在洪泽湖大筑

高家堰，蓄淮河清水，冲刷黄沙沉积的运黄交汇河口，导致洪泽湖不断淤高，淹没了泗州城，至今湖底仍高出附近地面6～7米。更为严重的是，下游江苏淮阴以下淮河深广的河道，淤成地上河，淮河不得不另寻出路。清咸丰元年（1851年），洪泽湖湖水盛涨，冲坏了洪泽湖大堤南端的溢流坝——礼河坝，使淮河洪水沿三河（即礼河）入高邮湖，由里运河注入长江。从此淮河由独流入海改道长江入海。

由于长期的黄泛，淮河水系早已被破坏得千疮百孔。淮河北岸形成泗水、汴水、濉水、涡河、颍河等5条泛道，中下游的地形、河道、土壤都发生显著变化；淮河南岸支流入淮口受淮水顶托，河面逐渐扩大，或变成大肚子河或演变成湖洼地带。

民国二十七年（1938年），为阻止日本侵略军西进，国民党军队炸开黄河花园口大堤，洪水虽暂缓了日军南进攻打武汉的计划，但终究没有挽救武汉失陷的命运。黄河则向东南泛滥于贾鲁河、颍河和涡河之间地带，形成"黄泛区"，洪水沿淮泻入洪泽、高邮诸湖，汇入长江。直到1947年3月花园口堵口，黄河才复归故道。安徽淮北地区沦为"黄泛区"长达九年，数十万人丧生、数百万人流离失所。

黄河夺淮661年积患未治，人为决黄侵淮又增新害，对安徽省淮河流域造成巨大破坏。一方面，流域内水系紊乱、河床淤高、河口淤塞、水流不畅，曾经比较发达的淮河支流航运业失去了正常发展的条件；另一方面，生态环境的恶化，黄泛区原有的防洪排涝和灌溉系统破坏殆尽，抵御水旱灾害的能力弱化，加之自然灾害频繁发生，沦落到"大雨大灾，小雨小灾，无雨旱灾"的境地。

面对黄河长期夺淮给安徽人民带来的深重灾害，一些有识之士发出了治理淮河的呼吁。明代有"分黄导淮"的提议。清康熙年间提出"导淮注江"的意见。后曾国藩创设导淮局，提出导淮分泄入海。光绪三十二年（1906年），张謇提出《复淮浚河标本兼治》的主张。民国元年（1912年），安徽督军柏文蔚提出"裁兵导淮"，主张淮水分三路入江入海。次年，张謇出任全国水利局总裁，主张江海分疏。孙中山在《建国方略》中提出导治淮河的设想。美国工程师弗礼门也加入了治淮方略大讨论。

然而，旧中国淮河水患问题受限于当时的政治形势和治理政策，特别是清末民初，西方列强野蛮入侵，封建统治腐朽无能，国家战乱不已，政局动荡不安，经费严重匮缺，人民饥寒交迫，各种方案均未能全盘付诸实施，因治理不彻底而成效寥寥，淮河两岸人民仍生活在水深火热之中，饱受水患之害。

新中国成立以来的治淮

新中国成立，人民实现当家作主。在中国共产党领导下，全国人民自力更生、艰苦奋斗，开展大规模社会主义建设，推进改革开放和社会主义现代化建设伟大事业。面对淮河水患，如何把淮河治理好的问题，一直牵动着党中央、国家领导人和安徽人民的心。新中国成立以来，安徽人民在党和政府带领下，按照"蓄泄兼筹"的治理方针，一张蓝图绘到底，先后开展了三轮规模宏大的治淮建设。经过大规模的治理，安徽

茨淮新河风光（熊志刚　摄）

省淮河流域已初步建成功能比较齐全的防洪、灌溉、除涝、航运等工程体系，在历年抗御水旱灾害的斗争中发挥了重要作用，社会、经济和生态效益十分显著。

· 蓄泄兼筹，初步建立防洪减灾架构

新中国成立之初，百废待兴。面对多灾多难的淮河，1950年秋，中央政务院做出《关于治理淮河的决定》，确定"蓄泄兼筹，以达根治之目的"的治淮方针，提出："上游应筹建水库，普遍推行水土保持，以拦蓄洪水、发展水利为长远目标""中游蓄泄并重，按照最大洪水来量，一方面利用湖沼洼地，拦蓄干、支洪水；一方面整理河槽，承泄拦蓄以外的全部洪水"，为安徽人民修治淮河规划了宏伟蓝图。1951年春，安徽人民在毛泽东主席"一定要把淮河修好"的伟大号召下，掀起新中国第一轮治淮高潮。中华人民共和国的水利事业，从治淮起步。

初期的治淮行动，全民参与，工程浩大，壮观宏伟。据资料统计，1950—1957年，安徽省先后兴建佛子岭、梅山、响洪甸、磨子潭四座大型水库；修筑加固淮北大堤和主要支流堤防，实施涵闸工程建设、西淝河等支流疏浚、茨河截源、调整水系等工程；兴建城西湖、城东湖、濛河洼地和瓦埠湖等4处湖泊洼地蓄洪工程，开辟18处行洪区；实施五河以下淮河干流和濊潼河水系的内外水分流工程，初步形成蓄泄兼筹的淮河中游防洪减灾工程架构。

那是一段群情振奋、激情燃烧的岁月。一声吆喝，上万人带上铁锹、钢钎、箩筐奔向工地。只有独轮车、十字镐等简单的劳动工具，只能肩挑手扛，他们却在吃不饱肚子的情况下，兴建了一处处大型水利工程，完成土石方近2亿立方米。

大别山淠河源头建成了新中国第一坝——佛子岭水库大坝，这也是亚洲第一座钢筋混凝土连拱坝，从破土到竣工仅费时880天，当时投资3800万元。直到今天，历经洪水和地震的多次袭击和考验，大坝仍像一座坚不可摧的长城，屹立在淠河之上。梅山水库大坝，当时是

世界第一高的钢筋混凝土连拱坝;响洪甸水库大坝是中国自行设计建造的首座等半径同心圆混凝土重力高坝;磨子潭水库采用的大头坝等,为国内首次采用的坝型。4座大型水库总蓄水量达57.4亿立方米,共装发电机组12.7万千瓦。沿淮4处蓄洪区总计蓄洪量65.8亿立方米。这些工程与淮北大堤联合应用,初步形成淮河中游防洪工程体系,有效地抵御了1954年以来的多次大型洪水,为安徽省农业恢复和经济建设打下坚实基础,在安徽治淮史上留下辉煌的一页。

1958年,在经济极端困难、物资极度匮乏、技术设备落后的条件下,临淮岗、蚌埠闸、淠史杭等大型水利工程相继开工,炉桥、门台子等大中型排灌站工程全面铺开。

1958年开工兴建的临淮岗洪水控制工程是淮河上最大的水利枢纽工程,与长江三峡工程、黄河小浪底工程一同并称为中国三大水利工程。工程主体位于淮河干流中游正阳关以上28千米霍邱县境内,总投资22.67亿元。临淮岗工程的建设,从根本上改变了淮河干流洪水长驱直下的局面,保障了淮北大堤和沿淮重要工矿、城市的安全。

蚌埠闸枢纽工程位于淮河中游蚌埠市西郊,始建于1958年年底,

蚌埠闸枢纽(熊志刚 摄)

1962年基本竣工，是一座具有防洪、蓄水、灌溉、航运、供水、发电等综合功能的大型水利枢纽。它在汛期可以调节洪峰，减轻淮北大堤的压力，保证沿岸城市安全。

1972年，以佛子岭、梅山、磨子潭、响洪甸、龙河口五大水库为主水源，经过开山劈岭，修建跨河渡槽和人工渠道，建成了灌溉面积达1000多万亩的特大型灌区——淠史杭灌区。灌区沟通淠河、史河、杭埠河三大水系，横跨江淮两大流域，实现雨洪资源的科学利用和水资源的优化配置，使昔日赤地千里的贫瘠之地变成了今天的鱼米之乡。

为解决淮河中下游泄水不畅问题，按照洪涝分治、高低水分排的规划原则，安徽省在淮河北岸兴建了新汴河、茨淮新河、怀洪新河三条大型人工河道。

1966年冬，新汴河开挖工程全面启动。宿县地区（现宿州市）组织的30万民工经三冬四夏建设，至1971年工程竣工，总投资1.1亿元，全长127千米，流域面积6562平方千米。新汴河比苏伊士运河长10千米，比巴拿马运河长100多千米，而建设时间分别少用7年和30年。新汴河建成后，改善了豫、皖、苏三省千万亩农田的排水条件，缓解了宿县地区东部、东南部一带由于上游河南省洪水汇集下泻带来

淮河临淮岗洪水控制工程全貌（熊志刚　摄）

的压力，提高当地排涝标准，促进航运以及新汴河两岸灌溉事业的发展，安全泄洪 6 亿立方米，保障了两岸 200 多万亩农田和 100 多万人的生命财产安全以及农业的稳产增收。

新汴河带来的效益令世人瞩目，紧接着茨淮新河工程于 1971 年冬开工，1991 年完工，总投资 5.44 亿元。这条长 134.2 千米、流域面积 6960 平方千米的人工河道，是 1971 年治淮规划中确定的防洪、排涝、灌溉、航运等综合利用战略性骨干工程，也是淮河流域最长的人工河道。河道自下游而上建有上桥、阚町、插花、茨河铺共 4 级枢纽，枢纽建节制闸和五级航道船闸，在上桥和阚町分别建有 2 座大型提水站，沿河建有 9 座大桥，并对茨河、西淝河支流进行治理等。茨淮新河工程的兴建，减轻了淮北大堤和颖河左堤的防洪压力，以及淮河干流正阳关至怀远段的洪水负担，将颖河防洪标准提高到 20 年一遇，直接除涝面积达 360 万亩。如今的茨淮新河沿岸风景如画，为国家级水利风景区，景区以人工河道为主线，以万亩林带为主体，有"淮南羽翼，州来咽喉"之称。

1972 年 5 月，怀洪新河破土动工。它西起怀远县涡河入淮口附近的何巷，东入江苏省境内洪泽湖支流，全长 125 千米。安徽省境内主体工程内容包括：河道两岸堤防 260 千米，大中型水闸 9 座，穿堤涵闸 99 座。由当时宿县地区 9 个县组织民工参加土方工程施工，完成双沟切岭和老窑河部分切滩工程。该工程于 1979 年停工缓建，1991 年淮河流域大水后复工续建，2000 年竣工。怀洪新河是茨淮新河的"接力"河道，并称"第二条淮河"，其作用是，当淮河发生特大洪水时，可分泄淮河干流洪水压力。怀洪新河干流设有三级控制蓄水位，蓄水量可达 2 亿立方米。不仅能为涡河以东、新河以南广大平原的内水扩大出路，还为发展灌溉、航运、城镇供水、水产养殖等创造条件。

临淮岗枢纽、蚌埠闸等一系列水利工程的修建，三条大型人工河道的开挖，以及对淮河干、支流的拓宽疏浚和堤防的加高培厚，不仅从根本上扭转了从南宋以来黄河夺淮导致的河床淤浅、出口受阻的局面，使群众免受旱涝之苦，而且重现了一条四通八达的"金色航道"，农业生产得到安定，粮食产量逐年攀升，淮河两岸逐渐恢复了昔日"江淮熟，天下足"的盛景。

按照国家制定的治淮蓝图，安徽省经过 30 多年的艰苦奋斗，基本完成了防洪、除涝、抗旱、灌溉等水利工程框架的构建。据统计，1949—1988 年，安徽省治淮工程国家投入约 42 亿元。除防洪减灾等社会效益外，当时已发挥的经济效益达 365 亿元。发电、航运、供水、水产养殖等综合效益亦十分显著，治淮成就达到历史上前所未有的辉煌。

·强筋健骨，全面提高防洪减灾标准

1991 年汛期，安徽省江淮地区暴雨不断，降雨范围和降雨量均超过 1954 年，安徽省淮河流域出现特大洪水，外洪内涝，历史罕见。新中国成立 40 年来建立起的防洪排涝工程体系发挥了巨大作用，加上抗洪抢险中，军民全力以赴，抗灾斗争取得巨大胜利。安徽省主要堤防无一决口，水库无一垮坝，重要城市、工矿区、铁路动脉安然无恙，洪涝灾害损失被降到最低。但是，这次来势凶猛的大水还导致夏秋两季作物受灾 7000 多万亩、绝收 2300 多万亩，受灾人口 4400 万。

洪水之后，国务院作出《关于进一步治理淮河和太湖的决定》，计划用 5 ~ 10 年完成 19 项治淮骨干工程建设，其中安徽承建的工程达 14 项，投资 176 亿元，治淮蓝图的标准进一步提高。1991 年 11 月，怀洪新河续建工程率先开工建设。此后，淮河干流整治、行蓄洪区安全建设、湖洼湿地及支流治理、入江水道高邮湖大堤加固、包浍河治理、汾泉河治理、奎濉河治理、洪汝河治理和临淮岗洪水控制工程等治淮骨干工程，在 1991—2002 年间相继开工建设，安徽人民掀起第二轮治淮高潮。

2002 年 1 月，国务院办公厅转发水利部《关于加强淮河流域

2001—2010 年防洪建设的若干意见》，确定新增 7 项治淮工程，其中涉及安徽省的有 5 项，即淮河流域行蓄洪区调整、城市防洪、一般堤防达标及河道治理、病险水库除险加固和平原洼地排涝工程建设。

自 1991 年到 2003 年洪水之前，安徽省 14 项治淮工程共计安排投资 65 亿元，部分工程已建成并发挥效益，部分工程仍在紧锣密鼓建设中。战略性骨干工程方面，怀洪新河工程于 2000 年全面竣工；恢复建设的临淮岗洪水控制工程于 2001 年 12 月正式开工；淮北大堤、城西湖蓄洪大堤、正南淮堤完成加固，防洪能力显著提高。行蓄洪区方面，废弃润赵段等行洪区，兴建蒙洼、城西湖、城东湖、瓦埠湖 4 处蓄洪区和南润段、姜家湖、荆山湖等 15 处行洪区，同时实施焦岗湖、瓦埠湖等湖洼地及支流治理项目。淮河干流整治及堤防加固方面，完成南润段退建、峡山口拓宽、城西湖大堤退建、蒙洼尾部退建等工程；实施城西湖蓄洪大堤加固、宋家滩段整治及淮北大堤蚌埠段堤防加固等工程。重要支流治理方面，包浍河治理工程已经竣工，基本达到 20 年一遇防洪标准；实施汾泉河治理、洪汝河建设、涡河河道疏浚等工程。这些重点工程与新中国成立后初步建成的工程，一并构筑成强健的较高标准的防洪排涝系统。

·绿色发展，基本完善防洪减灾体系

正当各项治淮工程建设如火如荼进行时，2003 年淮河再次发生大洪水，13 条支流超警戒水位，尽管已有的防洪排涝体系发挥了巨大作用，防洪减灾直接效益达 334 亿元。但洪水带来的灾害依然惨重，淮河堤防出现溃破圩口等险情多处，2200 多万人受灾，受淹城市 2 座。2003 年淮河洪水再一次警示人们：淮河不根治，安徽无宁日。

洪水过后，党中央、国务院心系淮河流域人民，审时度势，总揽全局，作出加快淮河治理步伐的重大决策，明确提出用 5 年时间，即至 2007 年年底基本完成原定于 2010 年完成的 19 项治淮骨干工程建设任务。并决定，在 1991 年以来治淮的基础上，再投资 234 亿元用于治

淮 19 项重点工程。按照新计划，安徽省要完成的治淮总投资将达到此前 12 年总和的 2 倍以上。

2003 年 9 月 26 日，令人瞩目的淮河王家坝闸启动重建仪式；10 月底，国务院召开治淮会议，大规模治淮工程建设全面展开。安徽省掀开了第三次治淮的新篇章。

"科学发展观"是新一轮治淮的灵魂。安徽省坚持"蓄泄兼筹"的方针，按照上控、下泄、中畅的总体思路，进一步完善包括水库、堤防、河道、行蓄洪区在内的防洪工程体系，使淮北大堤、工矿城市圈堤保护区的防洪标准达到百年一遇；转变行蓄洪区治理思路，坚持以人为本、标本兼治、还道于水，把保障行蓄洪区和淮河滩地群众安全和安居放在更加突出的位置。历时五载，至 2008 年年底，涉及安徽省的 14 项治淮骨干工程建设全面告捷。临淮岗洪水控制工程复建，蚌埠闸枢纽工程除险加固，王家坝闸重建，茨河铺闸、荆山湖进退洪闸、东淝闸除险加固，城西湖退洪闸、席家沟排涝站、淮河行蓄洪区庄台、蚌埠城市圈堤、白莲崖水库等陆续建成。

新一轮治淮最显著的特点，即现代机械化施工完全取代了传统的肩挑人扛，并运用了大量新技术、新工艺、新材料；采取新的投融资

沙颍河耿楼枢纽（熊志刚　摄）

方式，保障工程建设资金投入；对水利建设管理制度体系、工程建设管理模式和工程质量管理等方面进行改革创新、完善和加强，众多新举措的实行，不仅加快了施工进度，而且提高了工程质量。这一时期，涌现出一大批优良工程，如临淮岗洪水控制工程荣获中国建筑行业最高荣誉奖"鲁班奖"、荆山湖进退洪闸荣获2007年度安徽省建设工程"黄山杯"奖等。

2007年，淮河大洪水不期而至。与之前相比，此次蒙洼蓄洪区转移人口明显减少，撤退时间明显缩短，险情得到缓解；行蓄洪区改造和低洼地区移民建房，使洪灾损失大幅减少；唐垛湖、荆山湖首次启用开闸行洪，结束了爆破行洪的历史；淮北大堤、城市圈堤等堤防的加固，使重要地区的防洪安全度大为提高；临淮岗工程的建成，使淮河中游有能力战胜更大的洪水；淮河干流整治和主要支流治理实施，使洪水下泄更为顺畅。2007年淮河大水期间，堤防险情减少600多处，洪涝灾害面积减少800多万亩，已经运用的行蓄洪区转移人数减少20多万人，上堤抢险的军民减少80多万人，整个沿淮淮北的财产损失减少73亿元。治淮工程建设的全面提速和14项骨干工程发挥了重大作用。

14项治淮骨干工程的完工，标志着新中国第三轮治淮的结束，淮河流域防洪减灾系统的完善。淮北大堤及蚌埠、淮南城市圈堤保护区防洪标准达到100年一遇；淮北跨省骨干河道和流域重要支流以及平原、湖泊洼地防洪标准达到10至20年一遇，排涝标准达到3至5年一遇。在很大程度上解决了沿淮地区面临的洪涝威胁问题，实现人与水和谐共生，变害为利，将洪水转化为宝贵的水资源。

经过三轮治淮，昔日的"水袋子"变成今天的"米粮仓"，淮河流域恢复富庶和繁荣。至2017年，安徽沿淮已经实现粮食产量"十四连增"。以煤炭、电力为主，纺织、化工、建材、机械等工业同步快速发展，淮南和淮北大型煤矿、洛河和平圩等大型火力发电厂，以及以原煤为动力的坑口发电促使淮河流域成为华东电网的主力之一。

淮河的安澜，也促进了安徽省境内淮河流域水陆交通的发展。水运交通以淮河为主要交通干线，贯穿东西，通江达海，另有涡河、颍河、淠河、池河、茨淮新河及六安淠史杭灌区等与淮河连成水上交通运输网。

淮河安澜，安徽人民则可以腾出手来，集中精力搞发展。安徽省将着力打造两淮地区煤电一体化的新型能源基地，打造"两淮一蚌"重化工业走廊、"两淮一蚌"沿淮城市群，构筑皖北地区经济增长极，促使皖北奋力崛起，形成皖北与皖江相互呼应、协同发展的新态势，实现安徽省经济的跨越式腾飞。

沿淮湖洼地与行蓄洪区

自明清实施"蓄清刷黄"治河策略以来，洪泽湖湖底持续淤高，导致淮河中游河道抬升，各支流入淮口淤塞，形成一系列串联的湖泊洼地。每至淮河汛期，这些湖泊和湿洼便成为淮河天然的行洪通道和蓄洪区。然而，由于两岸人口不断增多，土地紧张，民众开始对湖洼地进行围垦，久而久之便在湖洼内开展生产生活，形成人水争地的局面。

近年来，随着"五位一体"理念的提出与实践，"人水和谐，以人为本，还道于水"，实现"人与自然和谐相处"，正逐渐成为新时期科学治水的重要指导思想。在此思想指导下，安徽省开始利用沿淮湖泊洼地兴建行蓄洪区，实施大规模堤防退建，切滩疏浚束水河段。对于生活在行蓄洪区的居民，采取兴建庄台或保庄圩等措施。这既是从祖祖辈辈与洪水斗争的"人水争地，与水对立"向"还道于水，人水和谐"的巨大转变，也是"蓄泄兼筹""科学治水，兴水之利"的具体实践。

·行蓄洪区建设

目前，安徽省淮河流域有国家级行蓄洪区19处。干流上4处蓄洪区总面积1851.4平方千米，耕地142.5万亩，区内人口68.05万人；

行洪区 14 处，总面积 1029.17 平方千米，耕地 107.2 万亩，区内人口 42.41 万人。支流奎濉河的老汪湖蓄洪区面积 67.36 平方千米，耕地 8.78 万亩，区内人口 1.78 万人。

行蓄洪区建设是治淮规划中一项重要工程。从 1951 年开始，安徽省按照"蓄泄兼筹"的治淮方针，利用淮河中游两岸的湖泊洼地兴建行蓄洪工程，拦蓄淮河干、支流洪水，以削减洪峰。1951 年夏，润河集分水闸的修建，标志着城西湖蓄洪区正式建立。至 1953 年年底又陆续建成蒙洼、城东湖、瓦埠湖等 4 处控制蓄洪工程。与此同时，行洪区建设相应启动，到 1988 年，安徽省在淮河中游共兴建了 18 处行洪区。

此外，建设行蓄洪区还是解决皖北地区水资源短缺、时空分布不均的重要举措。为了把洪水改造成雨洪资源，探索如何把夏季时淮河泛滥的洪水"留下"，弥补春冬两季沿岸的用水需求，实现"洪水资源化"，化水害成水利，造福于民，安徽省通过对现有行蓄洪区逐一研究，因地制宜，确定不同的改建方案。对于标准很低、应用频繁的行洪区，民众将逐步迁出，给洪水留出空间，或是开凿分洪道"让路于水"；对明显占据河道的行蓄洪区则彻底废弃，恢复河道；同时，提高城市附近需要使用的行蓄洪区的一般堤防标准，使其不需再因启用而转移人口。

1991 年，"行蓄洪区安全建设"被国务院列入治淮 19 项骨干工程之一。按照国务院统一部署，安徽省对现有行蓄洪区的堤防进行加高培厚，建设蒙洼、姜唐湖、荆山湖行蓄洪区进退洪闸，确保汛期能控制淮河干流洪水，及时、有效行洪；完成蓄洪区内保庄圩和移民建房工程建设，将群众从低洼地和不安全的庄台搬迁出来，在还地于水的同时，减轻启用前人畜、物资搬迁之苦，缩短组织撤退和退水复耕时间。仅在蒙洼蓄洪区内，大规模的保庄圩就兴建了 4 个，总面积近 5 平方千米，2 万多名农民从淮河行洪道及河滩地上迁出，实现"人退水进"；同时还修整和加固了 136 个四周有石头护坡的庄台，让迁出的群众居住，蓄洪区启用时，无须再临时转移群众。

据统计，1950年至2013年，淮河流域共启用行蓄洪区191次。1991年大水，安徽省启用了13个行蓄洪区，2003年、2007年均启用了9处行蓄洪区。这些行蓄洪区的启用，以牺牲局部利益换取整体利益，有效地降低了淮河干流洪水位，减轻了淮北大堤及工矿城市堤圈的防洪压力，尽最大力量保障了淮北平原和工矿城市的安全。不仅如此，部分行蓄洪区还建成国家级湿地公园，在维持生态平衡、保持生物多样性和保护珍稀物种资源以及涵养水源、降解污染、调节气候、补充地下水、控制土壤侵蚀等方面起着重要作用。

2010年，国家批复了"关于世界银行贷款淮河流域重点平原洼地治理"项目，安徽省项目总投资16.4亿元，其中世界银行贷款7500万美元。至2016年年底，规划批复项目已全面完成。项目区涉及沿淮的阜阳、六安、淮南、蚌埠、宿州、亳州、滁州、合肥等9市的19个县（区），综合治理面积达到3361平方千米。项目采取统筹兼顾原则，防洪与除涝结合，治涝与灌溉结合，形成完整系统的防洪除涝减灾体系，有效加快了淮河流域低洼易涝区脱贫致富步伐，改善了当地的生态环境。

阜南县蒙洼保庄圩（熊志刚　摄）

·淮河第一个蓄洪区——蒙洼

蒙洼蓄洪区是淮河自上而下第一个蓄洪区，位于阜阳市阜南县王家坝镇境内，面积 180.4 平方千米，区内有耕地 18 万亩，人口 15.78 万。设计蓄洪水量 7.5 亿立方米。区内现有庄台 131 座，可安置群众 12.18 万人；保庄圩 5 处，可安置群众 3.6 万人；主要撤退道路有 12 条，长 106.3 千米。

蒙洼蓄洪区进洪闸——王家坝闸（晋知华　摄）

蒙洼蓄洪工程由王家坝进水闸、曹台孜退水闸、蒙洼圈堤等组成。在历次淮河防洪中，蒙洼蓄洪区启用次数最多，发挥作用最大。

号称"千里淮河第一闸"的王家坝闸，是蒙洼蓄洪区的进洪口门，位于淮河中上游分界处王家坝镇。蒙洼蓄洪区在淮河防汛上具有举足轻重的地位，王家坝闸的调度运用则被视为淮河防汛的"晴雨表"和淮河灾情的"风向标"，成为历年千里淮河防汛抗洪的聚焦点。淮河一旦超过保证水位，蒙洼蓄洪区首当其冲，打开王家坝闸门将洪水放入蒙洼蓄洪区，就可减轻中游防洪压力。据统计，仅从 1953 年蓄洪区建成到 2007 年洪灾的 54 年里，淮河流域有 12 个洪涝灾害年份，王家坝闸共开闸蓄洪 15 次，拦蓄洪水多达 73 亿立方米，有效缓解上游地区的汛情，防灾减灾效益显著。

·启用次数最多的行洪区——邱家湖

邱家湖行洪区位于淮河中游左岸的颍上县半岗镇、关屯乡境内，面积 25.4 平方千米，人口 3.9 万，建有邱家湖进（退）洪闸。行洪区内有排涝涵、电力排灌站、引水涵洞各 1 座，庄台 5 座，撤退道路 2 条，行洪时无须转移安置人员。

在淮河流域的安徽行洪区中，邱家湖行洪区是启用次数最多的行洪区。新中国成立以来，先后于1950年、1954年、1991年、2003年、2007年等洪水年中启用16次。

·淮河流域最大的蓄洪区——城西湖

城西湖是淮河流域最大的蓄洪区，位于淮河中游右岸六安市霍邱县境内。城西湖蓄洪区地势南高北低，湖心区地势平坦，相应蓄洪面积517.16平方千米，蓄水量28.8亿立方米。蓄洪区内耕地44.22万亩，人口14.07万；建有进、退洪闸各1座，骨干排涝站5座，庄台61座；撤退道路35条，总长279千米。新中国成立以来，城西湖蓄洪区曾于1950年、1954年、1968年、1991年4次蓄洪。

城西湖内物产丰富。银鱼是城西湖名产，畅销全国；虾类众多，以沣虾最为名贵。沿湾浅滩，适宜水禽生存繁殖，常年居留在湖区的野鸭也是种类繁多。大雁每年深秋和初春居留在湖区，数量仅次于野鸭。菱、藕、芡实、茭白等产量丰富，远销省内外。

·国家级水利风景区——焦岗湖

焦岗湖古称椒水，位于淮南市西南部毛集实验区，东接八公山，南临千里淮河。新中国成立前，焦岗湖曾有水面29.76万亩，之后在湖滩内围垦造田23.76万亩，建有焦岗湖农场。一般年份水面37.5平方千米，蓄水量2000万立方米；雨季汛期水面有46.67平方千米，蓄水量4000万立方米。

焦岗湖旅游资源丰富，现建有焦岗湖水利风景区，有"皖北第一湿地"之称，环境优美、气候宜人，6万亩水面碧波浩渺，岸边青芦丛丛，湖中渔帆点点，鸥鸟翔集，被誉为"华东白洋淀"，是皖西北黄金旅游线上的重要景区。2009年被评为国家4A级旅游景区及国家湿地公园，2010年被命名为国家级水利风景区。

·荆山湖行洪区

荆山湖行洪区位于淮河左岸蚌埠市的怀远县和禹会区境内，南北长19千米，东西宽4千米，面积74平方千米，耕地8.6万亩，涉及

10.5 万人。建有荆山湖进、退洪闸各 1 座，沿行洪堤建有 6 座排涝涵，6 座排灌站。行洪区内现有 9 处庄台，共 14 万平方米，居住 7678 人。行洪区内现有行洪撤退道路 4 条，长 17.5 千米，路面宽 6 米。先后于 1950 年、1954 年、2003 年、2007 年等 8 年内共行洪 8 次。

怀远县荆山湖行洪区进洪闸（熊志刚　摄）

·水草丰美的蓄洪区——女山湖

女山湖蓄洪区位于淮河右岸、明光市明光镇以北 8 千米，为郯庐断裂带局部凹陷洼地积水而成，是明光市最大的湖泊，也是安徽省著名湖泊之一。湖泊面积 80 平方千米。1983 年女山湖节制闸建成后，湖水得到合理控制，相应蓄水量 2.16 亿立方米。女山湖入湖河流有 16 条之多，南纳池河来水，北经七里湖、猫儿湖，过洪水头注入淮河。湖内水草资源丰富，浮游生物多，适合鱼、虾、蟹等水生动植物的生长。在女山湖内养殖鱼蟹不用人工投饵，所产螃蟹品质上乘；湖内还盛产银鱼、青虾、甲鱼及其他多种鱼类，野菱角、芡实、莲子等久负盛名。

山水画廊——新安江

"源头活水出新安，百转千回下钱塘。"新安江古称浙江、渐江，为钱塘江正源，位于安徽省黄山山脉南部。其发源于皖赣两省交界的五龙山脉，源头坐落在安徽省黄山市休宁县冯村乡的怀玉山主峰六股尖东坡，干流流向由西向东，经休宁县、祁门县、屯溪区、歙县，于歙县的街口出皖境，流入浙江省新安江水库（即千岛湖）。其流域北以黄山山脉与青弋江、水阳江流域为界，西与鄱阳湖的饶河水系为邻，东以天目山脉与浙江省接壤，南以白际山脉与浙江省毗连。新安江流域总面积 11674 平方千米，干流总长 359 千米，其中安徽境内流域总

山水画廊新安江（晋知华　摄）

面积 6500 平方千米，干流长 242.3 千米，分别占流域总面积的 53.6%和干流总长的 67.5%。

按自然地形，新安江划分为上游、中游、下游三段：屯溪老大桥以上河段为上游，名曰率水，河道长 155.73 千米，其中源头至月潭为深山幽谷区，两岸山崖陡峭；陈霞至月潭段，河道多呈不规则 S 形；月潭至屯溪为丘陵地带区，水流平缓。屯溪老大桥至歙县浦口为中游，古称渐江，河道长约 32 千米，中游段为丘陵区，平畴相望，两岸多有宽阔的河漫滩。歙县浦口至街口为下游段，河道长 54.6 千米，下游段水深明显加大，河道加宽，形成了平水湖库区。

新安江流域多年平均年降水量 1670 毫米，平均径流量 63.2 亿立方米，为安徽省降水量最为丰沛的地区，流域水力资源经济可开发量装机容量 116 兆瓦。新安江流域的洪水多发生于 6—7 月，且具有"四大、两快、一短"的特征，即洪水流速大、冲刷力大、含沙量大、破坏力大，涨得快、落得快，历时短。

新安江流域内主产林、茶、粮、桑、麻、果等经济作物。林地面积有 40.468 万公顷，各类植物有 3000 多种，其中药用植物 1403 种。珍稀特有树种有银杏、金钱松、鹅掌楸、华东黄杉等。特色资源有黄山香菇、贡菊、香榧、山核桃、油桐、板栗、祁蛇等。

新安人的母亲河

新安江流域风景优美，物产丰富。自浦口至街口的 50 多千米，是著名的新安江山水画廊景区。沿江两岸山民皆事林茶，深渡以上盛产三潭枇杷，深渡以下的溪口至街口一带为柑橘名产地。百里水程处处皆景，春季山花烂漫，映山红俏丽多姿；夏季，三潭枇杷黄澄澄地挂满枝头，逗人喜爱；最是秋日风光好，漫山遍野层林尽染，新安大地一片锦绣。初冬霜降之后，两岸的柑橘硕果累累，正所谓"一年好景君须记，最是橙黄橘绿时"。一年四季，行船江上，都似画中畅游。难怪李太白要写下"借问新安江，见底何如此。人行明镜中，鸟度屏风里"这般美丽的诗句。

新安江流域内，秦置黟、歙二县，汉献帝建安十三年（208年）建新都郡，晋武帝太康元年（280年）改新都郡为新安郡；唐武德四年（621年）改新安郡为歙州，宋徽宗宣和三年（1121年），改歙州为徽州，领歙、黟、休宁、绩溪、婺源、祁门六县近800年。1987年徽州地区改名黄山市。现在的黄山市所辖即为新安故地，亦是徽州故土。

徽州地区向来号称"八分半山一分水，半分农田和庄园"，境内群峰参天，山丘屏列，岭谷交错，粉墙灰瓦，溪水回环，到处清荣峻茂，水秀山灵，是文人墨客心中的理想桃花源。永嘉、安史、靖康之难造成中原士族三次南迁，据明人程尚宽所撰《新安名族志》记载，由汉至宋，从中原地区相继迁入徽州的有88个家族。名门望族避乱于深山，不忘祖祀，淡泊明志，耕读两便，"东南邹鲁"之称传天下。歙县雄村是曹氏家族聚居地，曾出过曹文埴、曹振镛"父子宰相"，村中宅第宽敞，有竹山书院蜚声歙南。

自宋代开始活跃，全盛于明代后期到清代初期的徽州商帮也诞生于这里，并称雄于世三百年，有"无徽不成镇""徽商遍天下"之说。

·徽商寻梦六百里

水是徽州的经络，润泽了商贾之路。《徽州府志》载："徽州保界山谷，山地依原麓，田瘠确，所产至薄，大都一岁所入，不能支什一。小民多执技艺，或贩负就食他郡者，常十九。"当年徽邑六县之人，为谋生计，离别故土，常年出外经商。他们从新安江顺水而下六百里，到达杭州，以杭州为中继点，继而沿大运河去扬州而至北方，沿长江而至南京、汉口，更有沿近海而通闽粤直至南洋者。沿着新安江，商人将优质杉木、茶叶、丝麻、生漆等运往苏杭，又从长江三角洲输回粮食和日用品。从杭州到徽州沿途有三百六十滩，"一滩又一滩，一滩高一丈。三百六十滩，新安在天上"。新安江水路险滩激流，如歙县境内的吕公滩，"湍悍覆舟"，本名"车轮滩"，歙州刺史吕季重"以俸募工凿之，遂成安流"。

穷困的生存环境迫使徽商走出家门，他们一般以小本起家，闯荡商海。商海浪涛汹涌，凶险异常，一不小心就会搁浅甚至是沉没。在徽州府治徽城镇的渔梁埠边，亲人眼含泪水，母送子、妻送夫，即将远行的商人带着家族的重托和希望，相约前去苏杭谋业。"少小离家动别愁，杭州约伴又苏州。妾心难逐郎心去，折柳年年到白头。"留守在家的女人，日日盼，夜夜思，直到青丝熬成白头。成功者衣锦还乡，失败者流落异地，多少人间悲喜流淌在这条小河。然而徽商的可贵之处在于，他们受到挫折之后，并非一蹶不振，从此便销声匿迹，而是义无反顾、百折不挠，不成功决不罢休。许多徽州大商人都是经历了无数次失败，才最终成功走上致富的道路。

基于雄浑的经济基础，深厚的文化底蕴，这片神奇的土地出产了传统工艺品文房四宝中的珍品徽墨和歙砚；民间艺术瑰宝砖雕、石雕、木雕、竹雕"四雕"，其中徽墨、歙砚和徽州"三雕"（木雕、砖雕、石雕）以及徽州目连戏和万安罗盘已入选国务院发布的首批非物质文化遗产名录。以徽商、徽剧、徽菜、徽雕和新安理学、新安医学、新安画派、徽派篆刻、徽派建筑、徽派盆景等文化艺术形式共同构成的徽学，与敦煌学、藏学并列成为中国三大走向世界的地方显学之一，更是博大精深。

· 徽商源头话渔梁

渔梁坝位于歙县城南的渔梁龙井山麓，横截练江，可蓄上游之水、缓坝下之流，无论灌溉、行舟、放筏、抗洪，都可兼而利之。它是新安江上游最古老、规模最大的古代拦河坝，距今已有近1400年的历史。南宋嘉定十四年（1221年）聚石立栅，至南宋绍定二年（1229年）推官（宋代官名）赵希恕始有伐石兴筑之举，"砌石八层，左右为蓬卷，

歙县渔梁坝（晋知华　摄）

坝底宽三丈，高半之，横亘二十倍，功成"。明弘治年间重筑，后几经修建，保存完好至今。渔梁坝坝长138米，底宽27米，顶宽6米，高约5米，用青、白条石错缝密砌20余层，每块石头重达吨余；它们垒砌的建筑方法科学、巧妙，每垒十块青石，均立一根石柱，上下层之间用坚石墩如钉插入。这样，上下层如穿了石锁，互相衔接，极为牢固，上下左右紧连一体，构筑成跨江而卧的渔梁坝。从外形上看，渔梁坝呈斜坡状，即所谓的"滚水石坝"，一方面拦水提高水位，另一方面又起到蓄洪的作用。渔梁坝显示出我国古代高超的建筑技艺，被誉为"江南都江堰"，已列入全国重点文物保护单位。

　　渔梁坝的修筑使渔梁成为徽州府城郊外的商贸货物聚散转运中心、水运中心。渔梁地处徽州府城所在地歙县与练江、新安江交汇处的浦口之间，水运范围由歙县上溯可辐射至歙西、歙北与绩溪南部地区，下经浦口转向西南可上溯至屯溪、休宁、黟县，沿新安江而下至浙江建德县码头转向"直港"可抵达杭州、湖州、嘉兴，转"横港"可达金华、兰溪和衢州。渔梁坝下的龙船坞一带最多时能停靠300余艘船只，交通的繁荣刺激了街区的发展，最终使这一带形成一个集商业、交通转运、货物集散为一体的历史聚落。渔梁作为曾经称雄商界300多年的徽商外出经商往返的重要水运码头，当年很多徽商从这里扬帆起航前往全国各地，渔梁也因此被称为"徽商之源"。红顶商人胡雪岩，两淮盐业巨商鲍漱芳、任光福、江春、李宗媚，沪苏大地产商程霖生、程白庵，以及大茶商汪立政、吴荣寿等，有的是本人，有的是父祖，无不是从渔梁码头走出去的。

新安江主要支流

新安江两岸支流众多，具山区河流特征，源短、坡陡、流急，各河集水面积除横江、练江大于 1000 平方千米外，其余均在 100～500 平方千米范围，左岸有横江、练江、棉溪、昌源、大洲源等；右岸有小源河、新岭水、兰水、汊河水、琅河、桂溪、贤源河、街源河等。沿途接纳大小支流 670 条，其中 10 千米以上有 64 条，10 千米以下 606 条。

练江 又名徽溪、西溪、练溪。由丰乐水、富资水、布射水、扬之水（又名练水）4 条河于歙县汇合后始称练江，至浦河入新安江。练江以扬之水为正源，河长 65 千米，流域面积 1601 平方千米，占新安江流域（安徽段）面积的 24%。扬之水，发源于绩溪县龙丛山林区黄花尖西麓，西南流，达绩溪县城。经雄路至浦川右纳大源河，至临溪

新安江上游率水风光（晋知华　摄）

左纳登源河。

登源河畔有千年古村落——龙川，为胡姓聚族而居之地，胡氏宗祠为江南第一祠，素有"木雕艺术博物馆"和"民族艺术殿堂"之美称；奕世尚书坊是明代正宗石雕牌楼，为徽派石雕之最。龙川先后被评为全国重点文物保护单位和国家级风景名胜区。

临溪以下河床渐宽且深，1987年设水文站观测至今。至江村环，扬之水进入歙县境内，右纳双竦河、布射水，经歙县下葛塘右纳富资水，至河西桥右纳丰乐河。

丰乐河发源于黄山主峰南麓兴岭，河道长78.3千米，集水面积514平方千米。1979年建成丰乐水库，水库控制流域面积为287平方千米，总库容0.843亿立方米。库区山峦重叠、绵延起伏，山环水绕、溪流交汇，气候温和、雨量充沛，植被葱郁、茶园密布，是黄山毛峰茶叶产地。水库大坝下游建有丰乐灌区引水坝，灌溉面积11.2万亩。丰乐水过坝，续流溢过昌堨、条龙堨、雷堨、吕堨、鲍南堨五座古堨，

绩溪县水阳江支流登源河（常晓元　摄）

于歙县县城西与扬之水汇合注入练江。鲍南堨以下，为岩寺平原，是黄山市重要产粮地之一。上述五座古堨，均引丰乐水灌溉，其中鲍南堨系东晋咸和二年（327年）新安太守鲍宏所建，是徽州史志记载最早的引水工程，1968年将旧桩石坝改建为浆砌块石坝，灌溉面积增至4500亩。

扬之水绕歙县县城而过，形成一个三面环水、一面依山的小盆地，造就了一座历史文化名城歙县。歙县，又称徽城镇，史称"徽州府"。秦代设县，自唐至清历为州、府、郡治，城池始建于明。境内古民居群布局典雅，园林、长亭、古桥、石坊、古塔随处可见，犹如一座气势恢宏的历史博物馆。著名的太白楼位于太平古桥西侧，新安碑园紧邻太白楼。许国石坊耸立于县城闹市中心，为全国重点文物保护单位。

扬之水纳丰乐河后，即为练江本干，折东南流，河宽70～146米。练江两岸为城关丘陵区，在西岸秀美的西干山上，新安画派大师渐江与汪采白长眠于此。练江江水澄澈，江边多冲积的沙砾，江中有古拦河坝——渔梁坝。练江过渔梁坝于鲍山折西南流，在浦口注入新安江。

横江　新安江另一条主要支流是发源于黟县五溪山脉白顶山的横江。横江古名东港、吉阳水、白鹤溪。横江全长65.2千米，流域面积1025平方千米，占新安江流域（安徽段）面积的15.4%，上源称漳水河。

漳水南流经何家溪、碧山，贯穿黟县小盆地。至双溪桥右纳雾水，达古坝柏山堨。该坝始建于梁武帝普通二年（521年）。后过省级历史文化名城——黟县。黟县是"徽商"和"徽文化"的发祥地之一。境内存有大量的明清民居、祠堂、牌坊、园林，更有世界文化遗产西递、宏村古村落，被称为"中国画里乡村""桃花源里人家"。正所谓："黟邑小桃源，烟霞百里宽。地多灵草木，人尚古衣冠。"

漳水河经渔亭，折东南流，进入休宁县界，达上东亭，左纳东亭河。东亭河河长29.4千米，建有省级重点中型水库东方红水库，1970年7月建成蓄水。东方红水库原名金家岭水库，是一座以灌溉为主，结合防洪、发电、养鱼等综合利用的中型水库，水库控制流域面积60平方千米。水库下游建有灌区，有效灌溉面积3万亩。库区上游的宏村，是中国历史文化名村、世界文化遗产皖南古村落之一。南宋绍兴年间，古宏村人为防火灌田，独运匠心开仿生学之先河，建造出堪称"中国一绝"的人工水系，围绕牛形做活了一篇水文章，整个村落犹如一头水牛静卧在青山绿水之中。

东亭河口以下始称横江，横江右侧即为齐云山，因其"一石插天，与云并齐"而得名。它距黄山市区33千米，是一处以道教文化和丹霞地貌为特色的山岳风景名胜区，素有"黄山白岳相对峙，绿水丹崖甲江南"之称，清乾隆皇帝赞其为"天下无双胜境，江南第一名山"。

横江经岩前、兰渡，达休宁县城海阳镇，左纳休宁河。休宁河古称甲溪，河长54千米，流域面积216平方千米。甲溪上游的休宁县文脉绵长，有"中国第一状元县"之称，历史上曾产生17名文状元、2名武状元。明末清初新安画派的主要代表弘仁、查士标、孙逸、汪之瑞，被时人称为"海阳四家"（海阳为休宁的别称）。休宁县名产"里仁香榧"香气隽永，东坡大学士赞曰："彼美玉山果，粲为金实盘。"

横江续流经万安镇，漫溢1957年兴建的自流引灌万亩的万安坝，进入黄山市区，经横江新河，达黎阳老大桥下，入新安江。万安古镇是徽派罗盘的产地，老街上保存有陶行知幼年读书的吴家花园，昔日新安郡治就在镇东万岁山上，境内松萝山产的"琅源松萝"为炒青始祖，由明代僧人大方创制。

新安江流域开发与生态保护

新安江流域内山脉连绵，地势落差较大，"梯山而耕且田少，兴灌溉之利难"。历史上，流域内水利建设有拦河筑坝、开渠引灌以及开凿山塘蓄水灌溉等。晋代时，堨坝工程兴起；至宋代，绩溪、歙县、休宁、黟县、祁门五县有水塘 2302 口，堨坝 1754 处；新中国成立后，治水方针以蓄水为主，工程主要有修复旧有塘坝、开挖山塘、兴建水库堰坝、建设灌区和开发小水电，先

新安江上游黟县木坑竹海
（晋知华　摄）

后建成休宁县万安坝及黟县东方红水库、丰乐水库和正在兴建的月潭水库。

1957 年 4 月，浙江省杭州市淳安县境内桐官峡谷动工兴建了我国第一座自行设计和建设的大型水力发电站—— 新安江水电站，大坝建成后库区蓄水形成千岛湖；21 世纪以来，湖区水质出现富营养化态势。千岛湖是旅游胜地，也是浙江重要饮用水源地，以及中国经济最发达的长江三角洲地区的战略备用水源。为保障新安江水环境安全，2011 年，财政部、环保部牵头组织的全国首个跨省流域生态补偿机制试点在新安江启动实施，每年安排补偿资金 5 亿元，其中中央财政资金 3 亿元，浙江与安徽两省各安排 1 亿元。财政部与环保部联合印发《新安江流域水环境补偿试点实施方案》，明确规定："按照《地表水环境质量标准》，以高锰酸盐指数、氨氮、总磷等 4 项指标常年年平均浓度值为基本限值，以 2008 年到 2010 年的 3 年平均值测算补偿指数。"这 4 项指标测算以 1 为基准，若水质监测指标小于 1，说明水质优于基准，由下游浙江补偿安徽 1 亿元，否则反之。

为保护新安江水质，安徽把以生态补偿机制为核心的新安江综合治理作为建设生态强省的一号工程，2012—2014 年的第一轮试点期间，新安江流域总体水质保持为优，水环境质量稳中趋好，连年达到试点目标要求；2016 年年底，新一轮生态补偿协议（2015—2017 年）正式签约，对新安江断面水质提出更高的要求；2017 年年底，黄山市政府

与环保部环境规划院签署战略合作协议，共同探索建立新安江流域生态环境补偿长效机制，共建生态文明建设和绿色发展领域先行示范区。近六年来，作为全国首个跨省流域生态补偿试点，黄山市持续推进新安江流域综合治理，试点项目完成投资116亿元；在全省率先启动农药集中配送，完成禁养区124家畜禽养殖场的关闭搬迁，建成生态公益林535万亩，退耕还林107.21万亩；投入58亿元建设循环经济园区，实现供热、脱盐、治污"三集中"，关停淘汰污染企业170多家，整体搬迁工业企业90多家。同时，对新安江流域重要地段、关键节点和生态敏感区域实行单元控制、精准治理，建立皖浙两省联合监测、联合执法等联动机制。

党的十九大报告提出，加快生态文明体制改革，建设美丽中国；习近平总书记强调，建设生态文明是中华民族永续发展的千年大计。保护生态环境就是保护生产力，改善生态环境就是发展生产力。新安江流域作为全国首个跨省流域生态补偿机制的试点地区，在探索"绿水青山就是金山银山"、落实生态文明建设方面有巨大的创新示范作用。2016年，黄山市以全年空气质量平均优良天数比例97.3%、全市地表水总体水质状况优（Ⅱ—Ⅲ类）、森林覆盖率82.9%等一系列数据，呈现出天蓝、地绿、水清"美丽中国"的一个鲜活样本；全市经济维持中高速增长，同年经济总量达到576.8亿元；第三产业占半壁江山，战略性新兴产业产值170.2亿元、增长18.3%；收支规模均翻番，分别是10年前的5倍、5.4倍；在生态和文化资源得到更大程度保护性开发的背景下，旅游接待人次和总收入增长2—3倍；黄山市人民生活持续改善。随着安徽省掀开打造水清岸绿产业优美的长江（安徽）经济带目标发展新篇章，黄山市把新安江流域生态补偿机制试点、新安江流域治理作为建设生态强省的"一号工程"，已经迈出了坚实的一步，取得优良成绩，新安江流域河水清澈，绿色生态环境将更加优美。

名湖闪耀

天河漾波

安徽省天然湖泊众多。据统计，面积在 1 平方千米以上的天然湖泊有 128 个，主要分布在淮河和长江两岸的山丘区。其中，巢湖是安徽省最大的天然湖泊，也是我国五大淡水湖之一。巢湖作为合肥市的内湖，是安徽省规模最大、品位最高、名声最响的湖泊型旅游资源，也是安徽省打造"大湖名城"的基石。

除天然湖泊外，安徽省内的大小水库依地理位置相连为一个个湖群，也别具特色。为解决淮河水患、合理开发利用水资源，新中国成立后，安徽省陆续在大别山区、皖南山区以及江淮丘陵带，兴建起佛子岭、磨子潭、梅山、响洪甸、陈村、港口湾等一批大型水库，5800 多座中小型水库和 63 万余处塘坝。这些水库、塘坝与天然湖泊相辅相成，在洪水调蓄、农业灌溉、城镇供水、发电、养殖等方面发挥着重要作用。经过多年的生态维护和设施完善，不少水库已成为国家级水利风景区，不仅是当地赫赫有名的旅游品牌，对维护地区小气候、改善生态环境也大有裨益。

安徽省还依托水库、湖泊以及人工河道，兴建了 1822 处规模以上的灌区，其中大型灌区 10 处。淠史杭、花凉亭和青弋江灌区依托山区水库兴建自流灌溉系统；驷马山、撮镇、炉桥、女山湖灌区利用河道建立泵站提水灌溉；茨淮新河和新汴河灌区利用人工河道兴建综合灌溉系统。其中淠史杭灌区是全国灌溉面积最大的灌区。这些灌区，是安徽省粮食生产和城镇供水的重要基石。

为有效解决皖北地区水资源短缺问题，安徽省加快重要水源工程建设，先后启动淮水北调和引江济淮等跨区域、流域调水工程。工程完成后，淮水北调每年可调水 2.5 亿立方米，引江济淮入淮河水量可达 26 亿立方米，可从根本上解决淮河流域水资源短缺，改善淮河、巢湖水环境。

江淮明珠——巢湖

　　巢湖是安徽省规模最大、品位最高、名声最响的湖泊型旅游资源，素与洞庭湖、鄱阳湖、太湖、洪泽湖并称为中国五大淡水湖。它位于安徽省腹心部位，地处长江与淮河之间，是长江下游北岸最大的支流水系。湖面面积约 780 平方千米，烟波浩渺，水天一色，素有"八百里巢湖"之称。巢湖是合肥市的内湖，一个天然的泱泱湖泊作为一个城市的内湖，这在中国是绝无仅有的；其沿岸又为合肥市及其所辖巢湖市、肥西县、肥东县和庐江县等 4 个县（市）所包围，区位优越，交通便捷，尽占河山之秀美、交通之便捷、物产之丰华，故而又有"江淮明珠"的美誉。

巢湖中庙与湖中姥山（熊志刚　摄）

近年来，合肥市充分利用巢湖的水资源，加强环巢湖水环境和水生态治理，陆续实施了巢湖湿地修复与岸线生态防护、环城水系沟通与生态补水等主要河道水环境综合治理工程，加快滨湖新城建设，全力打造大湖名城，营造创新高地。如今的巢湖，已是"五城环绕"的生态之湖、人文之湖、融合之湖。

玉带环绕的水系

巢湖地处皖中，平面形态宛如鸟巢，故名巢湖。巢湖流域方圆13486平方千米，跨越合肥、六安、安庆、芜湖、马鞍山5个市；湖水面积约780平方千米，分属合肥市及其所辖巢湖市、肥西县、肥东县和庐江县等4个县（市）。正所谓"港汊三百六十纳诸水"，来自南、西、北三面的35条大小支流，如玉带环绕，使巢湖常年水量充沛，辽阔浩大。

· 南淝河——合肥的母亲河

南淝河古称施水、金斗河，发源于安徽省中部的江淮分水岭大潜山余脉南部，全长70千米，从鸡鸣山北麓穿过合肥城区，由东南注入巢湖。南淝河既是巢湖的

穿过合肥市城区的南淝河（王诚宽 摄）

主要支流，也是合肥的母亲河，见证着合肥城的历史变迁。东淝河与南淝河在今逍遥津交汇，合肥因此得名。南宋时期，南淝河穿城而过，城内河道通畅，水流平缓，河上"百货骈集，千樯鳞次"，两岸"悉

列货肆，商贾喧阗"，经济繁荣。新中国成立后，南淝河上游先后建起董铺、大房郢两座兼有防洪和城市供水功能的大型水库，另外从皖西大别山的佛子岭水库引水，经淠史杭灌区引水入库，有效保障了合肥市城区的生产生活用水。店埠河是南淝河的最大支流，途径肥东县元疃、众兴、店埠（肥东县城）、撮镇等，于三汊河与南淝河相汇。解放战争时渡江战役总前委就位于撮镇瑶岗村。

·杭埠河——人文蔚起古南溪

杭埠河古称龙舒水、南溪。发源于岳西县大别山区猫耳尖，以晓天河为主要源头，在三河古镇汇集丰乐河、小南河，经新河注入巢湖。杭埠河在历史上既是兵家必争之地，又是商贾云集之地；在这里既可以尽情享受"小桥流水人家"的水乡风光，又可浏览历史文化遗迹。西汉初年，羹颉侯刘信在杭埠河上游修筑"七门堰"，灌溉良田万余亩，距今有2000多年历史。新中国成立初期，杭埠河上游兴建起龙河口水库，是淠史杭灌溉工程的主要水源地。在杭埠河与丰乐河和小南河汇集处，有中国历史文化名镇——三河古镇，民情纯朴、古风依然。这里曾走出一位世界名人——1957年诺贝尔物理学奖获得者杨振宁博士。

·流域面积最大的支流——裕溪河

裕溪河是巢湖的出湖支流。西汉时称濡须河，现又称运漕河，流域面积12938平方千米，为长江北岸最大支流，也是巢湖流域洪水入江的主要通道和巢湖提引长江水的重要通道。三国东吴赤乌年间，孙权在裕溪河含山境内筑"铜城堰闸"抵御洪水，距今已有1700多年历史。新中国成立后，1962年和1969年先后建成巢湖东口门和裕溪口两座水利枢纽，1971年又将裕溪河全线拓宽挖深。现常年可通航100吨级轮船，是合肥市通江达海的干线航道，更是安徽省"两干三支"的水运主要通道之一。

此外，流经肥西县城的派河，流经庐江县的白石天河、兆河以及流经巢湖市的柘皋河均为巢湖入湖的主要支流。董铺水库、大房郢水库、巢湖闸、裕溪口闸、凤凰颈排灌站、撮镇电灌站等重要水利工程，星罗棋布，分布在各条支流上，在防洪保安、灌溉发电及城镇供水等方面发挥着重要作用。

无为县裕溪河支流西河（晋知华　摄）

文脉深厚的历史

巢湖流域是中华文明的摇篮，也是东方人类的发祥地之一。早在30万年前，人类祖先"和县猿人"和"银山智人"已在此繁衍生息。中华民族始祖——有巢氏，在此构木为巢、首创巢居，开发巢湖，并迅速繁衍兴旺起来，至帝尧时期形成"巢国"，因位于中原之南，称之为"南巢"；到春秋时又被命名为"居巢"。1985年发现的凌家滩遗址，展现了5300年前远古村落的形态和城镇文化模式；巢湖水下古城遗址则遥遥印证着"陷巢州"的传说。另外，历史上的巢湖流域还上演过"尧让九州，许由洗耳""商汤放桀于南巢""伍子胥过昭关"等传奇故事。

千里江淮，巢湖最美。巢湖之美，不仅在于她的辽阔浩大、物产丰富，还因她文脉深厚及遍布两岸的风景名胜。巢湖流域物产丰富，是全国重要的商品粮油棉生产基地，素有"鱼米之乡"之称，巢湖"三珍"——银鱼、虾米、螃蟹，堪称三绝。繁荣的经济也孕育出丰蕴的文化，庐剧等民俗文化，源远流长，有口皆碑。巢湖流域还诞生了许多著名的政治家、军事家和文人墨客，他们留下的古迹和诗文，与湖光山色相得益彰，融汇成一道道独特的风景线。如秦末著名政治家，被西楚霸王项羽尊为"亚父"的范增；西汉初年，创办中国第一所地方官办学校的一代教育家文翁；羽扇纶巾、英姿勃发的三国东吴都督周瑜；秉公执法、刚正不阿的北宋一代廉吏包拯；以及北宋著名画家李公麟、晚清重臣李鸿章、甲午海战以身殉国的丁汝昌、抗日英雄戴安澜等。

八百里巢湖惊涛拥雪，烟波浩渺，矗立于湖心的姥山岛，如青螺浮水，是巢湖上唯一的"绿洲"；该岛上一塔三亭六山九峰，其中羊角山山腰有圣妃庙，始建于晋朝，唐诗人罗隐、宋词人姜夔均有诗词吟咏此庙，镌刻于廊柱上。巢湖东岸突入的山崖上有一座建于东吴时期的中庙，傍湖凌空，与姥山岛隔水相望，称为"湖天第一胜景"。沿湖岸顺时针由东向南而西，周围有半汤、香泉、汤池三大温泉；有太湖山、鸡笼山、冶父山、天井山四个国家森林公园；有仙人、紫薇、王乔、华阳、伯山五大溶洞，其中王乔洞是安徽省仅有的摩崖窟寺艺术宝库；还有长临河、六家畈、三河等历史悠久的古镇，更有巢湖银屏山峭壁上一株生长千年、风姿绰约的奇花——野生白牡丹，神奇独特，堪称"天下第一奇花"。

湖城共生与大湖名城

人类因水而生，城市因水而兴。如果说南淝河见证了合肥城区历史的变迁，那么，巢湖则是合肥从"滨湖共生"的滨湖时期，走向"大湖名城"的关键因素。

2006 年，合肥市为加快城市发展启动滨湖新区建设，依托巢湖的生态资源，引湖连城，打造合肥城市的副中心。建城之初，为保护巢湖生态，滨湖新区即被定位为金融、商贸、文化、旅游、休闲等现代服务中心基地。从 2006 年建设至今，滨湖新区创造了令人瞩目的"湖城共生"的新格局，建成面积达 25 平方千米，相当于再造了两个合肥老城区。

为了将合肥市建设成为通江达海、现代化的新兴中心城市和长三角世界级城市群副中心城市，2011 年，安徽省进行了区划调整，撤销原地级巢湖市，其所辖的庐江县划为合肥市，居巢区改为省辖县级巢湖市，由合肥市代管。行政区划调整后，"八百里巢湖"成为合肥市的内湖，下游裕溪河成为合肥通往长江、上海，融入长三角的重要通道。合肥市也成为全国唯一独拥大湖的城市，真正形成了拥"湖"环城的态势，为环巢湖区域城市发展开启了新的篇章，"大湖名城"构想呼之欲出。

2013 年 2 月，合肥市委、市政府正式提出"大湖名城，创新高地"发展战略。大湖，就是要治理好、保护好、利用好巢湖，使之成为景色秀美的生态之湖、传承历史的人文之湖、走向世界的融合之湖，这

合肥市滨湖新城（王斌　摄）

是合肥成为名城的最重要基础和最大魅力所在。名城，就是要把合肥建设成为经济繁荣的实力之城、人才集聚的智慧之城、环境优美的生态之城、全民参与的创业之城、文化浓郁的魅力之城、和谐美好的幸福之城。

"大湖名城，创新高地"的提出和全面实施，加快了巢湖流域水资源开发利用和水环境治理保护的进程，激发了合肥市的发展活力。近年来，合肥市通过加快环巢湖水系环境综合治理，先后实施了巢湖湿地修复与岸线生态防护、环城水系沟通与生态补水、董铺水库与大房郢水库上游水源涵养、南淝河与塘西河等主要河道水环境综合治理等，改善了巢湖水系水质，"水清岸绿、人水和谐"的美丽画卷已然呈现。

"大湖名城，创新高地"也带动了巢湖周边城市的发展。全长约155千米的环巢湖大道全线贯通，将合肥到巢湖市城区、庐江县城区的距离缩短到40分钟车程以内，有效推进了巢湖周边城市的经济和社会发展；合肥的轨道交通更是四通八达，目前有5条线路全面开工，2条线路已投入运行，未来将建12条地铁线；水运方面，巢湖是合肥通往外界的重要水上通道。合肥港综合码头一期、二期工程均已建成并开始运营，使合肥和巢湖的联系更加紧密，融入长三角城市群乃至走向世界的步伐更加坚定。全国文明城市、全国首批园林城市、国家创新型试点城市、全国首个也是唯一一个科技创新型试点市、中国十佳宜居城市、中国十大美丽城市、中国十大最具幸福感城市等荣誉称号实至名归、不负众望。

新时期的合肥市，正按照"新跨越，进十强"的奋斗目标，全力打造"大湖名城，创新高地"，努力建设现代化新兴中心城市和长三角世界级城市群副中心城市，并朝着建设在全国有较大影响力的区域性特大城市方向迈进。那时，"五城环抱"的巢湖和"大湖名城"合肥会越来越美，影响力将越来越大，成为安徽走向世界的名片。

高峡平湖——水库

安徽省山区面积广阔、水力资源丰富。新中国成立初期，结合治淮工程，按照中央政务院确立的"蓄泄兼筹、以达根治之目的"和"上游应筹建水库，普遍推行水土保持，以拦蓄洪水发展水利为长远目标"的方针，安徽人民掀起了轰轰烈烈的水利建设高潮。尽管当时国家经济困难、技术落后，但在1952年到1978年的26年间，安徽人民齐心协力，艰苦奋斗，在淮河、长江支流上游山区先后兴建起佛子岭、响洪甸、磨子潭、梅山、董铺、龙河口、沙河集、黄栗树、花凉亭、陈村等10座大型水库。改革开放以后，国民经济快速发展，2001年至2009年，又先后兴建港口湾、大房郢、白莲崖3座大型水库。新中国成立60多年来，安徽省还动工兴建了5877座中小型水库，总库容达到200多亿立方米。这些水库，广泛分布在大别山区、皖南山区及江淮丘陵地带，一直发挥着防洪、蓄水、灌溉、供水、航运、发电、养殖等重要作用。

龙河口水库因紧邻万佛山而建成万佛湖风景区，陈村水库因湖区坐落在黄山市原太平区而得名太平湖风景区，大别山南麓的花凉亭水库建成花亭湖风景区，港口湾大型水库则建成青龙湾风景区。中小型水库如黄山的丰乐水库建成丰乐湖风景区，肥东县岱山水库建成岱山湖风景区，等等。截至2017年，安徽省有国家级水利风景区42家，万佛湖为国家5A级旅游景区。这些利用山谷洼地修建而成的水库，蓄水成湖，其中不少大中型水库因其水面广大展阔、碧波万顷，水质纯净、清澈可鉴，周围山色湖光相映成趣，相继开发成为水利风景区。大小水库依地理位置相连为一个个水库群，如大别山坐拥佛子岭水库、梅山水库、响洪甸水库、龙河口水库、花凉亭水库、白莲崖水库等6座大型水库形成皖西水库群；太平湖风景区与丰乐水库、天子门水库、卢村水库等都位于皖南山区而称为皖南水库群；黄栗树、沙河集、城西水库等坐落在皖东山丘区，因而称为皖东水库群；皖中水库群主要包括合肥的董铺、大房郢水库和肥东县的岱山水库。

皖西水库群

在大别山欣赏湖山美景，犹如品读新中国的水利建设发展史。

皖西水库群是由依托水库建成的人工湖串联而成的。1952年至1956年间，安徽省在大别山区先后兴建了佛子岭、磨子潭、梅山、响洪甸、龙河口、花凉亭水库，加上改革开放后建成的白莲崖水库，与区域内千余座中小型水库一起，形成特色独具的皖西水库群。这些水库在大别山中被纵横交错、蜿蜒数百里的淠河、史河、杭埠河、皖河等连在一起，宛如绸带串起的珍珠。这些水库的大坝记载着中国水利建设史上众多的"第一"。如，佛子岭水库大坝，是亚洲第一座钢筋混凝土连拱坝；梅山水库大坝，由当时世界第一高的钢筋混凝土连拱坝、东西两岸接拱重力坝和东岸空心重力坝组成；响洪甸水库的等半径定圆心混凝土重力拱坝，是中国自行设计建造的第一座高坝；磨子潭水库的大头坝、龙河口水库的黏土心墙砂壳坝、白莲崖水库的碾压混凝抛物线双曲变厚拱坝等均是首次使用，因此，皖西水库群是名副其实的中国水库大坝的历史博物馆。

· 新中国第一坝——佛子岭水库

佛子岭水利风景区位于大别山东麓的霍山县境内，依托佛子岭、磨子潭、白莲崖三座大型水库建成，是国家4A级旅游景区。景区以佛子岭水库连拱坝为中心，汇聚六万寨、滨河景观带、大林竹海、双曲拱桥、水库加固纪念门、佛子岭水库展馆、刘海粟碑文、郭沫若题写的"佛子岭水库"等诸多自然景观和人文景观。景区内，群山环抱，碧波荡漾，绿树竹海，奇峰迭出，翠影含黛，风景旖旎。

佛子岭、磨子潭、白莲崖三座大型水库，不仅独具风景，且构成以防洪、灌溉为主，结合发电、城市供水的大型综合性水利群体，控制流域面积达 3155 平方千米，总蓄水量达 13 亿立方米。

佛子岭水库是一座综合利用的年调节大（2）型水库。位于淮河支流淠河东源上游，是新中国成立之初为治理淮河建设的第一个骨干工程；佛子岭水库大坝被誉为"新中国第一坝"。主坝高 76 米，坝顶轴线长达 510 米。连拱坝由 20 个垛、21 个拱组成，犹如长虹卧波，横跨在高山峡谷之间，将绵延数十里的一泓碧水揽入大山的怀抱，气势宏伟，名震遐迩。

建在佛子岭水库上游东流河上的磨子潭水库，与佛子岭水库坝址相距 25 千米，是佛子岭水库的姊妹库。水库大坝为混凝土大头坝，又称双支墩混凝土肋墩坝。主坝高达 82 米，坝长 331 米，由 12 个双支墩，东西两岸各 3 个单支墩及西岸转折段重力坝组成，这种坝型经济适用而且安全，当时在国内是首创。在设计中对坝身应力的计算方程（即

佛子岭水库（晋知华 摄）

网络法）和校核试验方法，在国内也是第一次使用。磨子潭水库的建成，提高了淮河的防洪标准，在调节径流、与佛子岭水库共同灌溉淠河灌区等方面效用显著。

白莲崖水库建在佛子岭水库上游的西支漫水河上，距佛子岭水库26千米，主坝采取施工省时、省材料的宽河谷碾压混凝土技术，是安徽省目前唯一一座主坝高度超百米的水库，蓄水量与佛子岭水库相当，也是一座综合利用的年调节大（2）型水库。白莲崖水库的建成有效地将下游佛子岭水库的防洪能力由1000年一遇提高到5000年一遇洪水校核，充分发挥蓄滞洪水、错峰等作用，还能控制下游淠河洪水、减少洪涝灾害，是提高佛子岭水库防洪能力不可替代的工程措施，也是进一步治理淮河的19项重点工程之一的项目。

·将军的摇篮——梅山水库

梅山水利风景区位于鄂、豫、皖三省交界处的大别山腹地、淮河支流史河上游。主景区坐落于"红军故乡、将军摇篮"——金寨县，是由梅山水库兴建形成的人工景观。大别山腹地独有的小气候和优质的生态环境，使湖水常年澄澈碧透。库区沿岸山光水色，林壑优美，名胜众多，天鹅岛、九王寨、梳妆台、水上兵马俑等景点妙趣天成；

梅山水库（晋知华　摄）

万寿桥、古城畈、响山古寺、周祖培墓等历史遗迹古色古香。丰富的"绿色"旅游资源与县域"红色"革命传统紧密相连，形成独特的旅游文化，2004年梅山水利风景区被水利部评为国家水利风景区。

梅山水库是一座综合利用的年调节大（1）型水利水电工程。工程于1954年初动工兴建，蓄水总库容高达22.63亿立方米，控制流域面积1970平方千米，可为下游383万亩农田提供灌溉用水；梅山水库主坝是由我国自行设计、施工完成的连拱坝，当年号称"世界第一高坝"。大坝高88.24米，全长443米，拱拱相连，构成优美的弧型线条，庄严雄伟、气势恢宏。

· 茶山秘湖——响洪甸水库

2004年，响洪甸水库获批为国家水利风景区，与蓄能电站下库分别命名为"青山湖"和"仙女湖"。青山湖、仙女湖气质温婉，湖水碧透，涟漪悠悠，群山叠翠，云水交融，宛若仙境。齐云山茶谷里的阵阵茶香令人沉

响洪甸水库（晋知华 摄）

醉；千亩竹海掀起的层层波浪使人流连。在景区内不仅能够欣赏到六安古八景之一的"齐山拥雾"等景象，还能体验齐山翠眉、六安瓜片等名茶原产地的胜景和当地土特产风味。

响洪甸水库坐落在西淠河上游、齐云山畔，既是新中国治理淮河水患的重点工程之一，也是淮河流域蓄水库容最大的水库。它始建于1956年，在中国水库建设发展史上有四个第一，分别为：水库大坝是中国自行设计和施工的第一座等半径同圆心混凝土重力拱坝，坝高87.5米，坝顶弧长367.5米；控制流域面积1431平方千米，蓄水总量

达到 26.1 亿立方米，是一座综合利用的年调节大（1）型水利水电工程，是淮河流域第一大山谷水库，优质水源年均储存量在大别山区名列前茅；响洪甸水电站第四号发电机组，是我国首创的第一台 1 万千瓦双水内冷水轮发电机组；2001 年依托水库建成的混合式响洪甸抽水蓄能电站，为安徽省第一家具有国际先进水平的抽水蓄能电站。

·安徽的"千岛湖"——龙河口水库

万佛湖依托龙河口水库建成，湖区位于巢湖水系支流杭埠河上游的舒城县万佛湖镇。库区湖面一碧万顷，港汊曲折，绿岛浮动，湖中大小岛屿有 66 个，被誉为安徽省的"千岛湖"。万佛湖周围群山环抱，其中最高峰便是万佛山的"老佛顶"，海拔 1359 米，它是舒城、桐城、庐江、潜山等县境内的众山之祖。老佛顶下丹峰上有一座高 2 米、宽 1 米的"自生石碑"，碑上有刻于清光绪年间的"万佛名山"四个大字，历百年雨雪风霜而未湮灭。万佛湖也因万佛山而得名。万佛湖一碧万顷，波光潋滟，民族共融的"风情岛"、精致园林的"燕子岛"、深蕴禅机的"万佛岛"等 10 多个观光小岛如繁星浮动，与众多的绿岛掩映在

龙河口水库库区（熊志刚　摄）

湖光山色之中。这里还有丰富的人文古迹，瓦砾山、文家墩和龙王树等古文化遗址，龙河口、梅福洞、钓鱼台和周瑜祖坟等古迹，向人们讲述着优美动人的传说。

龙河口水库于1958年11月动工兴建，流域面积1111平方千米，蓄水总库容超过9亿立方米，是一座综合利用的年调节大（2）型水库。因其水量充沛成为皖西粮仓淠史杭灌区的重要水源地之一。龙河口水库主坝全长600米，高75.4米，完成土方160万立方米。大坝全靠农民用手挖肩挑方式筑成，是世界第一座人工土石大坝。

·禅源净湖——花凉亭水库

1986年11月，太湖县将花凉亭水库取名为花亭湖，建成花亭湖风景区，景区自然景观清新绚丽，由于山地气候独特，湖内常年水汽蒸腾，宛如仙境，环湖岛屿与青松翠柏、奇峰怪石交相辉映，相得益彰。湖畔古迹济盛，人文荟萃，禅宗文化历史悠久，享有"中国禅宗发祥地"之美誉。中国佛教禅宗二祖慧可曾在此坐禅传教30余年，三祖、四祖也曾在周边弘扬佛法。第九届全国政协副主席、中国佛教协会原会长赵朴初先生就出生于花亭湖畔，他笔下的花亭湖"神驰远景无疆，仅尽情领受，千重山色，万顷波光"。

花凉亭水库位于大别山南麓的皖河支流长河上游，兴建于1958年，

花凉亭水库主坝全景（赵国余 摄）

控制流域面积 1870 平方千米，蓄水总库容 23.66 亿立方米，是一座综合利用的大型水库。水库大坝为中国最大的土石结构水库大坝，坝高58 米，长 570 米。花亭湖水库不仅发挥着巨大的防洪效益，还因其风景优美先后获得国家级风景名胜区、国家 4A 级旅游景区、国家水利风景区、全国农业旅游示范点、国家湿地公园等五块国家级"金字"招牌。

皖南水库群

皖南山区降雨量丰沛，山势险峻，适宜兴建水库。比较有名的水库有陈村水库、港口湾水库、丰乐水库、卢村水库、天子门水库以及建设中的月潭水库等。近年来，安徽省大力发展"两山一湖"旅游经济，依凭水库打造出了一批具有皖南地域特色的水利风景区。

·黄山伴侣——太平湖（陈村水库）

太平湖蓄水总量达 27.06 亿立方米，既是安徽省境内唯一完整的中央直属水库，也是安徽省最大的人工湖。它位于黄山市黄山区境内，依凭陈村水库建成湖区，后开发为水利风景区，获国家 4A 级旅游景区称号。陈村水库始建于 1958 年，控制流域面积 2800 平方千米，是一座综合利用的多年调节大（1）型水库。水库大坝位于泾县桃花潭镇的青弋江上，坝顶弧长 419 米，坝高 76.3 米，宽 8 米，气势恢宏。

太平湖偎依在雄奇秀美的黄山脚下，北邻莲花佛国九华山。其上游与下游曲折，中游开阔，湖水终年清澈碧绿，洁净明丽；湖畔崇峦起伏，翠岗连绵；湖内秀岛错落，岛上林木葱茏。悠长宽阔的太平湖汇入了众多溪流，其中较大的有北边的王村河、陵阳河、洙溪河和南边的茶溪河、秧溪河、婆溪河、麻川河等，太平湖以博大胸怀接纳百川方有烟波浩渺之势。当代散文家魏巍盛赞太平湖美景为"偎依黄山下，却似漓江水。山青水更绿，悠悠魂美梦"。太平湖国家湿地公园是安徽首个国家级湿地公园。

·龙隐福地——青龙湾（港口湾水库）

青龙湾景区山清水秀，生态环境优越。青龙湖湖面延绵34平方千米，湖光山色、绚丽多姿；湖中38个独立岛屿，呈不规则曲折状形态，围合出大大小小，形态不一的各种水湾，每处水湾所面向的外部景观又各不相同，故称为"青龙千湾，一湾一景"；青龙湖景区境内生态资源丰富，绿树浓荫，古木参天，森林覆盖率达78%，是国家级森林公园；其中板桥自然保护区目前保存有5万多亩连片的天然甜槠林，是北亚热带东北部边缘保存最好、林相最完整的唯一一片原始森林。此外青龙湖周边重峦叠嶂，石柱山、高峰山风景独特，数量众多的山谷中流出潺潺溪水汇入青龙湖。这些山谷溪涧附近的空气含有大量负离子成分，被誉为"一级空气一级水"。

青龙湾位于西津河上，依托港口湾水库建成，后建为水利风景区。港口湾水库控制流域面积1120平方千米，蓄水总量9.41亿立方米，是治理长江一级支流水阳江流域洪涝灾害的骨干控制工程。

宣城市港口湾水库（张征坤、何文龙　摄）

·黄山天池——丰乐湖（丰乐水库）

黄山市丰乐水库（张征坤、何文龙　摄）

丰乐湖为黄山诸水汇聚而成，位于歙县西北丰乐河上游，有桃花溪绵延而下，水质清澈，一碧万顷，其精华部分长约 7.5 千米，水域面积 3255 亩。丰乐湖景区是华东地区海拔最高的原生态湖泊景区，生态环境优美，湖区景色变化丰富：上游为黄山毛峰原产地，高山峡谷，重峦叠嶂，绿水如碧；中游有岛屿绿洲，青瓦农舍，渔歌帆影；下游则水面开阔，烟波浩渺，波光轻盈，被誉为"黄山天池"，让人不经意间便陶醉于"人入画图里，仙升明镜中"的优美意境里。

丰乐湖依托丰乐水库建成。丰乐水库控制流域面积 297 平方千米，蓄水总库容 8400 万立方米，是一座综合利用的中型水库。水库 1970 年开工兴建，水库下游有岩寺镇，并有皖赣铁路和 205 国道通过，被安徽省确定为重点中型水库。

·皖东南世外桃源——卢湖（卢村水库）

卢湖地处天目山余脉，其东是竹林幽深的甘溪沟，其西是峰峦挺拔的笄山。卢湖（含陆上设施）占地面积 5 平方千米，湖面 3000 余亩。"天下第一冲"是安徽省广德县卢湖风景区泥桥头境内十里长冲的美誉，"十里长冲"当地人指在十余里长的大山沟里有十个坞。"第一冲"内有毛竹 1088 亩、杉树林 269 亩、其他林 988 亩。风景区内无一户居民，无任何污染。"十里长冲万卷诗，不尽风光我书迟。满腹诗情待明日，来听清风云上题。"这是清代诗人宋景伦笔下"天下第一冲"的美景，而今依然存在。甘溪和筝山竹海构成了卢湖风景区独特之处。卢湖竹海，一水一山，各具特色，相映生辉。卢湖竹海水利风景区在 2007 年获得第七批"国家水利风景区"命名，有"皖东南世外桃源"之誉。

卢湖位于长江流域水阳江水系的无量溪上游，依据卢村水库建成。卢村水库建于 1970 年，控制流域面积 139 平方千米，蓄水总库容 7150 万立方米，是一座具有综合利用功能的中型水库。水库坝高 30 余米，长近千米，巍峨壮观。

·天子湖——天子门水库

天子湖原为天子门水库，位于郎溪县南部山区。因水库大坝附近有天子门村，故名天子门水库。水库始建于 1959 年，1966 年年底竣工，大坝全长 180 米，库容量 4380 万立方米，是一座具有综合利用功能的中型水库。

郎溪县依托天子门水库建成天子湖旅游风景区，2010 年被批准为国家水利风景区，是以石佛山和天子湖为中心，以宗教文化、湖光山色为特色的风景名胜区。景区内风光旖旎，"一佛撑云石抱寺，两湖襟月水环山"，两万亩湖面，半岛众多，水鸟成群。湖畔的天子包、天子门、古栈道、状元凹、晒经台等各有典故。这里的撑云石、和尚石、风动石、蟾鸣石、蟠桃石等，怪石嶙峋，千姿百态，构成奇、险、怪、趣的奇观。重达 30 余吨的"风动石"，堪称"天下一绝"，绝在乍推即动，再推不移，叹为观止。景区内慧明禅寺在皖东南知名度很高，地藏殿、盘龙寺、大悲楼、祖师殿等寺庙气势恢宏，素有"小九华"之称，为皖东南佛教名山之一。

皖东水库群

皖东一带，多为丘陵岗地，山势不高，岗冲交替。大型水库主要有沙河集水库和黄栗树水库，以及在建的江巷水库。中型水库众多，有凤阳山水库、女山湖水库、城西水库等49座。这里主要介绍沙河集水库、黄栗树水库、城西水库和凤阳山水库。

·姑山湖——沙河集水库

沙河集水库是安徽省第十大水库。该水库位于清流河支流大沙河上，坝址位于南谯区沙河镇，距下游滁州市城区约15千米。始建于1958年，1974年建成。控制流域面积300千米，总库容1.85亿立方米，是一座具有综合利用功能的多年调节的大（2）型水库。自水库建成蓄水以后，不仅能拦蓄削减洪峰，并为灌区提供了大量灌溉用水，累计实灌面积206万亩。水库通过城西水库向滁州市供水，年均供水量1229万立方米。沙河集水库又名姑山湖，湖畔有白米山，传说古时灾年山上淌白米，故名，为琅琊山麓之余脉。姑山湖是琅琊山四大景区之一，山青似翡翠，水绿如碧玉，平湖耸岛，岛连彼岸，山水相依。

·碧云湖——黄栗树水库

黄栗树水库位于全椒县石沛镇，距下游全椒县城23千米。水库控制流域面积262平方千米，蓄水总库容2.3亿立方米，是一座具有综合利用功能的多年调节的大（2）型水库。它不仅是安徽省十大水库之一，也是自然风光优美的旅游度假区。

碧云湖坐落在群山环抱之中，两岸群峰争秀；混交的阔叶林和常生的针叶树郁郁葱葱，湖水清澈透底。碧云湖除了山美、水美，还有鹰嘴石、钓鱼台、八仙石、灯禅窝等八个有典故及历史传说的人文景观。近年来，全椒县政府充分利用这里的山水自然风光，兴建部分配套项目，供游人观光，同时又着力保护水环境安全。

·滁城人民的大水缸——城西水库

城西水库依傍在风景秀丽的滁州市琅琊山下，坐落于滁河支流清流河的小沙河上。城西水库是一座重点中型水库，位于滁州市城区的西北部边缘，紧靠滁城及京沪铁路，属长江水系，1958年开始动工兴建，1965年基本建成并投入运行。水库地理位置较高，地势险要，控制流域面积为168平方千米，总库容为8525万立方米，主要功能为防洪保安、城市供水、农业供水、水产养殖等。目前，该水库是滁州市城市供水的唯一水源基地，多年平均城市供水达2000万立方米，农业供水1000万立方米，因此有"滁城人民的大水缸"之称。城西湖，亦名西涧湖，为"滁州十二景"之一，同时也是琅琊山四大景区（城西湖、姑山湖、琅琊山、胡古）之一。唐代滁州刺史韦应物曾留下著名山水诗篇《滁州西涧》。

· 卧牛湖——凤阳山水库

　　卧牛湖依托凤阳山水库而建，因湖边一小山酷似卧牛而得名。卧牛湖湖区距凤阳县城（明朝朱元璋的中都古城）20千米，南与禅窟寺景区相依，西与韭山洞景区相接，长8千米，水面面积11平方千米。水体深，水面阔，万顷碧波，静谧安宁，无纤尘污染，无乱声纷扰。湖上游艇如梭，渔船点点；湖边山光水色，相映成趣；湖中竹岛引来百鸟栖息，俨然是鸟的天堂。登坝一览，竹树茂密深秀，百鸟跳跃欢唱，是江淮大地上不可多得的湖山绿岛。卧牛山三面临水，屹立湖边。山上怪石嶙峋，林树苍翠，登山可收湖之全景。每至傍晚时分，霞光满天，远山叠嶂，如在烟雾之中，乃湖中"双峰烟霞"盛景。卧牛湖景现为安徽省风景名胜区——凤阳山风景区的重要组成部分，也是韭山国家森林公园的主要景区之一。

皖中水库群

· 国家湿地公园——董铺·大房郢水库

　　董铺水库位于长江流域巢湖水系南淝河上游，坝址坐落在江淮分水岭南坡，距合肥市中心7千米，是一座以拦洪防汛和城市供水为主，兼顾生态补水与养殖功能的综合性大（2）型水库，集水面积207.5平方千米，总蓄水量2.49亿立方米。大房郢水库位于巢湖水系南淝河支流四里河上，坝址距合肥市中心 5 千米，是以城市防洪为主，兼顾生态补水与养殖功能的综合性大（2）型水库，集水面积 184 平方千米，总蓄水量 1.84 亿立方米。

董铺·大房郢水库均兴建于新中国成立后。董铺水库 1954 年 11 月开工，1981 年 7 月竣工。大房郢水库于 1958 年破土动工，期间因遇三年自然灾害而停工，2001 年重启工程，2003 年 11 月完工。董铺·大房郢水库连通工程于 2004 年年底完工，两库联合调度运行，可将合肥市的防洪能力由 20 年一遇提高到 100 年一遇。

除防洪效益外，董铺·大房郢水库向合肥全市日供水能力已经超过 132 万立方米。大别山区佛子岭与响洪甸水库的优质水源，经淠河总干渠入滁河干渠，最终流入合肥人的"水源地"。近年来，合肥市在环巢湖地区生态保护与修复工程中，安排了大房郢水库水源保护区生态修复及湿地一期工程、董铺水库水源保护区生态湿地一期工程，不断加大对城市饮用水水源地的监管力度，实施保护区村庄搬迁工程，在库岸周边营造环库防护林、生态林，切实保障饮用水源地安全。

得益于董铺水库水源地保护区搬迁和农村环境连片整治项目的实施。2017 年合肥市正式实施全省最大的国家级湿地公园项目——庐阳董铺国家湿地公园。该公园总面积 70011.45 亩，西起南淝河支流汇合

合肥市董铺水库（熊志刚　摄）

口，东至董铺水库大坝，北起三国城路，南达水库水源一级保护区南界。园区湿地总面积44246.85亩，湿地率63.20%，坐拥董铺水库，湿地资源类型多样、动植物丰富，周边名胜古迹众多，文化底蕴深厚，一派绿意盎然的"城市森林"景象将在合肥城北展现。

· 合肥后花园岱山湖——岱山水库

岱山湖依托岱山水库建成。岱山湖系长江流域滁河水系，1970—1972年建坝而成人工水库，水库大坝坐落于肥东县古城镇境内，湖面面积7500亩，总库容3290万立方米，相当于杭州西湖的面积。

岱山湖湖底为砂质，水清见底，四面山坡缓缓铺入水中，形成几处天然的沙滩。湖面清波荡漾，东部开阔浩大，西部曲折蜿蜒，有湾有港，自成体系。湖中小岛千姿百态，湖东北有翡翠岛，上有一塘碧水，四周郁郁葱葱；湖中天鹅岛宛如一只展翅俯身在湖面引水的天鹅，呼之欲出，颇具神韵。湖边山区森林覆盖率90%以上，素有"天然氧吧"之称，被誉为"合肥的后花园"。岱山湖境内动植物品种多样，以鹭鸟多种群为主的鸟类资源达70多种。岱山湖的特色景点还有心经大坝、圣像、演法禅寺等。

人造天河——调水

由于特殊的地理气候，安徽省雨量年际变化较大，水资源分布不均，水旱灾害时常发生。为改善这一现状，新中国成立后，安徽省在大规模兴建水库将水存蓄的同时，加快渠道开挖整治，于20世纪50年代兴建了伟大的淠史杭灌区工程，通过合理配置利用水资源，有效实现引水灌溉和城市供水。同时，利用泵站提水方式，在沿江沿淮两岸的湖洼湿地兴建灌区，确保水资源合理调配。近年来，区域发展对水资源需求量日益增大，特别是皖北经济的快速发展使水资源供需矛盾日益凸显。为此，安徽省以重点区域为试点，由点及面，全面推进水量分配工作，先后启动淮水北调、引江济淮等水资源配置骨干网络建设，对水资源进行科学规划、合理优化配置，缓解区域用水供应不足问题，为安徽省经济和社会发展助力。

安徽省灌溉事业历史悠久，早在春秋时期就在今寿县修建了芍陂（今安丰塘），汉初在今霍邱县修建了水门塘，后陆续在江南又修建了吴南堰、鲍南垾等有名的灌溉工程。新中国成立后，安徽灌区建设迎来发展的黄金期。20世纪50年代中后期至80年代，依托骨干工程，安徽省建设了一批大型灌区工程。据最新数据统计，安徽省现已建成淠史杭、驷马山、茨淮新河、青弋江、花凉亭、撮镇、永幸河、女山湖、炉桥、新汴河等10处大型灌区，设计灌溉面积1987万亩，有效灌溉面积1649万亩。同时，众多的中、小灌区也先后建成。中型灌区

淠史杭灌区鸟瞰（朱江　摄）

有 524 处,设计灌溉面积共 1862 万亩,有效灌溉面积 1355 万亩;小型灌区 161495 处,设计灌溉面积 2077 万亩。这些灌区的建成,改变了历史上农业发展落后地区的生产条件,粮食产量明显增加,不少灌区甚至成为安徽粮食的主产区。

中国最大的灌区——淠史杭

淠史杭灌区位于安徽省的中西部和河南省的东南部,始建于国民经济特别困难的 1958 年,设计灌溉面积 1198 万亩,有效灌溉面积突破 1000 万亩,横跨长江、淮河两大流域,其中淮河流域 7900 平方千米,长江流域 5000 平方千米,受益范围涉及皖豫 2 省 4 市 17 个县(区)。淠史杭灌区工程是一项以防洪灌溉为主,兼有城市供水、水力发电、水利旅游等综合功能的特大型水利工程;也是新中国成立以来兴建的全国最大灌区,创造了新中国水利建设史上的"人间奇迹"。

进入 2000 年以来,随着灌区节水改造与续建配套工程的日趋完善、管理的科学规范化,淠史杭灌区实现了雨洪资源的科学利用和水资源的优化配置,成为区域内 1330 万人的生命之源,是全国三分之一国民经济发展的用水保障,也是维护区域良好生态的源头活水。刘伯承元帅曾为灌区题词:"革命精神,科学态度"。2011 年,淠史杭工程被中国土木协会评为"中国百年百项杰出土木工程"。

·壮丽的史诗

民谣唱道:"洼地洪水滚滚流,岗上滴水贵如油。一方盼水水不来,一方恨水水不走。"江淮分水岭两侧的特殊地形和地处南北气候过渡带的气象条件,使历史上的皖西皖中地区水灾频发。从明洪武十五年(1382 年)到新中国成立(1949 年)的 566 年间,有记载的水旱灾害 357 次,较大旱灾每 5 年一次。旱灾之害,尤为惨烈,丘陵地区局部的"旱蜂窝煤"困境几乎年年发生。1934 年,全省夏秋大旱,庐江稻禾枯槁,树皮、草皮均已食尽，人民群众只能以观音土充饥，苦不堪言。当地至今保有的"晒死鸡""火龙岗""死人堰"等闻之令人发怵的地名，都与旱灾有关。在这片饱受水旱灾害之苦的土地上，古代先哲们虽然创造了中国最古老的蓄水灌溉工程芍陂（今安丰塘）等，但并没有从根本上改变江淮分水岭地区十年九灾的历史。

新中国成立后，毛泽东主席发出"一定要把淮河修好"的伟大号召，1958 年 8 月 19 日，江淮儿女在横排头挥锹动工，一个举世闻名的特大型灌区——淠史杭工程展开了艰难的创业历程。那是一段如歌如泣的岁月，翻身解放的江淮儿女，在食不果腹、衣不暖身的艰难条件下，挑着箩筐，扛着铁锹，奔赴治水工地。面对原始的施工工具，他们开展技术革新，创造了专攻切岭工程的"洞室爆破法"，发明了专攻"麻僵土"的劈土法，研制了垂直运输的工具"倒拉器"，以自己的聪明才智克服了工程建设中的千难万险；面对短缺的建筑材料，他们无私奉献，没有水泥自己造，没有炸药自己熬，没有木料自己捐，保证了骨干工程和重要建筑物的建筑用材。当时，平均日上工 50 万人，最高日上工达到 80 万人，他们仅凭自己的双手，凿开了横亘的山岭，填筑了高深的峡谷。从 1958 年动工兴建至 1972 年骨干工程基本建成通水的 14 年里，以建设时期每亩不足 40 元的国家投资，完成了近 6 亿立方米的土方施工任务，如果将这些土方围成 1 米见方的长堤，可绕地球 10 多圈，堪称水利建设史的千古绝唱。

· **宏伟的工程**

淠史杭工程的宏伟壮丽不仅反映了安徽人民自力更生、艰苦奋斗、团结协作的精神和智慧，还在于工程"师法自然""顺理成章"的规划理念。这一纵横在冈峦起伏的江淮大地、利用坡降地形采取自流灌溉为主的庞大工程体系，上承大别山六大水库 72 亿立方米水源，利用纵横交织的 2.5 万千米七级固定渠道，串联起 21 万座塘堰、1200 多座中小型水库，并沿灌区边缘的巢湖、淮河沿岸建有 39 座外水补给站，使蓄、引、提相结合，形成了独特的"长藤结瓜"式的灌溉系统，解决了水资源时空分配与区域耕地、人口及生产力组合不相匹配的矛盾，创造性地调节了人与水的关系，改善了整个皖西皖中地区的生存条件和发展空间。

大诗人李白一句"黄河之水天上来，奔流到海不复回"写尽了中华母亲河荡气回肠的气势。皖西、皖中的乡土诗人对自己的母亲河，亦发出了"空中浪涛响，天际白帆飘"的咏叹。这是对淠史杭工程蓄水于高峡，行走于岗脊的"人造天河"的诗意赞美。

蓄水于高峡。淠史杭灌区水资源总量约100亿立方米，上引源自大别山区总库容72亿立方米的六大水库（佛子岭水库、磨子潭水库、梅山水库、响洪甸水库、龙河口水库、白莲崖水库）为主水源，外依39座抽水站提引灌区边缘淮河南岸的城西湖、城东湖和长江北岸的巢湖之水，内靠总库容为21亿立方米的中小型水库和塘堰拦蓄地面径流作为调节水源，蓄、引、提三种方式进行水源联合调度，互为调节，保障农田灌溉和城乡供水。

行走于岗脊。淠史杭灌区沟通源于皖西大别山的淠河、史河、杭埠河三大水系，按灌溉面积将渠道划分为总干渠、干渠、分干渠、支渠、分支渠、斗渠、农渠七级。渠道犹如巨大的根系分支，又像人体的血管，或穿岭或跨冲或穿行于起伏的岗脊，还有众多的切岭、填方

淠河上游横排头枢纽（蒋长虹　摄）

穿过六安城郊的淠河总干渠（蒋长虹　摄）

工程，仅总干渠切挖山岭、填筑土方超过10米的渠段就有37处，总长达43.2千米。目前，淠史杭灌区有2条总干渠、11条干渠、19条分干渠及317条支渠，类似于血管的动脉，而七级固定渠道（如毛细血管的支渠、毛渠等）总长达到2.5万千米。

水利工程的天然博物馆。淠史杭工程穿岭过岗，交错连通，渠系建筑物星罗棋布，类型多样。既有控制性建筑物放水涵、进水涵、冲砂闸、节制闸，又有泄水性建筑物泄洪闸，还修建了渡槽、渠下涵、倒虹吸以及众多的桥梁。据统计，灌区支渠以上建筑物有6万多座，灌区俨然是一座7900平方千米的超级水利博物馆。诗人赞曰："万座水闸齐歌咏，千座渡槽拨琴弦。"

灌区落差最大的倒虹吸——石集倒虹吸　在瓦西干渠与淮淠航道交叉处，为不影响淮淠航道通航，利用物理学连通管原理，由3排长127.1米、内径1.5米钢筋混凝土管穿淮淠航道渠底引水灌溉，管道设计流量12立方米/秒，水位落差近18米，灌溉面积20万亩，被形象地称为"河下河"。

灌区最长的渡槽——将军山渡槽　渡槽全长874.7米，16孔，单孔净宽50米，设计流量23立方米/秒，犹如长虹横跨在丰乐河上，引杭淠分干渠之水灌溉金安区境内10万亩农田，连通了淠河、杭埠河水系，实现了江淮沟通、南水北调。

灌区最高的切岭——平岗切岭　位于叶集试验区平岗村史河总干

渠上，在海拔 90 米高的岗岭上，当年用十字镐、铁锹等原始劳动工具，切开长约 3 千米，深达 24 米，宽 60 米的渠道，开挖土方约 342 万立方米，把水送到了下游的 200 多万亩良田，改变了"三天不雨地生烟"的恶劣农业生产条件。

将军山渡槽（蒋长虹　摄）

灌区最高的填方——吴家岸填方　位于史河灌区汲东干渠吴家岸地段，原来是低洼冲田段。为了实现汲东干渠的自流灌溉，淠史杭的建设者们筑起了长 1.3 千米、平均填高 10 米、最大填高 19.2 米的输水渠堤，总填筑土方量达 145 万立方米。

从水库涌出的激流，奔腾到灌区尾部，垂直落差近 100 米。灌区渠道，居高临下，通过 6 万多座渠系建筑物调节，实现了灌区 80% 以上农田的自流灌溉，解决了水资源时空分配与区域耕地、人口及生产力组合不相匹配的矛盾，创造性地调节了人水关系，改善了整个皖西皖中地区的生存发展条件，淠史杭灌溉工程获评为"中国百年百项杰出土木工程"。

·巨大的效益

淠史杭灌区区域人口 1330 万人，约占全省 1/5；安徽境内灌区国土面积 1.3 万平方千米，占全省 1/10；耕地面积 1160 万亩，占全省

1/6；有效灌溉面积 1000 万亩，约占全省 1/4；正常年份粮食产量 650多万吨，约占全省 1/5、占全国 1/100；区域内 GDP 占全省近 1/3，在安徽省经济社会发展中发挥了巨大作用。淠史杭灌区把大别山的甘泉，送到了城市的千家万户、乡村的田间地头，被郭沫若先生誉为"沟通三河，横贯皖中"。

江淮大地的粮仓　淠史杭工程显著改善了区域农业生产条件，灌溉面积由兴建时的 120 万亩发展到现在的 1000 多万亩，粮食年产量由兴建时 12.3 亿公斤提高到目前的 65 亿公斤左右，水稻年产量增加到目前的 46 亿公斤左右，灌区内涌现了 5 个全国粮食生产先进县（区），昔日"十年九旱"的贫瘠之地已变成名副其实的"米粮仓"。近 60 年来，淠史杭灌区累计灌溉引水 1625 亿立方米，灌溉农田 4.56 亿亩，累计增产粮食 583.8 亿公斤，抗旱减灾效益约 1400 多亿元，奠定了安徽省粮食安全的基础。

区域发展的命脉　淠史杭工程穿越乡村城市，不仅是省城合肥城市供水的主水源、皖西中心城市六安的唯一水源和沿渠数十个县城的重要补给水源，也是区域广大农村居民的饮水依托。为保障千万人口饮水安全，淠史杭灌区推行最严格的管理措施，依法惩处上游非法采砂行为，强化水面保洁，实施水质保护考核，建立水质自检化验室，开展渠道排污治理，进行封闭管理试点，保证了城市供水渠道 Ⅱ 类水质，不仅为占全省城镇人口总数 17%、近 500 万城镇人口输送源水，也为占全省农业人口总数 25%、近 800 万农村人口安全饮水提供了水源支撑；加快由农业灌溉服务型向区域经济发展全面服务型转变，以良好的水资源保障区域内城镇化、工业化和生态文明发展。灌区供水范围内的GDP 占全省近 1/3，在安徽省经济社会发展中发挥了巨大作用。

人水和谐的福地　20 世纪 80 年代末开始，淠史杭开展了山、水、田、林、路综合治理和大规模的渠堤绿化工程，沿灌区淠河总干渠栽植了 5000 多亩、长 100 多千米的渠道生态防护林，灌区水源地林茂草盛，工程渠堤及建筑物周边绿化率95%以上，形成了千里渠堤千里林的壮观景象，被评为全国部门绿化400佳之一。目前，灌区已成为生态良好的源头活水，灌区内有6个国家级水利旅游风景区，历史上"赤地千里"的丘陵地区如今随处可见"三秋桂子，十里荷花"的美景。新时期以来，灌区正在逐步成为合肥市西南部生态补水、六安市滨水城市建设的主要补给水源，为建设生态安徽作出了积极的努力。

· **发展的篇章**

1981年，淠史杭灌区在全国大型灌区中较早建立起灌区管理委员会，首破特大型灌区民主管理之"冰"；1982年，安徽省政府出台《淠史杭灌区管理暂行办法》，率先推进依法管理；1984年，在全国水利工程中第一个引进世行贷款1.93亿元人民币进行续建配套；2012年，横排头渠首为全国大型灌区首家国家级水管单位；着力建设管理体制创新，在全国大型灌区中率先实行骨干项目竞争性立项。

改革开放以来，淠史杭灌区抢抓机遇，改革创新，谱写了与时俱进的发展篇章。从1996年起，开始利用中央投资，加快骨干工程改造，兼顾面上工程示范。截至2018年年底，淠史杭灌区累计争取灌区投资32.4亿元，实施节水改造项目256个，新建、扩建、加固建筑物3800多座，实施渠道配套改造660多千米，在渠系水利用系数和灌溉水利

史河灌区红石嘴枢纽（蒋长虹 摄）

用系数提高的同时，恢复灌溉面积 83 万亩，改善灌溉面积 606 万亩，渠系水利用系数由 0.5 提高到 0.56，灌溉水利用系数由 0.45 提高到 0.52，年节约用水约 3 亿立方米，渠道输水实现安全高效。不仅实现了安全运行和灌区节水增效，还为农民减少用水成本、改善用水条件提供了有力保障。2006 年，被水利部、教育部、全国节水办联合授予首批"全国节水教育基地"称号。

进入新世纪以来，灌区转变管理理念，对供水服务推进战略性转变。坚持科学配置和节约保护灌区水资源，探索建立灌区供水民主协商制度，实行"总量控制，定额供水，水权到县，县界量水"制度，加快由单一农业供水向全方位供水的转变，在保障农业丰收的基础上，满足城市供水和生态供水需求，适应经济社会快速发展对水资源的多元化需求，促进区域经济社会的发展。

安徽的粮仓——江淮九大灌区

大中型灌区是安徽省农业发展、粮食安全的重要保障。除淠史杭灌区外，安徽省还兴建了驷马山、茨淮新河、青弋江、花凉亭、撮镇、永幸河、女山湖、炉桥、新汴河等 9 处大型灌区，它们分布在江淮大地，各具特色，有效解决了区域用水紧缺等困难，确保区域农业生产、城镇生活用水，为安徽农业发展、生态健康乃至全国粮食安全提供保障。

·泵站提水补给式灌溉系统

这是驷马山、撮镇、炉桥、女山湖四处灌区的主要特征。其中，驷马山灌区是安徽省最大的提水灌区，也是安徽省第二大灌区，以引江灌溉、滁河分洪为主，兼有航运、城镇供水等综合功能。采用四级提水、总扬程 30.1 米，实际灌溉面积 215.4 万亩，惠及安徽、江苏两省。驷马山灌区建有乌江站、襄河口闸、驷马山引江水道（总干渠）等骨干工程。自 1971 年开始分洪和 1973 年开始提水灌溉以来，已累计泄洪400多亿立方米，抵御了多次洪水的袭击；累计提引江水30多亿立方米，拦蓄水近50亿立方米，保障灌区内农田灌溉用水，为皖东及南京市工农业生产、社会稳定做出了巨大贡献。航运、生态效益也十分明显，被皖苏两省人民誉为"遇旱能抗、遇涝能排"的生命工程。撮镇、炉桥、女山湖三处灌区，是安徽省解决江淮分水岭地区农业、工业用水困难的灌溉工程。撮镇灌区以巢湖为水源，现为三级四站，提水高程40.5米，灌溉面积36万亩；炉桥灌区主要以高塘湖、芝麻和齐顾水库为水源地，现为六级提水，灌溉面积57.46万亩；女山湖灌区，也称为女山湖引淮灌区，实际灌溉面积36.41万亩，主要利用女山湖、池河及地表径流水灌溉。这些灌区的兴建，缓解了江淮分水岭岗丘区用水紧缺问题，确保了灌区内农田稳产、高产及灌区周围城镇用水，对灌区内的水源涵养和生态环境起到了重要作用。

· **"长藤结瓜"式自流灌溉系统**

这是依托水库和塘坝兴建灌区的主要特征。青弋江灌区和花凉亭灌区类似于淠史杭灌区，分别依托于陈村水库和花凉亭水库。所谓的"长藤结瓜"，主要以输水渠道为"藤"，以面上大、中、小型水库和塘坝为"瓜"，通过渠道与水库、塘坝相沟通，构建"长藤结瓜"式的灌溉系统。淠史杭灌区是安徽省最大的"长藤结瓜"灌溉系统，花凉亭灌区和青弋江灌区分别位居第二和第三，还有5000多座中小型水库

太湖县花凉亭灌区（赵国余 摄）

和 63.7 万处塘坝，均以"长藤结瓜"灌溉模式发挥效益。青弋江灌区是皖南最大的灌区，1972 年动工兴建，主要水源为陈村水库发电尾水，以溪口及西干渠为两大渠首，设计灌溉面积 106.91 万亩，现有效灌溉面积 50.11 万亩。花凉亭灌区，位于花凉亭水库下游，1965 年建成，主要水源为花凉亭水库及灌区内塘坝和小水库，现有效灌溉面积 67.88 万亩。这些"长藤结瓜"式的灌溉体系，可以有效利用当地径流，缩减灌溉高峰期流量，从而减少渠道的设计规模，节省工程建设资金，灌溉效益和防洪减灾效益十分明显。

·综合灌溉系统

安徽省还有几处依托人工河道兴建的灌区，即茨淮新河灌区和新汴河灌区，以及一处最先实现数字化管理的永幸河灌区。安徽最大的人工河道茨淮新河建成后，安徽省以此为输水骨干，兴建了蓄、引、提相结合的大型灌区——茨淮新河灌区。该灌区 1972 年动工兴建，主要利用插花、阚疃、上桥三座大型河道节制闸拦蓄径流，加上骨干工程上桥抽水站和阚疃抽水站，有效调节库容 4350 万立方米，灌溉面积 166.59 万亩。新汴河灌区，是将大型人工河道新汴河渠道化，以宿县闸、灵西闸、团结闸为骨干工程，灌溉面积 31.65 万亩。除此之外，还有位于凤台县的永幸河灌区。该灌区 1978 年建设完成，主要引水渠——永幸河总渠是淮河中游北岸一条人工河道，现有灌溉面积 39.29 万亩。永幸河灌区是全国率先开展数字水利系统建设的灌区，也是安徽省第一个实现灌区信息化现代化管理的灌区。通过一个数据处理调度指挥中心，监测点实现灌区全覆盖。

安徽省大中型灌区大多建于 20 世纪 80 年代以前，受建设时期经济社会条件的制约，加上经历长期运行，工程大多老化失修、灌溉效益衰减的问题日益显现。

在国家的支持下，安徽省全面启动灌区的续建配套及节水改造项目。1996—2014 年，安徽省淠史杭、驷马山、茨淮新河、花凉亭、女山湖、青弋江和新汴河等 7 个大型灌区相继列入国家投资续建配套与节水改造项目，累计完成投资 38.81 亿元。这些灌区续建配套与节水改造项目的完成，不仅在服务全省农业发展、保障粮食生产安全方面起到基础性作用，而且在改善生态环境、涵养水源、抑制水土流失等方面发挥出巨大效益。特别是淠史杭等大型灌区，在支撑区域经济社会发展、加速安徽崛起中发挥关键作用。据统计，列入国家规划的 7 个大型灌区，累计新增和恢复灌溉面积 165 万亩，改善灌溉面积 1111 万亩，年新增节水能力 5.5 亿立方米，年新增粮食生产能力 10.5 亿公斤。

跨区域流域调水——淮水北调与引江济淮

淮北地区水资源相对匮乏，人均水资源占有量仅为全省平均水平的 2/5、不到全国平均水平的 1/5，耕地亩均水资源量仅为全省平均水平的 1/3、全国平均水平的 1/5。从 20 世纪后期开始，随着城市工业和经济的快速发展，工业用水量增长迅速，地下水超采，地表水体自净能力降低、污染严重，生态环境恶化，农村生产生活受到影响，城镇供水安全受到威胁。为统筹协调该地区城市生产、生活和生态用水，有效缓解淮北地区经济发展所面临的水资源供需矛盾，安徽省先期规划实施了淮水北调工程。另外，为从根本上解决淮河流域水资源短缺，改善淮河、巢湖水环境，经长期研究和实践，安徽省提出建设引江济淮工程，也被称为安徽省的"南水北调"工程，同时也是河南省继国家重大水利工程南水北调中线工程之后，又一项大型水利工程。

· 淮水北调工程

淮水北调工程属"南水北调"东线安徽配套工程，是安徽省"三横三纵"水资源配置体系的跨区域骨干调水工程，也是皖北地区规模最大的跨区域调水工程。淮水北调工程自蚌埠五河站从淮河干流抽水，经淮北市濉溪县黄桥闸向北至宿州市萧县岱山口闸，调水线路总长

265.9 千米，估算投资 13.4 亿元，主要保障淮北、宿州两市的工农业生产用水。

淮水北调工程于 2006 年正式启动。城市供水保证程度和用水效率得到提高，逐步将以地下水为水源的工业用水 50% 置换为地表水，输水沿线农业灌溉条件得到改善，超采地下水的严峻形势基本得到控制，生态环境持续恶化的趋势初步遏制。按计划到 2020 年，在满足城市供水的基础上，进一步扩大供水范围，基本满足宿州、淮北两市经济社会发展对水资源的需求，实现以地下水为水源的工业用水 80% 置换为地表水，实现优水优用、高效利用，改善生态环境，促进节水防污型社会的建设，实现人口、资源、环境和经济的协调发展。

淮水北调工程骨干输水线路采用明渠输水方案，线路分为三大段：淮河—新汴河、新汴河—淮北市北市区、淮北市北市区—萧县县城。临涣输水管道工程是淮水北调工程的组成部分，该工程多年平均调水量 2055 万立方米，最大年调水量 7630 万立方米，是淮水北调工程的组成部分。工程于 2009 年 7 月全线贯通，当年供水 1030 万立方米。

淮水北调远期工程预计 2020 年结束。工程实施后，淮北市年均可调水 2.5 亿立方米，切实解决淮北市水资源短缺的"瓶颈"。同时还可与今后实施的"引江济淮"工程相连通，形成"以南济北、以西补东、东西共保、南北互利"的水资源配置格局，为淮北市的可持续发展奠定坚实的基础。

· 引江济淮工程

引江济淮工程是国务院要求加快推进建设的 172 项重大节水供水工程之一。工程任务以城乡供水和发展江淮航运为主，结合农业灌溉补水和改善巢湖及淮河水生态环境等综合利用，是跨流域、跨省的重大战略性水资源配置工程，对有效缓解淮河流域水资源短缺，改善巢湖及淮河流域生态环境，沟通江淮航运，推动区域协调发展具有极其重要意义。

工程供水范围包括安徽省安庆、铜陵、芜湖、马鞍山、合肥、六安、滁州、淮南、蚌埠、淮北、宿州、阜阳、亳州等13个市、46个县（市、区），以及河南省周口和商丘2市的9个县（市、区），共计15个市、55个县（市、区），供水范围7.06万平方千米，受益人口5117万人，淮河流域农业灌溉补水面积1085万亩。

引江济淮工程等级为Ⅰ等，自南向北分为引江济巢、江淮沟通、江水北送三大段，主要建设内容为引江济巢、江淮沟通两段输水航运线路和江水北送的西淝河输水线路，以及相关枢纽建筑物、跨河建筑物、交叉建筑物、影响处理工程及水质保护工程等。工程设计引江流量为300立方米每秒，入淮河流量280立方米每秒，到2030、2040年，引江水量分别为34.27亿立方米、43亿立方米，入淮河（出瓦埠湖）水量分别为20.06亿立方米、26.37亿立方米。

该工程在安徽境内输水线路总长587.4千米，其中利用现有河湖255.9千米，疏浚扩挖204.9千米，新开明渠88.7千米，压力管道37.9千米。工程开发航道354.9千米，其中建设Ⅱ级航道167千米，利用合裕线Ⅱ级航道18.9千米，建设Ⅲ级航道169千米。

安徽段工程概算总投资875.37亿元，其中工程部分投资481.90亿元，建设征地移民补偿投资312.26亿元，环保、水保等其他投资49.46亿元，建设期融资利息31.75亿元。分行业测算，水利分摊投资557.55亿元，航运分摊投资317.82亿元。工程永久征地8.2万亩，临时用地15.5万亩，搬迁人口7.23万人，拆迁房屋274万平方米。2017年9月28日，水利部、交通运输部批复引江济淮工程安徽段初步设计，标志着引江济淮工程进入全面开工建设阶段。工程批复总工期72个月，总体建设计划为：2017—2019年按工程时序进度全面开工建设；2020年江水北送段亳州境内工程基本建成，应急引水入亳；2021年菜巢线通水，向巢湖生态补水；2022年底完成主体工程并进行供水、航运联调联试；2023年底具备工程竣工验收条件。

基于引江济淮工程对于安徽经济社会发展和民生改善的重大意义，安徽省将其确定为全省基础设施建设"一号工程"。工程建成后，依托引江济淮工程的水资源布局，预计2030年、2040年供水范围内多年平均河道外净增供水量分别为21.49亿立方米、28.66亿立方米，对于缓解淮河流域水资源紧缺矛盾，加快解决沿淮淮北地区发展不平衡不充分问题具有重要作用。同时，常态化引调江水，可促进巢湖水体交换以改善巢湖水质，维持淮河河道生态基流以维护河道健康，抑制淮北中深层地下水超采，改善沿淮淮北地区水生态环境。引江济淮工程航道贯通后，将构建淮河水系第二条通江达海水运通道，并与沙颍河、合裕线、芜申运河等航道联通，共同形成我国第二条绵延千里的南北大运河，与古老的京杭大运河平行呼应。

引江济淮示意图

人文胜迹 底蕴深厚

文化是人类历史的产物，是全世界精神财富的总和。它无穷无尽又无处不在，它耐人寻味又令人陶醉。文化孕育了世界，并影响着人类的未来。文化古迹所散发的特殊魅力，像磁石般吸引着人们好奇的目光。一个地方的文化是一个地方的根，是这个地方在历史长河中创造、积累、传承下来的经过历史考验的精华。而文化古迹则是许多不同领域的人类历史的证物，是人类智慧的创造。

　　"一方水土养一方人，一方文化造就一方胜迹。"安徽地理位置得天独厚，长江、淮河、新安江横贯境内，将全省划分为淮北平原、江淮丘陵和皖南山区三大自然区域。南北过渡的自然地理特征使得安徽省自然禀赋和人文风物具有兼容并蓄的特点。安徽文化发展自成一系，灿烂夺目，源远流长，一系列历史悠久的人文胜迹、宗教胜迹遍布于安徽的山山水水间。数量众多的古街区、古牌坊、古村落、古亭、古寺、古塔等，历经沧桑而古貌犹存，其数量之多，风格之独特，构思之奇巧，石、木、砖雕之精美，举世罕见，是民间智慧的杰作，更是华夏文明的瑰宝。安徽宗教源远流长，据考古出土资料证实，安徽先人在五千多年前就具有高度发达的神权意识与宗教意识。宗教在安徽的传播发展，为江淮大地增添了不少宗教胜迹，有中国佛教四大名山之一的九华山，四大道教名山之一的齐云山，以及寿县清真寺、芜湖天主教堂等，成为安徽历史文化遗产的重要组成部分。

大江南北的风物遗韵

　　淮河流域是南北分界线，处于过渡气候地带，冷暖气团活动频繁，天气复杂多变，降水年际不平衡，容易造成涝、旱、风、雹、冻等自然灾害，使得区域内的南北文化要素呈现犬牙交错的分布状况。自然赋予了淮河文化鲜明的地域特色。淮河流域历史文化资源更多地表现为南北过渡带的特点，这与气候环境南北过渡带的特点是一致的。以曹操运兵古道、花戏楼、寿春城遗址等为代表的淮河文化遗存也体现了淮河文化的这一特点。

　　皖南山区最具代表性的地区即徽州地区，这里在明代是安徽的文化中心。徽州地区，地狭人稠，重贾而好儒，遗留下丰富多彩的人文胜迹。皖南古民居是徽州土地上的一颗璀璨明珠，是徽文化最杰出的遗存之一，是徽州人的传统家园，叠印着人类的物质文化和非物质文化。此外，徽州古牌坊、古桥等一大批被世人津津乐道的徽州人文古迹，越来越多地吸引着来自全世界的游人。

　　江淮地区地处安徽省中部以及安徽中部与江苏西部交界的一些地区，主要包括合肥、滁州、六安等地。江淮地区文化以独特的山地特征、尚武的江淮民风、浓厚的宗族文化为特色，形成了一系列独特的江淮文化遗存。其中最具特色的当属淮军故里圩堡群，它是江淮大地上一种独特的民居景观，兼有南北方民居的特点，同时包含了西洋建筑的风格，具有强烈的地域文化特征和独特的文化内涵。

曹操运兵古地道与淮河文化遗存

淮河是安徽省中部一条美丽的河流。淮河流域的西部和南部，山峦起伏，北部和东部，平畴千里。淮河两岸支流密布，湖泊星罗；土壤肥沃，气候适中。优越的自然条件和劳动人民世世代代的辛勤垦殖，使得淮河流域自古以来，一直是我国经济文化繁荣发达的地区之一。淮河人民曾经唱着这样一句歌谣："走千走万，不如淮河两岸"。

淮河也是我国南北文化的过渡地带，在黄河与长江之间，淮河两岸交融汇合南北文化。经过历史的沧桑变化，遗留了丰富的遗产资源，有地下长城——曹操运兵古地道，最美戏楼——亳州花戏楼，大放异彩的淮河史前文明——双墩遗址，等等。

·地下长城——曹操运兵古地道

曹操运兵古地道又称亳州古地道、曹操藏兵道，被誉为"地下长城"，位于亳州市老城区内主要街道下。古地道原为三国曹操连通城内外的地下运兵道，是迄今发现历史最早、规模最大的地下军事战道，不仅是古代军事史上的奇迹，也是古代建筑史上的奇迹。

曹操运兵道包括谯望楼和古地道两个部分。整个地道经纬交织，纵横交错，布局巧妙，变化多样，立体分布，结构复杂，规模宏伟，工程浩大，2001年，曹操运兵道被列为第五批全国重点文物保护单位，2016年被评为4A级旅游景区。

东汉末年，曹操在家乡安徽亳州建设谯望楼用于军事等活动。随着历史变迁，谯望楼被淹没在岁月的尘土中。如今，亳州市在原谯望

亳州市曹操运兵古地道

楼遗址附近的运兵道出口建设了一座谯望楼。谯望楼是一座仿汉主体建筑，地下一层，地上六层。地上六层分别为建安文学馆、序厅、书画厅、服饰厅、乐府厅、赋诗厅；地下一层为"地下长城军事奇迹展厅"。经过这一层，就可以进入曹操地下运兵道了。

已发现的古地道长 4000 余米，以大隅首为中心，分别向东南西北四城门延伸，并通达城外。现存古地道有土木结构、砖木结构、砖结构三种类型，其中以砖结构最多。地道有单行、平行、上下两层、立体交叉四种形式。古地道距地面深度一般在 2.5 ~ 4 米，大隅首位置最深。道内转弯处为"T"字形，道内有猫耳洞、指挥中心、障碍券、障碍墙、陷阱、绊腿板等军事设施，还设有通气孔、传话孔、灯龛、应急出入口等附属设施。

·最美戏楼——亳州花戏楼

亳州花戏楼原名戏楼、歌台，又称亳州大关帝庙、山陕会馆，位于亳州市谯城区大关帝庙内，因其中有一座雕刻彩绘绚丽夺目的戏楼而得名。清代康熙十五年（1676 年），花戏楼由山、陕在亳州的商贾集资兴建，乾隆年间施以雕刻、彩绘，后代屡有修葺。1988 年被列为

亳州市内古花戏楼（郭志涛　摄）

第三批全国重点文物保护单位。

亳州大关帝庙院内以大殿为主建筑，戏楼辅衬，坐楼建于两侧，供看戏饮筵用。其中花戏楼占地约 1000 平方米。戏楼的大门为三层牌坊式仿木结构，水磨砖砌成，上面雕刻有精美的图案，包括人物、车马、城池、山林、花卉、禽兽等，其中有六出内容完整的戏文，另有七十余种故事画、图案花纹。铁旗杆、山门、砖雕是花戏楼"三绝"，也最为世人称道。铁旗杆每根重 15 吨，高 16 米多，旗杆分五节，每节分铸八卦蟠龙等图案，展现了高超的技艺。山门坐北朝南，内里殿宇富丽堂皇、高大宏伟，当时看戏的热闹场面可见一斑。砖雕的技法十分精巧、层次分明，充满着艺术气息，其雕刻、彩绘秀丽玲珑，别具一格。

·大放异彩的淮河史前文明——双墩遗址

双墩遗址位于蚌埠市淮上区小蚌埠镇双墩村北，是一处新石器时代遗址。这里不仅是淮河水系的重要河段，同时也是我国东西南北文化传播的通道和交融的重要地区。双墩遗址是 7000 年前的文化印记，是目前淮河中游地区已发现的年代最早的新石器时代文化遗存。20 世纪八九十年代经过三次发掘，出土了大量的陶片、残陶器、石器、骨器、角器、蚌器和大量红烧土块，发现有稻壳以及丰富的动物骨骼和蚌螺壳等。其中最珍贵的是 607 件带有刻画符号的陶器，这些符号被专家学者认为是中国汉字的重要源头之一，被认为是淮河流域早期文明的有力证明。2013 年，双墩遗址被列为第七批全国重点文物保护单位。

·中国原始第一村——蒙城尉迟寺遗址

尉迟寺遗址位于蒙城县许町镇毕集村东 150 米，西南距蒙城县城 20 千米，南距北淝河约 2 千米，是 5000 年前人类文化的遗址，被誉为"中国原始第一村"。尉迟寺遗址地形呈四周低中间高的凸形，该遗址是国内目前保存最为完整、规模最大的原始社会新石器晚期聚落遗存。该遗址东西长约 370 米，南北宽约 250 米，总面积为 10 万多平方米。1989年至1994年，中国社会科学院考古研究所先后进行了8次大规模的发掘，发掘面积7000多平方米，共清理出红烧土房基10排（组）41间，墓葬217间，以及灰坑、兽坑、祭祀坑、活动广场等遗址，出土石、陶、骨等文物近万件，被史学家称为"可与金矿媲美的资源"。2001年，蒙城尉迟寺遗址被列为第五批全国重点文物保护单位。

·楚国最后一座都城——寿春城遗址

寿春城遗址位于淮南市寿县城关寿春镇、城南九龙乡境内。寿春城是战国时期楚国的最后一座都城，也是战国都城中仅次于燕国都城燕下都的第二大城，有着非常丰富的楚文化遗存。

寿春城遗址布局方整，南北长6.2千米，东西宽4.25千米，总面积26.35平方千米。该城东、西、北三面临水，南有西南小城为犄角，护城河与芍陂古水利工程和淝水相通。城内呈矩形分成15个区域，每一区域内系统规划有水道。这种城市布局与同时期列国都城相比可谓别具一格。该遗址发掘的重要墓葬有楚幽王墓、蔡侯墓等，其中楚幽

寿县古城瓮城

王墓是目前我国发掘的楚墓中规模最大、年代与墓主确切、出土文物最多的侯王墓葬，也是可以认定的唯一一座楚王墓，共出土文物4000余件，其中青铜器1000余件，楚大鼎重约400公斤。寿春城遗址是楚国终结之都，集中体现了楚文化的晚期特征，为研究探讨楚国在淮河流域的发展衰亡提供了重要的考古资料。2001年，寿春城遗址被列为第五批全国重点文物保护单位。

·明朝第一座都城——明中都遗址

明中都城位于滁州市凤阳县西北部，是明初洪武二年至八年（1369—1375年）营建的第一座都城，是后期营建南京故宫和北京故宫的模式标本，在我国古代都城选址、设计思想、规划布局、宫阙制度、建筑工艺、石雕艺术等方面居于承前启后的重要地位。后因为多种原因，明中都未曾作为京师启用，现已成为遗址，但其历史价值是不容忽视的。1982年，被列为第二批全国重点文物保护单位。

目前仅存皇城午门、西华门及两段城墙。中都城共有内、二、外三道城墙。外城周长30多千米；二道城称禁垣，周长近8千米；内城称紫禁城，周长近4千米，近似方形，墙高15米多，墙底宽7米，墙顶宽6米多。

·明代第一座陵墓——明皇陵遗址

明皇陵是明朝开国皇帝朱元璋为其父母和兄嫂而修建，初建之时占地2万余亩，于元至正二十六年（1366年）始建，明洪武十二年（1379年）竣工。洪武二年，荐号英陵，后改称皇陵。明皇陵位于滁州市凤阳县城南7千米处。

明皇陵主要有皇城、砖城、土城三道，殿宇、房舍千余间，陵丘、石刻群等。明末以来，由于人为破坏和风雨侵蚀，宫阙殿宇废为遗址，现仅存陵丘及石刻群。

明皇陵与南京明孝陵和北京明十三陵为同一制度，明皇陵虽非帝王之陵，但"宫阙殿宇、壮丽森严"，享殿、斋宫、官厅数百间，皇陵神道总长 257 米，石像生 32 对，皇陵碑文为朱元璋亲撰，石像生数量之多、刻工之精美为历代帝王陵之冠，其艺术风格绝妙，堪称上承宋元、下启明清的大型石雕艺术精品。1982 年，明中都皇故城及皇陵石刻被列为第二批全国重点文物保护单位。

皖南古民居与徽州人文古迹

每次走进徽州，都会让人想起明代著名戏剧家汤显祖留下的千古绝唱："一生痴绝处，无梦到徽州。"这里有着许许多多让人流连忘返，令人魂牵梦萦的"痴绝"之处，粉墙黛瓦的明清古民居，威严矗立的古牌坊，纵横交错的古桥，蜿蜒不绝的古道，这些都似在向人们诉说着历史更替的章回演义。

徽州地处皖南山区，新安江上游，气候温和，古迹众多，风光如画。明朝初期，中国商品经济萌芽的出现和客观的生活空间的局促限制，加之新安江便利的水路交通，使得徽州人离开家门，走上了经商的道

黟县西递村古建筑群

路。明中叶以后"十室九商""以贾代耕"成为徽州突出的经济现象。明末清初，徽州的商业资本出现了空前的发展。徽商在全国逐渐处于十分显赫的地位。明朝人谢肇制在《五杂俎》中记载："富室之称者，江南则推新安，江北则推山南，新安大贾，鱼盐为业，藏镪有至百万者，其它二、三十万则中贾耳。"《歙县志》记载："两淮盐商八总，歙占其四，彼时盐业集中淮扬，全国金融几可操纵，致富较易，故多因此起家。"徽商的出现和大量资金回归故里，为徽州文化古迹的建造提供了坚实的基础。

·皖南古民居

皖南古民居是中国传统民居中的典型代表，是徽州"古建三绝"（民居、祠堂、牌坊）之一，又被称为"徽派建筑"。粉墙黛瓦的民居掩映在青山碧水之间，独具特色。皖南古民居聚落主要分布于安徽省长江以南山区地域范围内，以西递和宏村为代表。目前保存较完好的皖南古民居聚落约四五十座，拥有明清时期的徽派古建筑共7000处以上。由于历史上皖南地区较少受到战乱的侵袭，村落原始形态保存完好，文化积淀深厚，始终保持着历史发展的真实性和完整性，保存了大量形态相近、特色鲜明的传统建筑。

皖南古民居的布局深受中国封建思想影响，其平面格局呈"凹"字形、"H"字形、"回"字形、"日"字形等形状。皖南古民居属于"四水归堂"式建筑，即没有宽敞的院落，只有小小的天井，房屋四面屋顶的雨水向内流入天井，表示"肥水不流外人田"的意思。徽州人认为"水即是财"，夏天的雨、冬天的雪落到天井，寓意财源滚滚。皖南古民居一般由天井、厅堂、厢房、门屋和走廊组成，按照中轴线对称分布。以天井为延展，横向是列，纵向是进，纵深发展，院落相套，从而形成二进堂、三进堂、四进堂甚至五进堂的院落格局。马头墙是徽州建筑最突出的特点之一。马头墙，又称"封火墙"，是房屋两侧山墙的墙顶部分，因其形状酷似马头而得名。高大的马头墙不仅能防止雨水打湿屋顶，保持屋顶内的木结构干燥，还可以防止火灾，并能够有效阻断火势向邻居房屋蔓延。皖南古民居的另一个突出特点在于外观朴素简洁但细节奢华精致，大门及内部装饰上设计精心独到，砖雕、木雕、石雕工艺精美，美妙绝伦，庄重而华丽。

西递、宏村是安徽南部民居中最具有代表性的两座古村落，位于安徽省黄山市黟县境内，它们以世外桃源般的田园风光、保存完好的村落形态、工艺精湛的徽派民居和丰富多彩的历史文化内涵而闻名天下。1999 年 12 月，西递村和宏村被列入世界遗产名录，是世界上第一个被列入世界遗产的民居。

西递和宏村的村落选址、布局和建筑形态，都以周易风水理论为指导，体现了天人合一的中国传统哲学思想和对大自然的向往与尊重。那些典雅的明清民居建筑群与大自然紧密相融，创造出一个既合乎科学，又富有情趣的生活居住环境，是中国传统民居的精髓。西递、宏村独特的水系是实用与美学相结合的水利工程典范，尤其是宏村的牛形水系，深刻体现了人类利用自然、改造自然的卓越智慧。

西递 古称西川或西溪，取村中三条溪水源东向西流之意，后因古有递送邮件的驿站，故而得名"西递"，素有"桃花源里人家"之称。距黟县县城 8 千米，始建于北宋庆历七年（1047 年），已有 970 余年的历史，是胡氏家族的聚居之地。西递村落平面呈船型，四面环山，两条溪流穿村而过。由于地处偏远，历史上较少受到战乱的侵袭，明清村落的面貌和特征基本保留了下来。现有保存较好的明清古民居 124幢、祠堂 3 幢，包括凌云阁、刺史牌楼、瑞玉庭、桃李园、东园、西园、大夫第、敬爱堂、履福堂、青云轩、膺福堂等，堪称徽派古民居建筑艺术的典范。被誉为明清民居博物馆、东方文化的宝库、世界上保存最完好的古民居建筑群等。2003 年，西递入选第一批中国历史文化名镇名村名单。

西递村四面环山，两条溪流从村北、村东经过村落在村南会源桥汇聚。村落以一条纵向的街道和两条沿溪的道路为主要骨架，构成东向为主、向南北延伸的村落街巷系统。所有街巷均以黟县青石铺地，古建筑多为木结构、砖墙维护，木雕、石雕、砖雕丰富多彩，巷道和建筑的设计布局协调。村落空间变化灵活，建筑色调朴素淡雅，是中国徽派建筑艺术的典型代表。西递村头的三间青石牌坊建于明万历六年（1578 年），四柱五楼，峥嵘巍峨，结构精巧，是胡氏家族地位显赫的象征。村中的履福堂，陈设典雅，充满书香气息，厅堂题为"书诗经世文章，孝悌传家根本""读书好营商好效好便好，创业难守成难知难不难"的对联，显示出了"儒商"本色。村中另有一座古宅名叫"大夫第"，建于清康熙三十年（1691 年），为临街亭阁式建筑，原用于观景。门额下有"作退一步想"的题字，语意大有惊醒世人之意。西递村中各家各户的宅院都颇为富丽雅致：精巧的花园，黑色大理石制作的门框、漏窗，石雕的奇花异卉、飞禽走兽，砖雕的楼台亭阁、人物戏文，及精美的木雕，绚丽的彩绘、壁画，都体现了中国古代艺术的精华。

宏村　位于黟县城西北角，距黟县县城约 11 千米。该村始建于南宋绍兴年间（1131—1162 年），距今有 800 多年的历史，是汪氏家族的聚居之地，村落面积约 285 亩。由于这里地势较高，常常被云雾笼罩，显得十分神秘，令人神往。古宏村人为防火灌田，开"仿生学"之先河，规划并建造了堪称"中华一绝"的牛形村落和人工水系。宏村的整体布局形似一头耕牛：村东的雷岗山为"牛头"，参天古木为"牛角"，月沼是"牛肚"，引水入村的水圳则是"牛肠"，村南的人工湖——南湖为"牛胃"，绕村的河溪上架有四座桥梁作为"牛腿"，村中的宅邸则演化成"牛身"，成为当今"建筑史上一大奇观"。2003 年，宏村入选第一批中国历史文化名镇名村名单。

宏村全村现有保存完好的明清古民居 140 余幢，古朴典雅，均为粉墙青瓦，排列规整。承志堂是其中最为宏大、最为精美的代表作，被誉为"民间故宫"。它堪称一所徽派木雕工艺陈列馆,各种木雕层次丰富,繁复生动,经过百余年时光的消磨,至今仍金碧辉煌。南湖书院的亭台楼阁与湖光山色交相辉映,深具传统徽派建筑风格;敬修堂、东贤堂、三立堂、叙仁堂,或气度恢宏,或朴实端庄,再加上村中的参天古木、民居墙头的青藤老树、庭中的百年牡丹,真可谓古色古香。

黟县宏村南湖

·徽州古牌坊

"贾而好儒"是徽州商人的一个重要特征,官、儒、商三位一体是徽商的结构模式。徽商在家业发达后都急于张儒求名,张儒的主要形式是聘请名师教子,兴办私塾、社学和书院。官、儒、商三位一体,"三纲五常""忠孝节义"的伦理道德观,宗法制度、兴盛的教育和繁荣的文化,成为牌坊出现的精神土壤。

徽州古牌坊被称为徽州"古建三绝"之一,在全国的古建筑中独树一帜,无论在建筑形式、选料用料、工艺、雕刻等方面,均有自己的特色。这些牌坊或矗立在小城、乡间的大道上,或矗立在祠堂、庙宇、家宅门口，巍峨壮观，瑰丽多彩，显示着"东南邹鲁"的古朴、高雅的徽州区域文化特色，是研究古代建筑艺术的"活标本"，也是研究封建社会政治、思想、文化的"活化石"。据统计，徽州保存至今的牌坊有123座，其中元代的牌坊1座（仅存部分元代构件），明代的牌坊62座，清代的牌坊60座，为使牌坊能世代相传，永久保存，徽州的牌坊90%以上为石质，砖质和木质的较少。

从牌坊表达的内容和含义上区分，徽州牌坊主要有功名坊、忠烈坊、孝行坊、贞节坊、科第坊、门坊、里坊、义字坊、寿字坊、叙事坊、墓道坊。这些牌坊又可归纳为三类：功德类、标志类、旌表类。

这里介绍几处极具代表性的实例。

棠樾牌坊群 是明清时期古徽州建筑艺术的代表作，现为全国重点文物保护单位，位于黄山市歙县郑村镇棠樾村东大道上。棠樾牌坊群建于明清两代，明代建三座，清代建四座，现存共七座。由西向东，一字排开，分别为鲍象贤尚书坊、鲍逢昌孝子坊、鲍文渊继妻吴氏节孝坊、鲍漱芳父子义行坊、鲍文龄妻江氏节孝坊、慈孝里坊、鲍灿孝

歙县棠樾牌坊群

行坊。前五座为三间四柱冲天石柱式清代石坊，后两座为三间四柱三楼卷草型纹斗脊式明代石坊，牌坊群一改以往木质结构为主的特点，几乎全部采用石料，以质地优良的"歙县青"石料为主，雄伟壮观。这七连座牌坊群，不仅体现了徽文化程朱理学"忠、孝、节、义"伦理道德的概貌，也包括了内涵极为丰富的"以人为本"的人文历史，同时亦是徽商纵横商界三百余年的重要见证。

棠樾牌坊群 现为全国重点文物保护单位，位于黄山市歙县富揭镇棠樾村。棠樾村是汪姓族居之地，汪氏在歙县，历来属于大姓。明末清初时，棠樾汪姓达到繁荣的鼎盛时期，多出巨商或在官场身居要职。以汪镳家族为代表的盐商（迁居扬州）致富后，纷纷回乡大兴土木、建寺庙、修宗祠、兴花园、造豪宅，别墅稠密，棠樾故而得名。四座四柱三间三楼纵列在棠樾村口，一座为明天启年间所造，其余三座为清代所建。四座牌坊自西向东依次为吴氏节孝坊、褒荣三世坊、方氏节孝坊、父子大夫坊，组成一个牌坊群落，是棠樾村头的一大景观。

许国石坊 又名大学士坊，俗称"八脚牌楼"，位于黄山市歙县城内阳和门东侧，跨街而立。许国石坊立于明万历十二年（1584年）。许国（1527—1596年），万历十二年晋少保，封武英殿大学士，位居仅次于首辅的次辅。许国石坊就是许氏衣锦还乡时在家乡歙县所建。许国石坊是石质仿木构造建筑，全部采用质地坚硬的青石料建成，所有柱子、梁枋、斗拱、雀替等构件上均雕刻精致生动的动植物花纹和各种图案，十分珍贵。结构上，许国石坊平面呈"口"字形，不是通常的四柱而是八柱，南北长11.5米，东西宽6.77米，高11.4米，总面积78.13平方米。许国石坊结构严谨，布局合理，形制全国罕见，是全国唯一一例为旌表功勋、科第、德政以及忠孝节义所立的建筑。

·徽州古桥

徽州古桥是徽州文化的一个重要组成部分，是徽州先人们留给我们的一笔丰厚的历史文化遗产。"丹霞相对崛，幽涧小桥多"，在古徽州，几乎每一个村庄都有一座古桥。徽州古桥不仅数量繁多，而且类型丰富。从建筑材料来分，徽州古桥大体上有木桥、砖桥、石桥，以及木石混筑桥。此外，徽州古桥还有曲桥、平桥、廊桥和月桥之分。

徽州古桥千姿百态，特色各异、设计精巧，这些古桥是徽州人聪明才智的体现，是徽州人与自然和谐的杰作。斗转星移，历史的沧桑巨变，徽州古桥历经千百年的风雨侵蚀以及一些人为的破坏，数量正在不断地减少。有的因遭受骤然而至的山洪的冲圮，已轰然崩塌了，有的因经济发展和社会建设的需要被拆毁。

歙县三桥　是最具代表性的徽州古桥，它们均位于歙县城内，又被称为"古歙三桥"，下面进行简要介绍。

歙县北岸廊桥（高长茂　摄）

"江南第一石拱桥"太平桥，是婺源、休宁、祁门、黟县以及屯溪等地进入徽州府城和歙县县城的必经之地，是徽州的咽喉要道。位于歙县徽城镇西门外练江之上，又名"河西桥"。始建于宋端平元年（1234年），初为浮桥。元朝末年因兵乱被毁，后改建为木桥。明弘治年间（1488—1505年），改建为石桥。明清时期先后整修数次。民国十八年（1929年），芜（湖）屯（溪）路歙县至屯溪段建成后，该桥被利用通行汽车。太平桥共16孔，孔径为12.4～16米，全长279米，是安徽省现存最长的古桥，也是现有公路桥中最长的石拱桥。

自太平桥沿练江北岸东行，穿过渔梁街和新安关，便是"古歙三桥"之一的紫阳桥。紫阳桥位于渔梁坝下，太平桥东南，横跨练江。该桥原名寿民桥，因桥靠近紫阳山，故又名紫阳桥。紫阳桥初建于明万历年间，系当时的徽州知府杨松年、邬元会等倡建，历经数年方才竣工。该桥为 8 墩、9 孔石拱桥，因渔梁为徽州重要水上码头，来往于渔梁之货物帆船必须经行紫阳桥下，因而，与"古歙三桥"中的太平桥和万年桥相比，紫阳桥的桥身最高，气势也最恢宏雄伟。据测量，紫阳桥桥身高 14 米，长 140 米，宽 10 米。大桥建成后为了纪念徽州知府邬元会的德政，人们在桥东专门建立了一座名叫"邬公祠"的祠宇，四季香火不断，后毁于火灾。紫阳桥是观赏徽州码头风光的最佳地点，登桥眺望西北的渔梁坝和渔梁街，屋楼瓦舍，比肩而立。作为歙县城内最高的一座古桥，紫阳桥现在依然是练江两岸居民往来的重要通道。

太平桥上游的万年桥是"古歙三桥"中最北端的一座石拱桥。它地处歙县城北门外的扬之、布射和富资三水的汇合处，是历史上徽州府城和歙县县城通往太平和省会安庆的交通要道。这座古桥兴建于明万历元年（1573 年），系当时的徽州知府和歙县知县共同主持创建，为 8 孔、9 洞的石拱桥建筑，长 153 米，宽 6.7 米，高 10 米。初建时，桥东侧还立有一座石牌坊，上面有"北月钥龙"和"道岸津梁"等匾额。

· 徽商之路——徽州古道

徽商多是小本起家，尤其能吃苦耐劳，绝大部分徽商出行选择的是徒步或者乘船。千百年来，徽州人贩运盐、茶、山货，在外经营米、丝、纸、墨、木材、典当等行业，往返于古道，走出了一条条饱经风霜的经商之路，成就了一代代的徽商传奇和辉煌。徽州古道，是古代徽州府与周边州府经商往来、人员交流的主要通道。据不完全统计，安徽省现存大小古道 100 多条，其中保存较好的有徽杭古道、徽饶古道、徽青古道等 50 条，保存较完整、富有历史价值的古道有 20 多条。徽州古道是继丝绸之路、茶马古道之后的中国第三条著名古道，是一条自然风光最壮观、文化最神秘的走廊，也是一条见证徽商历史文化的"徽商之路"，在全世界享有较高的声誉。徽州境内山多、山势险要，这些古道多顺山势、沿溪水而建，大多处于群山幽谷中，周边生态环境好，景色十分优美。

徽杭古道　徽杭古道是古时连接徽州府和杭州府的重要纽带，是明清时期徽州人走出徽州进而经过大运河北上至扬州和京城等地的最重要的陆上通道，被称为"中国第一古道"。徽杭古道有南北线之分。北线从徽州府歙县县城出发，经绩溪县城、伏岭镇，越道遥岭至昌化，通杭州。南线从徽州府城歙县县城出发，越昱岭关（皖、浙省界），在昌化与北线会合，通杭州。其中保存最完整的绩溪县境内盘山石阶

绩溪县徽杭古道

小道，是徽杭古道的精华所在。

徽安古道　连接徽州府与安庆府，全程约 210 千米。从歙县沿徽浮古道至祁门县城，由祁门县城北上，经胥岭、大坦、大洪岭至雷湖；转向西北，经琅田、古楼墩至金钗培入石台县境；再经横船渡、七里、矶滩至唐家渡，经塔坑、尤里冲入贵池区；再经十字路、牌楼、吴田、黄溢至安庆。徽安古道以祁门县境内大洪岭段最为难行。现屯溪至安庆已通公路，该古道荒废。

徽昌古道　连接徽州府与浙江昌化县。自歙县城南门，东北行，

经渔梁、鲍家庄、呈村降、北岸、霞坑、苏村、杞梓里、三阳、竹铺至昱岭关，出关前行至浙江昌化县城，通杭州。歙城至昱岭关62千米。竹铺至昱岭关段为山岳地带，岭峻路险。其余路段为丘陵地带，多为石板铺筑。

徽池古道　连接徽州府与池州府，通达安庆府，全程200千米。沿徽州至安庆古道，行至唐家渡分路，转向正北，经沟汀、鹢鹈入贵池县境；再经虎子渡，沿秋浦河，指北偏西，顺流直下，经高坦、殷家汇至贵池区。此道以祁门境内大洪岭段最难行。徽池古道是徽州西南地区通安庆、贵池的捷径。新中国成立后，该古道除大洪岭外，其余大部分路段被公路所利用。

徽浮古道　连接徽州府城与江西浮梁县，全程约200千米。徽浮古道横贯徽州西南部连接江西饶州大道，是古代江南一条重要的交通干线。此道境内大部分路段用石板铺筑，其中兰渡桥南沿横江至岩脚段古道尚存，由宽7.5尺、长5尺左右的石板铺成。从歙县城西行，经棠樾、唐模至潜口，转向西南，经塘贝，跨丰乐水，过塘坞，至休宁徽光，经万安至休宁县城；出休宁县西门西行，经夹溪桥、川湖街、兰渡、岩脚至界首，过界首至黟县渔亭；由渔亭西行，经楠木岭至祁门县的横路头，再西行，经金字牌、洪村至祁门县城；由祁门县城再西行，经新岭、小路口、石坑、大北埠、罗村铺至闪里；由闪里南下直趋浮梁县城。

徽泾古道　连接徽州府与泾县，全程94千米。徽泾古道道路平坦，石板路面，路宽6～9尺。出歙县城向东北行；经吴三铺、牌头、新管、上新入绩溪县境；经临溪、雄路至绩溪县城。出绩溪县城向西北行，经高村、翚岭、镇头、浩寨至分界山（绩溪、旌德县界）；过分界山，经七里铺至旌德县城；由旌德县城再向西北行，经新桥、柳山铺、高口铺、三溪铺至浙溪入泾县境；再北上，经榔桥至泾县城。

淮军故里圩堡群与江淮文化遗存

江淮地区主要指安徽长江以北、淮河以南地区，包括淮南、滁州、六安、合肥、安庆等主要城市。江淮地区有着悠久的历史文明和丰富的文化遗存。

合肥西乡的紫蓬山、周公山、大潜山，巍然耸立于群山之间，自西向东一字儿摆开，绵延四五十里，它们像一条摇头摆尾的巨龙，伏卧在江淮之间的皖中大地上，国内最著名的圩堡建筑群——淮军故里圩堡群就坐落在这里。

江淮文化遗存中，古镇、古街十分有特色。已有 2500 多年历史的水乡古镇三河镇被三条河围绕着，街市繁华，万商云集。远近闻名的皖北古茶镇临涣古镇，空气中飘荡着的阵阵茶香，吸引着众多茶客前来品尝。皖西千年古镇毛坦厂镇人文资源十分丰富，是皖西丛山中的一颗明珠。

·淮军故里圩堡群

"圩堡"是江淮地区特有的晚清地主庄园，体现了合肥地区兼容并蓄的江淮文化特质。它集居住和防卫功能于一体，吸收了古代城池护城河和城墙的防御特点，采用外壕内宅的布局，在圩子外深挖壕沟、垒筑围墙，设置吊桥炮台，仿佛军事堡垒一般。内宅吸收北方庄园、江南园林和皖南古民居的建筑特色，构筑了江淮地区独特的建筑风格。

肥西县是我国近代史上赫赫有名的淮军发祥地，是淮军主要将领的故乡，淮军历史文化遗存极为丰富。在肥西县紫蓬山、周公山、大潜山周围，形成了中国规模最大、最集中的圩堡群落——淮军故里圩堡群，以刘铭传故居最具代表性。其他比较著名的淮军将领们在功成名就之后，也纷纷回到家乡，跑马圈地，大兴土木，建造私家庄园——圩堡。据记载，当时淮军将领们共修建了 100 多个大大小小的圩堡，较著名的有张树声兄弟的张老圩、周盛波故居周老圩等。

"刘老圩"——刘铭传故居　位于合肥市肥西县紫蓬山区最高峰

大潜山北麓 2 千米处。刘铭传生于合肥西乡（今肥西县），是台湾首任巡抚、淮军著名将领。他在台湾出任巡抚六年，在行政、军事、经济、交通、通讯、教育等领域开展了一系列改

肥西县刘铭传故居（陈安云　摄）

革，奠定了台湾现代化的基础，被称为"台湾近代化之父"。"刘老圩"是刘铭传于 1868 年第二次辞官回乡，在合肥西乡择地兴建的圩堡型住宅群，是淮军故里圩堡群的突出代表，反映了江淮之间独特的圩堡文化，具有较高的历史、文化、观光价值。2004 年，被列为第六批全国重点文物保护单位。

刘铭传故居圩基包括水面，占地约 90 亩。建圩时四周挖壕沟垫圩基地，西面挖大堰烧砖瓦，就近从山上取石料。为了面对大潜山，刘老圩建筑坐西朝东。圩内四周是深壕和石围墙，大潜山汇流的金河水绕圩而过。围墙上配有 5 座碉堡、炮台，分内、外壕沟。外壕有东南、东北角两座吊桥，各桥分别有两层门楼 7 间，住有兵勇护圩。过外吊桥进圩内即是内壕沟，每座吊桥处均设有门楼。

刘老圩正大厅为三进，每进 3 间。头进与二进之间的天井院内是回廊包厢，第三进为两层堂楼。正大厅大门面对外壕沟月牙塘，月牙塘的两尖角内弦是一个矩形荷花池，池中有花圃。正厅西南角是西洋楼，两层三间，楼上藏书，楼下住人。正厅北面是钢叉楼，两层五间，因大潜山侧有老虎洞，建此楼"压邪镇圩"。楼后的盘亭，四面环水，唯石桥相连，存放国宝"魏季子白盘"。盘亭北面的九间厅，是刘铭

传迎客会友之处。厅后的小岛曾经是弹药库。刘老圩西水面上有一大岛，是读书的好地方。当年刘铭传常在此读书，后有栈桥通往岛上。据说刘铭传晚年时曾拆了栈桥，每天摇船送孙辈到岛上读书，中午送饭吃，傍晚才准回家。

"张老圩"——张树声兄弟故居　淮军将领张树声故居，占地约6.6万平方米，位于合肥市肥西县铭传乡周公山下，始建于清朝同治年间。据史料记载，张老圩内原有各式建筑300多间，目前尚存后堂屋1幢9间及守卫住房5间。圩堡四面青山，除大门和部分古树外，周围圩壕沟环绕，且内壕沟将圩内分为三个岛屿。现为聚星中学所在地。被称为"民国最后闺秀"的张氏四姐妹就是张树声的后人，其中张氏四姐妹中的老大张元和，就出生于这座老圩里，六岁后才和家人一起举家搬去上海，后又搬至苏州。

距张老圩约2千米的张新圩，占地6.8万平方米，是张树声之弟——时任淮军记名提督张树屏故居，也建于清同治年间。据记载，原圩横竖成方，整齐划一，不仅华丽坚实，而且结构也非常新颖，圩内有砖瓦屋数百间，外貌呈方形，并有内外护圩沟两道。张新圩西边有一道自然河流，长年流水不断，环山傍水，地理环境十分优雅。

"周老圩"——周盛波故居　由淮军将领周盛波所建，位于合肥市肥西县紫蓬山农兴镇。原有房屋450间，均为徽派风格的豪华建筑，花园、假山、亭池点缀其间。各圩子外还建有更楼、哨所、花房、作坊、长工屋、仓房数百间。周老圩内有三家大院，每家都有五进大院，浑青瓦房，全部房屋都是浮雕、透雕装饰，描龙画凤点缀，还有八仙过海、二十四孝等壁画。每年过节或婚丧要事，就打开中门，从重兵把守的大门进去，直到祖先堂楼，道道门上张灯结彩，走廊悬挂皇帝诰命、圣旨和"北海老农""功德无量""乐善好施""衣食父母""恩泽浩荡""五世同堂"等匾额。祖先堂里挂着周盛波、周盛传的画像。周老圩现为农兴中学所在地，现存的几幢老屋也已成为农兴中学图书馆。

·中国最大的地主庄园——霍邱李氏庄园

李氏庄园位于距霍邱县城 30 多千米的马店镇，庄园占地 90 亩，房屋共计有 430 多间。始建于清咸丰六年（1856 年），由上千劳力和工匠耗时 10 年建成。建成的庄园坐北朝南，东西距离 250 米，南北距离 240 米。为了御敌，圩子四周还人工挖了多道圩沟，建有四座炮楼。整个建筑群的三座宅院都采取了"一线穿珠"格局，即从头道大门向纵深进入，会经过四道大门、四个院落，直到后堂楼，贯穿三条轴线，顺着轴线一进比一进略高。有楼、厅、堂、库、房、台、亭、棚等，纵横错落，点面结合。各院中都建了大客楼或大客厅，庭院开阔，带有很浓的宫殿式建筑风味，黑漆金字、雕龙画凤、砖雕木雕处处可见。1985 年被批准为省级文物保护单位，2006 年，被列为第六批全国重点文物保护单位。

李氏庄园在"文化大革命"时期，受到较大的破坏，许多房屋都被拆除，围墙倒塌，各种雕饰被作为"封资修"的证据而销毁，如今的李氏庄园早已没有了往日的辉煌，现在仅剩下不到 90 间房屋。但仅从现有的房屋建筑中也能窥探到当年李氏庄园的宏伟气势。近几年，当地文物部门正在积极地进行保护性维护，尽可能地恢复原有李氏庄园的面貌。

霍邱县李氏庄园（晋知华　摄）

·巢湖岸边的一颗明珠——三河古镇

肥西县三河古镇（吕务农 摄）

位于合肥市肥西县南端，地处肥西、庐江、舒城三县交界处，与西南的舒城杭埠镇、南面的庐江同大镇、肥西丰乐镇和严店乡毗邻接壤。三河古镇因水汇集而成，交通发达、商贸繁盛，三河镇一度被冠以"小南京""小上海"的美誉。三河古镇历史悠久、文化灿烂、人杰地灵，境内名胜古迹众多，历史名人辈出。太平军将领陈玉成、李秀成在三河一战击败清军取得了近代史上有名的三河大捷，至今仍留有当时的大本营、古城墙、古炮台等遗迹。李鸿章家粮仓、杨振宁客居地等保存完好；还有宋太祖寄宿地"二龙街"、庐剧"小辞店"等遗迹。三河镇因丰乐河、杭埠河、小南河三水流贯其间而得名。镇内河环水绕，五里长街，镇外河网纵横，圩堤交错，具有"外环两岸，中峙三州"的独特地貌，历来以其古老、秀丽、繁华而闻名遐迩，是镶嵌在巢湖岸边的一颗明珠。三河古镇有江淮地区独有的"八古"景观，即古河、古桥、古圩、古街、古民居、古茶楼、古庙台和古战场。

三河老街历史悠久，已有2500年的历史，荟萃了丰富的人文景观。明清时期，古街已发展到"五里古街"，成为"皖中商品走廊""庐郡南一大都会"，极为繁荣。老街自古码头开始，沿小南河，向南绵亘2千米，街宽3米，路面用青色的石条铺砌而成，街边两侧店铺多为徽派建筑风格，一、二层砖木结构，平面呈块状，二至三进庭院。

·皖北茶水镇——临涣古镇

临涣镇，因濒临涣水（浍河）而得名。又名古茶镇，位于濉溪县中南部，东连韩村镇，南邻五沟镇，西与涡阳县石弓镇、青町镇接壤，北接百善镇，距濉溪县城37千米。临涣古镇始建于春秋时期，是淮北的重镇。秦末农民起义，陈胜、吴广率军从大泽乡西进，首克此城。临涣古镇至隋唐时就已成为贸易中心，店铺作坊和摊贩散布在城内长达数里、纵横交错的8条街面上，成为苏、豫、皖贸易交往的重要商埠。2006年，被授予安徽省历史文化名镇。临涣古镇茶文化远近闻名，据《通志》记载，明清时期的临涣茶馆因水源优势，鼎盛时期有茶馆二十余家，并打造出了自己的品牌茶"临涣棒棒茶"，临涣人的饮茶习惯自此沿袭。临涣古镇现存临涣古城墙、文昌宫、观星台等遗迹。

濉溪老街　是濉溪历史的缩影，是口子酒文化发祥地的见证，对于研究和考证地方史具有重要的实物价值。濉溪老街始建于清雍正八年（1730年），整体风格古朴庄重，全长650米，宽度在5～8米之间。街面为青色方石铺地，两侧房屋基本为一层，檐口高度2.5米左右。石板街整体呈线形弯曲，无法一眼望穿，房屋有高有低，有进有出，古碑、古庙、古书院、古民居散落其间，空间变化十分丰富。石板街东西朝向，而巷以南北向为主，似鱼骨状串在大街上，宽的约3～4米，窄的约2米，最窄的不到1米，俗称"一人巷"，仅供一人通过。巷里居住环境安静舒适，深宅大院多半在巷里。

·大别山深山古镇——毛坦厂镇

毛坦厂镇位于六安市金安区毛坦厂镇镇区中心，处于舒城、霍山、金安三县区交界处。相传毛坦厂的名称来源于明朝朱元璋的"马政"政策。六安南部山区有一片空旷的平川，茅草丛生，水草肥美，是养马的绝佳之地，于是州吏便在此设厂饲马，得名"茅滩场"。毛坦厂镇人文资源十分丰富，有毛坦厂老街、涂氏祠堂、东石笋风景区等自然和人文景点。

位于镇区河边的毛坦厂老街是一条明清老街，始建于明代，长约1320米，有750间徽派古民居，是皖西地区唯一保存完好的明清古建筑群。老街建筑多为大驮小重梁阁楼，青砖灰瓦白墙，天井院，封火墙，石雕石刻栩栩如生，雕梁画栋，古色古香。曾任湖广总督的涂公赢晚年辞官移居至毛坦厂，请来徽州的能工巧匠，修建公馆、家庙及沿街的商铺。周边的大户竞相攀比，至此明清老街规模大致形成。抗日战争时期，毛坦厂由于位于大别山地区的腹地，老街的商业达到了全盛时期，各类商品在此交易，门庭若市。新中国成立以后，由于毛坦厂夹在三县之间，交通不方便，商业逐渐衰落。20世纪90年代末，老街的周边地区新建商业街，老街商业氛围进一步衰落，目前主要以居住为主，仅有零星小商业存在。

源远流长的宗教胜迹

安徽佛教和道教在中国宗教文化发展史上具有非常重要的地位。安徽境内多名山，无论规模或海拔，无山不有宗教文化，正如《增广贤文》所言："世间好语书说尽，天下名山僧占多。"安徽山清水秀的自然风光，吸引了大批僧尼道人来卓锡布道、建寺立观，因而在各处名山胜水间留下许多独具特色的宗教遗迹和文化。"莲花佛国"九华山是我国佛教四大名山之一，在全世界享有盛誉；司空山是佛教禅宗中华始祖二祖慧可创办的唯一道场，被誉为"禅宗文化发祥地"；齐云山是我国道教的四大名山之一，有"江南小武当"之誉。

安徽省是佛教传入最早的内陆省份之一。据记载，封邑在淮河两岸的楚王刘英"尚浮屠之仁慈"；在"王公贵人"中，"独楚王英最先好之"。东汉明帝永平十三年（70年），刘英被革爵"徙丹阳泾县（今宣城泾县）"，佛教信仰由此传入安徽。

宋、元时期，伊斯兰教在安徽传播开来。元末，朱元璋发迹于皖北，军队中有信奉伊斯兰教者，且立下较大战功，使得伊斯兰教在明初地位较高。今寿县县城内有回族群众聚居，号称"朱半城"。寿县清真寺与安庆关南清真寺被列入第七批全国重点保护文物名单。

基督教在安徽传播历史悠久，早在元代就有天主教在安徽传播的记载。清朝初年，安徽的五河、安庆、池州和徽州地区就已有传教士活动。1876年，中英《烟台条约》的签订，规定将芜湖等四个城市辟为通商口岸，传教士相继进入安徽，此后的一二十年内，全省大小三十多个城镇建立了教堂。

月华天街与安徽道教遗存

清代乾隆皇帝赞誉齐云山为"天下无双胜境，江南第一名山"。齐云山道教历史悠久，至今已有1200多年的历史。齐云山道教活动始于唐，盛于明代中叶，至明嘉靖、万历年间，香火日趋鼎盛，晨钟暮鼓，香客云集。明嘉靖二年（1523年），赐建玄天太素宫于齐云岩，赐山名"齐云山"。至此，天师道正一派立足于齐云山，形成全真派与正一派两派并存，以正一派为主的格局。此时齐云山道教达到鼎盛时期，成为道教名山之一。齐云山中心所在的月华天街，是道教宫观阁院集中之处，规模最大、香火最盛时有玉虚宫、太素宫等100多座道观，来自安徽、浙江、江西等地的香客众多，是江南道教活动的中心。

淮河流域是道教的发源地。道家先驱彭祖、春秋道家老子、战国道家庄子、被誉为"希夷祖师"的一代道宗陈抟，都是生长于淮河流域。淮河流域的道家学派以及吴楚地区的鬼神崇拜为道教的产生提供了思想和信仰的准备。经过近2000年的发展，安徽不仅拥有丰富的道教资源，而且在道教发展史上地位重要、影响深远。

• "天上的街市"——月华天街

月华天街是宫观、院房和民居依山组成的牙形建筑群，位于黄山市休宁县齐云山中部，街心有一弯月牙形水池，故得名。月华天街是齐云山道教活动的中心，现有太素宫遗址及兰谷道院、胡伯阳房、镜台道院、梅轩道院等古道房，以太素宫为中心。月华街一带，是道士们引以为豪、香客们心驰神往的圣地，是东南道教活动中心。月华街一带，除了宫观之外，粉墙黛瓦，山房错落，比邻接踵，连片成街。数以百户正一派的道人方士聚集于此，俨然成为一条"天上的街市"，被看作中国道教处士集聚山居的大型博物馆。流连于此，游人似可体会到道教"求今生"的生活真谛。

齐云山道教建筑种类繁多，自开山以来，历代均有修建，明末最盛时达一百余处。由于年代久远，加上天灾人祸，这些宫观道院及亭阁祠殿大多已被毁废。齐云山的道教建筑依山就势而建，与峰岩浑然一体。齐云山的建筑利用山峰岩石作为屋体的组成部分，屋体倚峰岩，峰岩即屋体，屋体与峰岩之间融为一体，营造出洞天福地的道教圣境。太素宫、玉虚宫等建筑，就是其中的典型代表。

齐云山月华天街（潘志超 摄）

太素宫　　位于齐云山月华街中心，是月华街乃至整个齐云山的主要道观之一。太素宫原名"佑圣真武祠"，始建于南宋宝庆年间。南宋理宗宝庆二年（1226年），道士余道元在齐云山齐云岩创佑圣真武祠，供奉玄天上帝神像。该神像相传为百鸟衔泥塑成，非常灵异，香火日旺。明世宗嘉靖十一年（1532年），龙虎山正一派第四十八代天师张彦頨奏令道众赴齐云山为皇帝建醮祈嗣，果获灵验。于是皇帝敕令扩建真武祠，历时两年，竣工时，世宗赐殿名"玄天太素宫"，并敕改白岳为"齐云山"。太素宫宫址占地面积约1600平方米，坐南朝北，与玄帝"镇南天，拱北极，威震万山"的圣嘱相符合。整体建筑规划周密奇巧，工艺精湛，体现了我国古代劳动人民高超的艺术才智。虽全系木石结构，易于损坏，但因整修及时，历时四百载，依然如故。1986年，齐云山管理处协助道教协会，对已成废墟的太素宫遗址进行了清理，扶正了残存的铁香炉和神像台。1987年9月，道教协会将募得的仅有财帛，在第三进殿旧址上，从简建起一座庙堂，并塑一玄帝坐像，正位入座，供香客朝拜。

玉虚宫　　又称"老殿"，位于齐云山太素宫西南紫霄崖下，明武宗正德十年（1515年），由齐云山紫霄道人汪泰元与徒弟方琼真募集资金修建而成。该建筑主要由"天乙真庆宫""玉虚阙""治世仁威宫"组成，建筑十分精巧，与自然峰岩融为一体。

除了上述月华天街上的道教遗存外，安徽其他著名的道教遗存还有天静宫、双河道观、茅仙古洞、禹王宫、合肥城隍庙、芜湖城隍庙、霍山南岳庙等，这里择其一二作简单介绍，不再一一叙述。

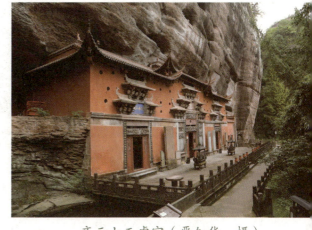

齐云山玉虚宫（晋知华　摄）

·老子故里——涡阳天静宫

天静宫俗称"中太清宫""老子庙",位于涡阳县郑店村。郑店,古名福宁镇,为春秋时代伟大思想家、哲学家、道家创始人老子的出生地,后人在此建宫,尊奉之。天静宫建于汉桓帝延熹八年(165年),宋真宗天禧二年(1018年)敕修,元宁宗至顺三年(1332年)再度敕修并立碑。

天静宫三面环水,一面靠山,是枕山际水之地。原宫占地3000亩,居中有老君殿;东有东岳庙、问礼堂;南有流星园、圣母殿、九龙井;西有太霄宫、玉皇庙;北有三清殿、纯阳殿。此外,尚有灵官堂、诵经堂、钟楼、客房、庖库、马厩等建筑。宫内殿阁林立,松柏交翠,庄严肃穆,是一处罕见的庞大的纪念性古建筑群。后经风雨摧残,建筑大多被毁,现存东岳庙、九龙井,其余均为遗址。

涡阳县天静宫

·双河山顶的千年古观——金寨双河道观

双河道观位于金寨县双河镇北500米处的双河山上，始建于隋代，该观原有砖瓦结构单房、殿堂九十九间半，外设一宅两院的孤魂祠五十间。观内设有大成殿、玉皇殿、三清殿、大德真君殿、三生娘娘殿、阎罗十殿等。该观迭遭变故，几度衰落。

1986年被列为安徽省开放宫观。目前观内已修复单房、殿堂五十七间，观外修复王爷殿一间、戏楼四间。2002年又修建一座仿古塔式观音阁，供奉千手观音和大型根艺菩萨雕像。农历三月二十八日，是金寨县每年的双河道观庙会，也是金寨县传统的民间节日。每逢庙会，四面八方的人们纷纷来到双河山顶的千年古寺双河观，参加道教朝圣、游览观光和商贸活动，烧香许愿，祈愿五谷丰登、吉祥如意。

· "皖北第一人文洞府"——茅仙古洞

茅仙古洞位于淮南市凤台县双峰山南崖壁上，背山面淮，与淮河"第一峡"峡山口相连，素有"淮上胜境"的美誉，被誉为"皖北第一人文洞府"。山中林壑优美，佳树葱茏，山下淮水如练，牵来绕去，山石倒长，南仰北倾，斜指南天。自古为佛道两教传习胜地，更是游览佳境。据记载，汉宣帝地节年间（前69—前66年），茅山道教创始人之一的茅盈，曾在茅仙洞洞口外建草庵一座潜心修炼，而后茅盈的兄长茅固、茅衷陆续来此隐居，采药炼丹，得道成仙。茅仙洞上建有"三茅殿"，供奉茅氏三兄弟神像，故称茅仙古洞。

茅仙古洞全长有700余米，洞内有36洞天，分别赋予宗教文化、淮河民俗文化的内涵。元代道教全真派兴起，茅仙古洞成为淮上著名的全真派道观，延续至今。民国二十四年（1935年），道教门徒苏理纯、苏宗善广为化缘，集资重修殿堂，改名"清天观"。每年大年初一，周围百姓一般会来烧香，以虔诚的态度祈求神仙保佑全家平安。每年农历七月二十九日至三十日的庙会期间，各种小摊小贩及民间表演都会聚集于门口，吸引各地游客远道而来。

凤台县茅仙洞

· "禹会诸侯地" 古庙独千秋——涂山禹王宫

禹王宫又称"禹王庙""涂山祠",位于怀远县东南涂山山顶上,涂山一般被认为是古代的会稽山,是大禹生活和治水的地方。"禹会诸侯于涂山"即指此。后人为纪念大禹治水的功绩,在此立庙祀。

禹王宫始建于唐以前,具体年代不详,相传建于西汉高帝十二年(前195年),已有2000多年的历史了。元大德年间,改名"元妙观",学正吴文魁《重修禹王庙记》记载:"涂山严严气象,禹以神功灵德,庙食此山,其来久矣,唐大臣狄梁公(仁杰),天下正人也,毁诸淫祀二千七百余所,而禹庙巍然独存。"由于年代久远及天灾人祸的损毁,后人虽勉强修复,但禹王庙古迹现存已不多了。历代多有文人墨客来此凭吊,留下大量的诗文碑刻。如苏轼的《濠州七绝·涂山》诗云:"川锁支祁水尚浑,地理汪罔骨应存。樵苏已入黄熊庙,乌鹊犹朝禹会村。"该诗的碑刻现还珍藏于庙壁。

九华山寺庙群与安徽佛教遗存

佛教约在东汉后期传入中国。三国时期，安徽境内已有 20 多座佛寺。北周武帝灭佛时，禅宗三祖僧璨秘密活动在岳西司空山、潜山天柱山一带。唐代一度佛教鼎盛，寺庙广建，名寺有九华山化城寺、黄山翠峰寺、敬亭山广教寺、琅琊山开化寺等。宋、元、明代仍有发展。清代，九华山发展成为佛教圣地——地藏菩萨道场，至此，安徽佛教圣地以九华山为首。九华山与山西五台山、浙江普陀山、四川峨眉山并称为我国四大佛教名山，有"莲花佛国"的美称。

有诗云："深山藏古寺，山水洗尘心。"九华山间，遍布深沟峡谷，垂涧渊潭，流泉飞瀑，气象万千，宛如一幅清新自然的山水画卷。自古以来，九华山就吸引着众多的僧尼来此修行。九华山佛教文化的灵魂是地藏文化。东晋隆安五年（401 年），天竺僧人杯渡在九华山创建茅庵，开始传播佛教，这是九华山佛教流传的开端。而九华山佛教的真正兴起，则始于古新罗王室贵族金乔觉在此传道。据记载，唐开元七年（719 年），金乔觉作为青年僧人来到中国。他先到都城长安，后云游各地，去过几处佛寺，都觉得不是自己的长久修行之地。在朝拜普陀山之后，他向西北方向而行，先后云游了宣城、池州、南陵、庐江等地，经过一番辗转，金乔觉来到九华山，发现这里峰峦挺拔、连绵百里、云雾缭绕、四季清凉，是个修行的好场所。之后一直在此修炼，于唐贞元十年（794 年）圆寂，寿至 99 岁。据说三年后开缸时，其"颜面如生，兜罗手软，骨节有声，如撼金锁"，众僧认为他是地藏菩萨的化身，尊称"金地藏"。此后，九华山成为地藏菩萨的道场，香火日盛。清末鼎盛时，佛寺有 400 余座，僧尼达 5000 多人。

1983 年，国务院批转《国务院宗教事务局关于确定汉族地区佛道教全国重点寺观的报告》，确定了汉族地区 142 座佛教寺院为全国重点寺观。其中安徽省确定的汉族地区佛教全国重点寺院有 14 个：合肥市的明教寺，安庆市的迎江寺、三祖寺，滁州市的琅琊寺，芜湖市的广济寺，九华山的化城寺、肉身宝殿、百岁宫、甘露寺、祇园寺、天台寺、旃檀林、慧居寺、上禅堂。其中九华山的寺庙最为集中。

· 九华山寺庙群

九华山现存寺庙近百座，主要集中在九华街和闵园景区，以九华街最为密集。寺庙以祇园、东岩、万年、甘露、旃檀、上禅堂、拜经台、小天台、万佛寺、慧觉寺和九华莲社规模较大，各有房屋百余间。特别是甘露寺、祇园寺、东岩寺、百岁宫因规模宏大，能够开坛传戒，举办各种佛事活动，被称为"九华四大丛林"。九华山寺庙群建筑别具特色，似一顶天立地的仙人，以天台为首，化城为腹，五溪为足，寺庙布局其中，十分巧妙。九华山寺庙建筑因地制宜，充分利用九华山的山地地势和岩石的分布，与自然融为一体，并摆脱轴线对称的束缚，建筑布局依山就势，鳞次栉比，布局紧凑，层次分明。寺庙外形似皖南民居，红瓦白墙，内部结构却复杂多变，一般为两进或三进四合院，内有天井。

化城寺　建在九华街盆地中心化城峰，东临东崖，南对芙蓉峰，西接神光岭，北倚白云山，四山环拱如城，是九华山的开山寺和总丛林。始建于东晋隆安五年（401年），唐建中二年（781年）辟为地藏道场，朝廷赐化城寺匾额。现存寺庙为四进大殿，前三进为清末所修，后进藏经楼为明万历年间（1573—1619年）建造。该寺平面采用重叠式四合院，轴线对称，每进平面随地形逐级升高。寺前有半月形偃月池（放生池），相传为金地藏居时所凿。化城寺采用硬山式屋顶，小青瓦屋面，一、二、三进为单檐，四进为重檐。

肉身宝殿　在九华山的神光岭上，又名"肉身殿""肉身塔"，是地藏王菩萨金乔觉的肉身供奉处。肉身宝殿始建于唐贞元十年（794年），后因金乔觉圆寂三年后，肉身不坏，颜面如生，遂在此建塔供奉。明代神宗赐名"护国肉身宝塔"。后因年代久远及遭受火灾被毁，现寺院建筑均为清代同治年间重建。肉身宝殿内有一座七层八面的木质宝塔，高约 17 米，塔内还有一座三级石塔，石塔内安放地藏王肉身，木塔内壁用赤金贴写有《地藏本愿经》，木塔每层八面均有佛龛，内供地藏金色坐像，全塔共 56 尊。塔两侧为十殿阎王立像，殿后门上方写有一匾"众生度尽方证菩提，地狱未空誓不成佛"。在肉身宝殿之前，有 84 级石阶，以及作为僧房和文物陈列室的东西厢房。殿后，有石砌的半月形瑶台一座，铁鼎三只和古花园一座。这就是人们所说的布金圣地。每年农历七月十五（地藏王诞辰日）和七月三十日（地藏成道日），各方香客、游人云集此殿，盛况非凡。

百岁宫 建在九华山插霄峰（东峰）之上。百岁宫，初名"摘星庵"，又名"万年禅寺"，"九华四大丛林之一"。百岁宫依山而建，殿宇巍峨，上下五层楼阁，曲折相通，可容五千人。东壁以悬崖为基，西临九华峡谷，形势险峻。宫前石碑记载，明万历年间，五台山僧人海玉，字无瑕，云游至九华山。无瑕在此，结茅而居，以野果为食。无瑕圆寂于明熹宗天启三年（1623 年），享年 110 岁，世称百岁公。时过三年后，恰逢钦差来山进香，夜见霞光，起而视之，见无瑕结跏趺坐，面色如生。于是将肉身涂金保护，在庵内供奉，并奏闻朝廷。明思宗崇祯三年（1630 年），敕封无瑕为"应身菩萨"，并题额"为善为宝"，赐无瑕肉身塔名"莲花宝藏"。后在此建佛殿，造戒堂，立方丈，安单接众，易庵为寺。

甘露寺 原名甘露庵，又名"甘露禅林"，建在九华山化城山腰定心石下，"九华四大丛林之一"。清康熙六年（1667 年），玉琳国师朝礼九华，认为如果在这里建立寺庙，肯定会有高僧出现。禅居伏虎洞多年的洞安和尚听到这句话，立即募化建寺。传说在开工前夕，满山树顶都挂满了白露，所以取名为"甘露寺"。甘露寺地处山腰，又是北路朝山必经之地，庙宇宏伟，佛像众多，茂林修竹，环境十分优雅，香火十分旺盛。清乾隆年间（1736—1795 年）成为"十方丛林"。

清道光、咸丰、同治、光绪年间多次重修。现存大雄宝殿、配殿、寮房、钟鼓、碑刻等古迹文物。现著名的九华山佛学院就设在甘露寺内。

祇园寺 又名"祇园禅寺"，位于九华山风景区九华街东北，插霄峰西麓，是九华山唯一一座宫殿式庙宇。始建于明嘉靖年间（1522—1566年），现存建筑为清代所建，清康熙年间为九华山化城寺东寮之一。清嘉庆年间，隆山禅师主持开坛传戒，香火日盛，扩建殿宇，成为十方丛林。寺院由灵官殿、弥勒殿、大雄宝殿、客堂、斋堂、库院、退居寮、方丈寮和光明讲堂等9座单体建筑组成，除弥勒殿和大雄宝殿属宫殿式建筑外，其余皆民居式建筑。

天台寺 又名"地藏寺""地藏禅寺""地藏禅林"，建在九华山天台峰捧日亭北，海拔1306米，是九华山位置最高的寺院。始建于明，清光绪年间（1875—1908年）重修。依山势高低构成楼阁，上下五层，有万佛楼、地藏殿等。内供释迦牟尼、金地藏、弥勒等佛像。梁壁间悬木雕小像多尊。

旃檀林 全称"旃檀禅林"，位于九华山九华街南，神光岭东麓。传建寺时，采木作梁，其木质坚硬，纹理纤细，异香扑鼻，建寺和尚比为佛经中的旃檀木，遂以木名取寺名。旃檀林建于清光绪年间，为一组楼阁建筑。主楼为两层佛殿，楼下前进为弥勒殿，后进为韦驮殿。楼上为西方三圣殿，供阿弥陀佛、观世音菩萨等。殿后两侧楼房为僧人禅房、静室。主楼后有大雄宝殿，殿中满堂佛像，正中供奉释迦牟尼佛，两侧为观音菩萨、地藏菩萨。现九华山佛教协会设在此寺内。

慧居寺 原名"慧庆庵"，建在九华山天台峰西麓。始建于清代，民国二十七年（1938年），由当时的住持僧普明募化扩建，改名慧居寺。寺中大雄宝殿之后为后殿，后殿分上下两层，楼下是地藏殿，楼上为观音楼。观音楼内供奉的是手持净瓶和杨柳枝作抛洒甘露状的"净水观音"。这种女相观音的塑造始于南北朝时期，在九华山诸寺中独一无二。1982年重修殿宇。1984年所有佛像上漆贴金。

上禅堂 原名"景德堂"，位于九华山神光岭南半山腰。始建于明代，清康熙六年（1667 年）重建。乾隆二十三年（1758 年）住持僧乔石扩建观音殿。王文僖公赠额"秀观云林"。咸丰年间（1851—1861 年）毁于兵燹，后重建。光绪年间（1875—1908 年），由清镛禅师续建万佛楼。1925 年住持僧霞光，因其慈善有功，倪前知事赠额"佛国元勋"。1957 年因僧人不慎失火，观音殿部分毁于火灾。1987 年九华山管理处重修。古人游上禅堂称其有"三最"："九华香火甲天下，唯上禅堂最贫；风景唯上禅堂最佳；院宇唯上禅堂最丽。"

·明教寺

原名"铁佛寺"，因修建在三国时期曹操的教弩台上，远近闻名。位于合肥市淮河路东段，逍遥津南面。明教寺始建于南朝梁武帝时期，兴建百年后，毁于兵乱。唐代大历年间，在寺庙旧址上，挖出一尊铁佛，唐代宗李豫诏令重建，定名"明教院"。明朝以后改称"明教寺"，并沿用至今。明教寺现存主要建筑分布在中轴线上，有山门、大雄宝殿、地藏殿，还有配殿、僧房等附属建筑。在大雄宝殿内，有一口高达两米的大钟，钟上铸满了花纹、佛名，还刻有"明教寺"三个大字。

·迎江寺

位于安庆市东门，濒临长江。明万历四十七年（1619 年），邑绅阮自华等筹建。自建立以来，历朝香火兴盛，延绵不绝。1949 年后，

安庆迎江寺

政府多次对寺庙进行维修、保护。迎江寺大门上方书有"迎江寺"三字匾额，门两边各置铁锚一个，重约3吨，十分独特。迎江寺由天王殿、大雄宝殿、振风塔、毗卢殿、藏经楼等建筑组成。整座寺庙建筑在长江岸边的高地上，殿堂巍峨，从长江十里开外均能见其雄姿。

·二祖寺

　　二祖寺又名"无相寺"，位于岳西县司空山。司空山是禅宗发源地之一，是中国佛教禅宗二祖慧可大师弘扬佛法的道场，在我国佛教历史上占有重要的地位。司空山从南面山脚向上看去，整个山体俨如一尊身披袈裟、西向参禅的断臂坐佛，头部、两肩的轮廓都隐约可见。公元536年，慧可大师在河南嵩山少林寺得受达摩衣钵，为避北周武帝灭佛之难，带着徒弟僧璨隐匿辗转，逃亡南朝，于公元561年来到南朝晋熙郡境内（今安徽岳西）的司空山卓锡，保持了佛教禅宗一脉。到司空山后，慧可、僧璨择洞而居，世称"二祖洞""三祖洞"。师徒二人在洞中修行讲禅，慧可在"二祖洞"顶的巨石之上将达摩祖师的衣钵经书传于三祖僧璨。僧璨将衣钵经书传于四祖道信，道信再传五祖弘忍，直至六祖慧能。此后，禅宗一脉世代相传宗风不灭，四方朝拜者络绎不绝。于是在此开山建庙营造殿宇，后人称之为二祖寺。隋文帝赐谥慧可为"正宗普光大师"，唐德宗赐谥慧可为"太祖禅师"，后世尊二祖大师为中国佛教禅宗第一人，二祖道场为中国佛教禅宗第一道场，司空山被誉为"中国佛教禅宗第一山"。

　　二祖禅刹　是天然石窟，背依司空山极顶悬崖，面对钵盂山、讲经台，左有丘峦环抱，右有清泉潺流。二祖禅刹内有清泉，终年不涸。唐宋以后屡有兴废，明天启元年（1621年）重建，清乾隆四十八年（1783年）重修。现存二祖禅刹一进三间，台梁、台柱、山顶及风墙，全系花岗岩精凿而成，后接二祖石洞。内有二祖石龛，门额上镌有"古刹重辉"四字。

·三祖寺

佛教禅宗的发祥地之一，位于潜山市天柱山风景区南大门山脚下的野人寨，与石牛古洞山谷流泉摩崖石刻相邻。佛教传入天柱山始于南朝宋时期，梁天监六年（507年），宝志禅师与白鹤道人斗法，结果宝志取胜，得此宝地。宝志卓锡天柱山麓的凤凰山，筑室建刹，武帝萧衍赐名"山谷寺"，后因禅宗三祖僧璨在此卓锡，故名"三祖寺"。三祖寺依山而建，庙宇按山势逶迤而上，前低后高，形如簸箕。除天王殿、大雄宝殿等正殿外，两旁有东佛堂、观音阁、西房等，是天柱山的第一大寺。三祖寺曾有林逋、王安石、苏东坡、黄庭坚、李公麟、陆宰等文人游寺题诗。有诗云："禅林谁第一，此地冠南州。"

潜山市三祖寺

·琅琊寺

我国东南名刹，位于滁州市西南5千米处。琅琊寺建于唐代大历年间（766—770年），由滁州刺史李幼卿与僧人法琛创建，唐代宗赐名"宝应寺"，崔祐甫为其撰《宝应寺碑》，宋代易名"开化禅寺"。

后因山名相沿，习称"琅琊寺"。宋代惠觉禅师主持寺庙时，大兴土木，寺庙规模大为扩展，建49座舍利宝塔，丰碑林立，亭台星布，汇集了僧众800余人，琅琊寺佛教进入鼎盛时期。特别是欧阳修修建醉翁亭并作《醉翁亭记》后，琅琊山闻名遐迩，吸引了不少文人墨客来此观光、题诗作画，琅琊寺也因此名气大增。后琅琊寺建筑屡破屡建。新中国成立后，政府对寺庙陆续整修一新。

·广济寺

原名"永清寺"，又称"广济院"，位于芜湖市镜湖区赭山西南麓。唐乾宁年间（894—897年）兴建。唐光化年间（898—900年）名"永清寺"。北宋大中祥符年间（1008—1016年）改为现名。明景泰、清乾隆、嘉庆时曾加修葺，咸丰年间（1851—1861年）重建。清光绪年间仿九华山增建地藏殿一座，名为"九华行宫"，内有"新罗大觉"金字匾额，殿后有"幽冥教主"石神龛。相传新罗王子金乔觉来唐后，遍访名山，曾在此结庐修行，留下圣迹，因感到此处不是理想之地，便继续寻找，最后卓锡九华山。为纪念金乔觉曾在此修行，当地人也称广济寺为"小九华"。殿宇依山构筑，自下而上有天王殿（又称山门）、药师殿、大雄宝殿（又称大佛殿）、地藏殿、广济寺塔，共有88级台阶，四重殿宇从山脚下一直延伸到半山腰，后殿比前殿高出数十米。

寿县清真寺与安徽伊斯兰教遗存

唐开元年间（713—741年），安徽省淮河流域就有伊斯兰教教徒活动。杜甫流寓四川时曾作诗《解闷十二首》，其二有"商胡离别下扬州""为问淮南米贵贱"两句。概观唐时伊斯兰教在中国的流传情况，以都城长安和沿海为中心，西安建有化觉寺，广州建有怀圣寺（光塔寺）。传入的途径主要有两条：一是陆路，由中亚、西域的丝绸之路传入长安，再由长安东出中原地区；二是海路，由东南沿海登陆后，至扬州沿运河北上黄河流域，或由安徽之颍、亳，经河南商丘、开封至中原地区。无论是从长安向中原地区扩散，还是从东南沿海向中原地区传播，皖北淮河流域皆被涉及。另外，自海路来华的伊斯兰教商胡还经扬州、南京沿长江深入中国内地，安徽首先涉及，江西、湖北、湖南乃至四川等省区的长江沿岸皆有踪迹。

据不完全统计，至抗日战争以前，安徽各县有伊斯兰清真寺、礼拜寺42座，主要分布在皖北。抗日战争爆发后，回民大量南迁，伊斯兰教的影响也随之进入皖南。安徽省内的清真寺多为简易清真寺，其中以寿县清真寺和安庆关南清真寺最为著名，2013年均被列入第七批全国重点文物保护单位名录。

- **"华东第一清真寺"——寿县清真寺**

位于寿县寿春镇回民聚居的清真寺巷内，有"华东第一清真寺"之称。相传唐宋时寿县清真寺建于县城西北隅，明代移建于今址。光绪《寿州志》载："清真寺在城内留犊坊，康熙年间建。"1980年维修寺院时，发现两块藏于殿顶内的志年望砖，铭文一为"明天启年建，道光年重修"，另一为"光绪年重修"。1986年，大殿大修时，又在瓦椽上见有墨书"民国二十九年修"字样。

寿县清真寺

寺内建筑主要采用当地汉族传统结构形式。大门、二门、南北厢房均为硬山顶、砖瓦粉脊。无像宝殿面阔五间，进深七间，四周设廊。殿之正面（东面）通设隔扇门，两侧面则各开券门五道。殿上面由前后两重檐歇山顶组成，勾连搭式衔接。寺设三重院落，大、中、小南北讲堂对称。礼拜大殿两进相连，四周设廊。殿身前后两侧双重飞檐、歇山顶勾连搭式衔接，内有石、木柱七十二根，可容千人礼拜。该寺具有中国传统的"殿宇式"建筑特征，结构、雕饰均具有明代建筑的特点。

该寺坐西向东，占地5400平方米。院落东西长128米，南北宽44米。中轴线上，布置三进重院。前院正门为大中门，两侧设偏门；正屋为二门，两侧设偏门，无厢房。二进院落为中院，正殿为无像宝殿（即礼拜殿），殿前为宽广的平台。寿县清真寺是国内较为少见的巨大华丽的伊斯兰教建筑之一。

· "万里长江第一殿"——安庆关南清真寺

安庆共有四座清真寺遗址，安庆关南清真寺、安庆关西清真寺、安庆女清真寺、市郊皖河清真寺。其中以安庆关南清真寺，规模最大，是全国100个重点清真寺之一。关南清真寺位于安庆市回民传统聚居区，背倚盛唐山，面临扬子江，涨水季节上下舟楫远远即可望见殿脊高耸，甚为壮观。该寺始建于明成化五年（1469年），为明世袭骠骑将军马义所建，至今已有500多年的历史。该寺为中式建筑风格，仿清代皇帝生祠万寿宫型制而建，规模宏大，结构复杂，金碧辉煌，布局严谨。主要建筑有门厅、抱鼓石拱门、望月楼、南北讲堂、洗心所（水房）、大殿等。大殿面积600平方米，面阔五间，能容千余人排班聚礼，由抱厦、正殿、窑殿和阔廓组成。

正殿（无像宝殿）占地约800平方米，可容纳千人同时礼拜，不仅是穆斯林进行宗教活动的场所，也是广大回民群众进行聚会的重要场所。三方走廊，两级容檐，殿内装饰、雕刻最为壮丽动人，其中黑底阿文金字落地对联金光闪烁，悬挂的四排宫灯显得殿内富丽堂皇。

正门石阶镶有御赐雕有盘龙汉白玉石一块，20 世纪 80 年代初，我国古建筑权威专家、学者单士元、郑孝燮、罗哲文等来寺考察时皆赞之"全国罕见"。

·界首清真古寺

界首清真古寺位于界首市，始建年代无考，清咸丰二年（1852 年）曾重修扩建，面积约 4500 平方米，为二进五层院落，建筑宏伟壮观，独具一格。古寺坐北朝南，中国古典建筑风格，大门上方悬黑底金字大匾，书有"清真古寺"四个大字。步入大门便是红砖铺地的一道长廊，两旁绿树成荫。二门内有以"迎客松"为图案的巨大屏幅。通过二门进入清真寺中心地带"天井院"，迎面有北屋 5 间，西面大殿 10 间，对殿 5 间，对称建筑井然有序，花草陪衬古色古香。

·芜湖清真寺

芜湖清真寺位于芜湖市镜湖区上二街九华中路。据历史文献记载，芜湖市早在元朝期间就有穆斯林在此生活。芜湖市清真寺后毁于清王朝镇压太平军的战火中。清同治三年（1864 年）由先辈穆斯林集资，在城外北廓铺（现上二街北门段）购地重建，即现在的清真寺，当时规模不大，也很简陋。清光绪二十八年（1902 年），重新设计规划，进行扩建，使大殿、讲堂、客厅、水房等设施，均较宽敞完备。1937 年又遭日寇破坏，1944 年由热心教民集资修复，并增设女寺。新中国成立后，该寺一直受到保护，但在"文化大革命"时期，又遭破坏，寺貌全非，教事瘫痪。党的十一届三中全会之后，落实了民族宗教政策，在人民政府的资助下先后多次对寺院进行修葺。该寺坐西向东，中轴线对称布局，保留了中国古典宫殿式建筑风格并与阿拉伯风格的现代寺附属建筑和门面房巧妙结合。芜湖市清真寺大殿和讲堂（对殿）等古建筑被列为市级文物保护单位。大殿内悬挂有民国初年的木制金字"开天古教""诚信独一"匾额两块。

安徽基督教遗存

基督教传入安徽始于 1869 年，英国内地会传教士密道生、卫养生到安庆传教，建立"圣爱堂"。清光绪二年（1876 年），迫于英国政府压力，清北洋大臣李鸿章与英国驻华公使威妥玛签订中英《烟台条约》，规定增开宜昌、芜湖、温州、北海为对外通商商埠，作为领事官驻扎处所。据此，清政府于次年在芜湖设立海关，正式将芜湖辟为对外通商口岸，准许外轮在芜湖停靠和外商前来芜湖贸易。芜湖开埠后，各国传教士也纷至沓来。据不完全统计，从 1842 年中英《南京条约》签订至 1932 年的 90 年间，基督教各派到我国传教的有 154 个。仅在芜湖一地就有 11 个，这在安徽省内可谓是首屈一指。在安徽活动的基督教各派总堂基本上都设在芜湖。在芜湖，不是"天下名山僧占多"，而是"芜湖名山洋占多"。尽管基督教在安徽的传入时间最迟，却得到较为广泛迅速的传播。民国时期，基督教得到继续发展，新建了一些教堂，还兴办了不少慈善救济机构，扩大了社会影响。其中著名的有芜湖天主教堂、怀远教会建筑旧址、安庆天主教堂等。

·芜湖天主教堂

皖江流域最奢华的天主教堂。芜湖天主教堂位于芜湖市镜湖区吉和街 28 号，是安徽省保存最为完好的天主教堂之一，也是安徽省仅存的两座被列入国宝名录的天主教堂之一。1887 年由法国人设计监造，教堂为砖木石混结构，当时的规模在华东地区仅次于上海徐家汇天主教堂。1891 年"芜湖教案"爆发，教堂被当地群众毁坏，清政府与上海法国领事馆协议用 13 万两白银在原址重建，最终新的教堂于光绪二十一年（1895 年）建成，也就是现在教堂的雏形。"文化大革命"期间，教堂又遭到破坏，1983 年重修后一直使用至今。

芜湖天主教堂整个教堂坐东朝西，面临长江，气势雄伟。平面呈拉丁"十"字形，建筑式样为罗马风格，细节上又具有哥特元素。正面左右两座钟楼高约 18 米，钟楼之间便是教堂的顶端，上面竖立着耶稣像，直立的身躯和平伸的双臂交叉成高约 5 米的"十"字，寓意为救赎，通体白色寓意圣洁。教堂从东朝西，采用长"十"字形平面，面宽 17 米，最宽处 27 米，东西长达 39 米，塔楼最高处为 29 米。在直廊和横廊的交汇处设有三个祭台，正中是耶稣养父圣约瑟，左侧是圣母玛

芜湖天主教堂（尼东 摄）

利亚，右侧是圣子耶稣，墙面还绘有"圣经"彩色故事。

· 芜湖圣雅各教堂

　　芜湖圣雅各教堂是芜湖市唯一一座基督教教堂，位于芜湖市镜湖区花津路 46 号。19 世纪 50 至 70 年代，法、英、美等国传教士纷纷来芜湖传教，使芜湖成为基督教在安徽创办最早、流派最多的地区。圣雅各教堂建于清光绪九年（1883 年），由美国圣公会传教士建造。教堂为哥特式建筑风格，坐西朝东，平面呈"凸"字形，建筑面积 861.57 平方米。钟楼为五层，高 25 米，上有尖塔。尖券与圆券兼用，顶端耸立着高高的十字架。

　　圣雅各教堂在设计中采用了中西文化共存的手法，延续了建筑文化的脉络，是古今建筑过渡时期的产物。它在西洋建筑风格中融合了清代中晚期芜湖民居常用的"勾山仰檐"的砌筑手法，对芜湖市的宗

教建筑乃至现代建筑产生了重要的影响。2013年被列入第七批省级重点文物保护单位。2011年，为了市政建设需要，同时为了保护这一百年古建筑，教堂被整体向东平移10米。

· **怀远教会建筑旧址**

怀远教会建筑旧址位于怀远县衙后街西门岗安徽省怀远县第一中学院内，是东方和西方建筑美学相结合的教堂典范。主要包括美国基督教长老会分别于1903年、1909年及1913年创办的含美学校、民望医院和民康医院三处教会建筑旧址。怀远教会建筑旧址灰墙、红券、白色凸缝，色彩对比强烈，墙体施工精到，窗台、窗口呈欧式方块型，饰有花岗岩浅浮雕雕花。室内门门相通，楼梯、木地板花纹起边，线条粗犷，体现了西方的建筑特征。屋面飞檐翘角，木石结构地下室，则体现了中国古代的建筑特色。怀远教会建筑是围绕"人"这个主题，把西方建筑美学和东方建筑美学、实用性和艺术性相结合的建筑典范，具有重要的历史、科学及艺术价值。

清光绪二十九年（1903年），美国基督教长老会牧师柯德义来怀远传教，在衙后街北侧创办含美学校。现存中西结合建筑小西楼，中楼两栋，中式建筑花厅一栋。小西楼是美籍校长柯德义办公室及住宿之地，中楼为学生教室，花厅是招待厅。清宣统元年（1909年），美国基督教长老会牧师罗路南之父维康先生，在衙后街西门岗南侧创办民望医院，院长为美国人柯德仁，医院以收治男病人为主。1913年又创办了民康医院，院长是美国人慕淑媛（又称"三小姐"），该院专治妇女儿童病人。两院分东西两部分，有天桥可通。民望、民康医院现存楼房七栋，均为中西结合式建筑。在古松、古柏、古银杏等林木的掩映下，古建筑群具有古典园林的独特韵味。新中国成立后，几经变迁，现该建筑群归怀远一中所有和使用。2004年被列为第五批省级重点文物保护单位，2013年又被列为第七批全国重点文物保护单位。

·合肥基督教教堂

合肥市基督教堂旧时属"中华基督会"。位于合肥市四牌楼十字街南端的老教堂，始建于1896年，距今已有100多年的历史，是合肥市区唯一的一座基督教堂。1997年，经有关部门和专家多次勘探，教堂原址建筑被鉴定为危房，须拆除复建。2006年起开始复建，2009年完工。身居市中心的合肥基督教堂，周边商业繁荣，是合肥市的标志性建筑之一。建成后的新教堂用地面积2211平方米，占地面积1036平方米，建筑面积7488平方米，其中地下室面积1393平方米。新教堂平面为矩形，长55.15米，宽17.2米，高35.2米，是典型的哥特式建筑。一至五层为礼拜区，六层为办公及会议室，七层为活动室及培训区，地下室作为车库和设备、储藏用房，局部七层为现代化钟楼。

·安庆天主教堂

安庆天主教堂位于安庆市迎江区孝肃路75号。教堂为砖木结构，中西合璧风格建筑，原占地3323平方米，现为1500平方米。教堂坐北朝南，建筑呈十字形，采用宫殿样式，面阔3间11.7米，高19.75米，面积581平方米。正面开有3个拱券门，正门上嵌竖刻"万有真原"石额，东门竖刻"仁基远奠"、西门竖刻"圣域洪开"石额。整个建筑由门厅、庭院、圣心堂、主教楼及神甫楼组成。门厅面西临街，门楣有"天主堂"楷书额。大门两侧嵌有清廷为保护外国传教士活动的"圣旨"碑文。大门两侧是八字形山墙，进门厅为十字形院落，南面有一小花园，环境幽雅。迎门而立的庭院壁龛里供有圣父塑像，北面为天主堂主体建筑圣心教堂。教堂分前堂、中堂、后堂3部分。前堂是钟楼，高4层，顶层内装铜钟，二层是唱经楼；中堂是会堂；后堂有圣心、方济阁、依拉爵、若瑟、圣母5个祭台。

清康熙三十九年（1700年），比利时国方济各会传教士卫方济到安庆设教堂传教。清同治八年（1869年）安庆教案发生后，教会与两江总督马新贻、安徽巡抚萨尔图·英翰签订《南京协定》，以官府赔偿4000元购黄家狮子土地给教会建教堂。清同治十年（1871年），"安庆耶稣圣心堂"破土动工，次年（1872年）落成。清光绪四年（1878年），安徽有安庆、宁国、五河三个传教中心，安庆总堂是皖西南中心。光绪十七年（1891年），耶稣圣心堂扩建，至光绪十九年（1893年）完工，更名为"安庆天主堂"。民国元年（1912年），安庆天主堂升为主教堂，处理六安、霍山、英山各教案及芜湖天主堂土地纠纷。2013年，安庆天主堂被列为第七批全国重点文物保护单位。

名优特产
珍品荟萃

中国是一个历史悠久的文明古国。在几千年的发展中，中国人民以自己的勤劳和智慧，出产了大量闻名于世的风味特产。这些风味特产既是中华民族优秀文化的重要组成部分，也是人类物质文明与精神文明的完美体现。风味特产是某地特有的或特别著名的产品。广义的风味特产不仅包括农林特产，也包括矿物产品、纺织品、工艺品等。一般而言，风味特产是指来源于特定区域、品质优异的农林产品或加工产品，风味特产可以是直接采收的原料，也可以是经特殊工艺加工的制品。无论是原料还是制品，其品质与同类产品相比，应该是特优的或有特色的，主要包括质量优异、特色鲜明的各种名茶、名酒、名果和地方菜系等，如茶中的西湖龙井、太湖碧螺春、祁门红茶、安溪铁观音等；酒中的茅台、五粮液、绍兴黄酒等；以及菜系中的鲁菜、川菜、粤菜等八大菜系或十大菜系。

安徽自古人杰地灵，文化灿烂，各类风味特产种类多、分布广、数量大，不胜枚举。巢湖银鱼、泾县琴鱼、淮南淮王鱼等名水产鲜嫩可口，营养丰富；霍石斛、宣木瓜、潜厚朴等名贵中药材产量大，品质优佳；涡阳苔干、黟县香菇、问政贡笋等山珍畅销国内外；以"重油、重色、重火功、色香味形俱全"为特点的徽菜是全国八大菜系之一，南宋时期就盛行于世。黄山毛峰、祁门红茶、太平猴魁、六安瓜片、霍山黄芽、岳西翠兰、桐城小花、天柱剑毫等名茶驰名中外；古井贡酒、口子酒、萧县葡萄酒等名酒名冠天下；砀山酥梨、萧县葡萄、宁国山核桃等名果为果中名品；巢湖类特产独具特色，流传甚广，畅销江淮大地。

名优特产与风味名食

安徽历史悠久,物华天宝,名优特产众多。安徽物产丰富,山河壮丽,土地肥沃,气候温和,风调雨顺。安徽锦绣丰饶,聚天地灵气蕴奇珍,得日月精华盛物产,农产品品种齐全,南北方作物兼而有之,适合水稻、小麦等多种粮食作物和棉花、油菜籽、茶叶等多种经济作物的生长。此外,还孕育出类型多样的奇石资源,形成特色工艺品。

长江和淮河横贯安徽全境,将全省分为皖北、皖中和皖南三大自然区。

皖北地区是安徽省梨、苹果、葡萄等名优水果的生产基地,砀山酥梨、萧县葡萄等果品已有千百年种植历史,为国家地理标志保护产品;白芍、牡丹、桔梗、菊花等中草药资源丰富,亳州自古就有"药都"之称;皖北还盛产白酒,古井酒、口子酒等中国名酒已成为极具特色的皖北文化符号。

皖中地区地跨长江流域和淮河流域,平原上河汊纵横交错,湖荡星罗棋布,盛产鱼、虾、蟹、菱、莲、苇等水生作物,著名的巢湖银鱼、长江鲥鱼、大闸蟹蜚声海外。皖西大别山山高谷深,生态环境优良,是石斛、茯苓等名贵中药材的重要产区,也是六安瓜片、霍山黄芽等名茶的原产地。

皖南山区物产丰饶,闻名遐迩的全国"十大名茶"黄山毛峰、太平猴魁、祁门红茶均产自该区,同时又是华东地区木竹、食用菌、中药材的主产区之一。灵芝、黄精、宣木瓜等名贵中药材,徽州雪梨、三潭枇杷、广德板栗等名果，黄山蕨菜、问政贡笋等山珍家喻户晓。

安徽名茶

茶叶自古以来就是我国三大特产之一。中国是茶的故乡，也是最早发现茶叶功效、栽培茶树和制成茶叶的国家。茶，是中华民族的举国之饮。发于神农，闻于鲁周公，兴于唐朝，盛于宋代。直到现在，中国各地还有以茶代礼的风俗。中华茶文化是中国文化中的一朵奇葩，源远流长，博大精深，芬芳而甘醇。

皖南山区山灵水秀，土质肥沃，茶树遍布。"晴时早晚遍地雾，阴雨成天满山云"，茶区云雾弥漫、空气清新、茶质优良，属高山茶类，是安徽省第一大茶产区，也是国内重点茶区之一。黄山毛峰、太平猴魁、祁门红茶等名茶位列全国十大传统名茶；屯溪绿茶、休宁松萝等名茶为饮中佳品，驰名中外。

·黄山毛峰

"黄山毛峰有盛名，一芽一叶雀舌形。白毫显露鱼叶嫩，金黄芽片显分明。汤色清澈茶烟袅，鲜醇甘美逸神情。嘉木从来生佳地，徽州春意杯中呈。"这段诗句描述的就是毛峰茶中的佳品——黄山毛峰。黄山毛峰主产于黄山风景区内的桃花峰、紫云峰、云谷寺、松谷庵、吊桥庵、慈光阁一带，这里除了具备一般茶区的气候湿润、土壤松软、排水通畅等自然条件外，还兼有山高谷深、溪多泉清湿度大、岩峭坡陡能蔽日、林木葱茏水土好等自身特点，很适合茶树生长，因而叶肥汁多，经久耐泡。加上黄山遍生兰花，采茶之际，正值山花烂漫，花香的熏染，使黄山茶叶格外清香，风味独具。黄山毛峰外形微卷，状似雀舌，绿中泛黄，银毫显露，且带有金黄色鱼叶（俗称"黄金片"）。入杯冲泡雾气结顶，汤色清碧微黄，叶底黄绿有活力，滋味醇甘，香气如兰，韵味深长，为茶中佳品，冠压群芳。

·太平猴魁

尖茶之极品，皖南地区的另一名茶，久享盛名。其外形两叶抱芽，扁平挺直，自然舒展，白毫隐伏，有"猴魁两头尖，不散不翘不卷边"的美名。叶面色泽苍绿，叶背浅绿，叶脉绿中藏红，俗称"红丝线"。入杯冲泡，芽叶成朵，或悬或沉，悬在明澈嫩绿的茶汁之中，有刀枪云集、龙飞凤舞的特色。滋味鲜醇甘甜，香气高爽持久，汤色清绿明净，有爽口、润喉、明目、提神之效，有"头泡香高，二泡味浓，三泡四泡幽香犹存"的意境。

·祁门红茶

黄山毛峰、太平猴魁是绿茶的佳品代表，而产于祁门、东至、贵池等地的祁门红茶则是红茶中的珍品。祁红产区自然条件优越，山地林木多，温暖湿润，土层深厚，雨量充沛，常有云雾缭绕，且日照时间较短，构成茶树生长的天然佳境，酿成祁红特殊的芳香厚味。祁红外形条索紧细，色泽乌润，汤色红艳，香气清高持久，似果香，又似蕴藏的兰花香，在国际茶市上称为"祁门香"，滋味鲜醇酣厚。祁红宜于清饮，也适于加奶加糖调和饮用，适合做下午茶和睡前茶，与印度大吉岭茶、斯里兰卡乌伐茶，并称世界三大高香名茶，享有"茶中英豪"和"群芳最"之称，被誉为"在中国的茶香里，发现了春天的芬芳"。

皖南是茶叶之乡，讲究以茶立德、以茶陶情、以茶会友、以茶敬宾。皖南人的茶礼逐渐形成系统的礼规，俗称"茶道"，主要有静气、烹汤、焚香、涤器、烫盏、赏茶、投茶、洗茶、注汤、敬茶、闻香、观色、品味、上食和论茶等 15 道程序，"岩下才经昨夜雨，风炉与鼎一时来。便将槐火煎岩溜，听作松风万壑回"，就是宋代徽州茶道的真实写照。

除了皖南山区出产各类名茶外，位于安徽省西南部的大别山区东段的皖西大别山地林茶区是安徽省第二大林茶基地。这里是大别山区山地资源的主体集中区域，气候温暖湿润，降水充沛，所产的"六安瓜片""霍山黄芽""岳西翠兰"等名茶早在唐朝就盛名远扬。

· 六安瓜片

通过独特的传统加工工艺制成的形似瓜子的片形茶叶。早在唐代，《茶经》就有"庐州六安（茶）"之称；明代科学家徐光启在其著作《农政全书》里称"六安州之片茶，为茶之极品"；明代李东阳、萧显、李士实三名士在《咏六安茶》中也多次提及，曰"七碗清风自六安"，予"六安瓜片"以很高评价。"六安瓜片"在清朝被列为贡品。其叶片肉质醇厚，营养最佳，茶叶单片色泽宝绿，起润有霜，形成汤色澄明绿亮、香气清高、回味悠长等特有品质。

近年来，六安市全面启动"六安茶谷"建设，在安徽省内外产生了积极影响，为生态增绿、旅游添景、农民增收发挥了重要作用。"六安茶谷"是中俄蒙"万里茶道"的重要组成部分，是六安市实施"生态领先，绿色发展"战略的一个重要载体和重大项目，涵盖金寨、裕安、金安、霍山、舒城五个县区、46 个乡镇。茶谷以六安瓜片为产业基础，全面反映六安茶产业的特色，以打造六安瓜片、霍山黄芽、舒城小兰花、金寨翠眉、华山银毫"五朵金花"为抓手，把茶谷建设成为生态谷、产业谷、旅游谷、休闲谷、富民谷。"500 里茶谷孕育五朵金花"，六安茶谷客观全面地反映了茶产业的鲜明特色和六安茶谷茶旅游的独特魅力，力争五至十年建成为世界最好绿茶、大别山国家风景道、大别山湖群国家旅游休闲区、国家知名品牌示范区、绿色发展试验区。

除了以上名茶外，"绿色黄金"之誉的屯溪绿茶、"色泽黄嫩油润，芽叶成朵，汤色澄黄而明亮，香气清鲜"的霍山黄芽、"形似兰花、舒展成朵、色泽翠绿"的岳西翠兰、"薄滚如花乳，湛湛如云液……枝枝经手摘，贵真不贵多"的敬亭绿雪、"不风不雨正晴和，翠竹亭亭好节柯；最爱晚凉佳客至，一壶新茗泡松萝"的松萝茶等都为安徽茶中珍品。

安徽名酒

酒，是一种文化，是一段历史。李白有"举杯邀明月"的雅兴，苏轼有"把酒问青天"的胸怀，欧阳修有"酒逢知己千杯少"的豪迈，曹操有"对酒当歌人生几何"的苍凉，杜甫有"白日放歌须纵酒"的潇洒。每一种酒背后都有一段故事，酒文化成为中华传统文化中一种不可或缺的文化。

淮河流域自古以来就是安徽的大粮仓，其耕地面积、粮食播种面积和粮食总产量分别占全省的70%、74%和85%，丰硕、质佳的粮食为酿酒提供了大量的优质原材料。水为酒之血，"佳泉出美酒"，安徽大多数名优酒厂都有自己的佳泉或是靠近优质水源，水色明澈，味醇正甘甜，水中矿物质适宜。引流酿酒，甘美醇和。名泉和优粮的完美结合使皖北地区成为安徽产酒盛地，其中以亳州古井酒与淮北口子窖为代表。

·古井酒

产于历史名人曹操与华佗故里——亳州市，有"酒中牡丹"之称，历史悠久。相传南北朝时在亳州减店集（今古井镇）有一古井，井水清洌甜美，人们用此井水酿酒、泡茶，回味无穷。后因某将军作战失利，将所用兵器投入井中。谁知此后井水比先前更清醇透明，爽口润喉，所酿之酒，十里飘香，古井名声大噪，人们称之为"天下名井"。古井贡酒的前身是汉末"九酝春酒"，为曹操令手下人酿造。后曹操将"九酝春酒"及酿酒方法"九酝酒法"献给汉献帝刘协，受到献帝赞赏，将之作为宫廷用酒。从此，亳州一带酿酒作坊如雨后春笋般发展起来。到了宋代，减店集已成了有名的产酒地，当地百姓至今还有"涡水鳜鱼苏水鲤，胡芹减酒宴贵宾"的说法。明代万历年间，阁老沈鲤在明神宗的庆典上，把"减酒"当作家乡酒进贡朝廷，明神宗饮后连连叫好，钦定此酒为贡品，命其年年进贡，"贡酒"之名由此而得。古井贡酒以优质高粱为原料，用大麦、小麦、豌豆制曲，以"色清如水晶、香纯似幽兰、入口甘美醇和、回味经久不息"的独特风格赢得了海内外的一致赞誉。

为弘扬中华民族酒文化，展示古井风采，古井集团投资兴建了古井酒文化博物馆。以古井酒文化博物馆为点，以参观生产工艺为线的古井集团被命名为首批"全国工业旅游示范点"。

·口子酒

产于淮北市濉溪县，酿造历史源远流长。据传战国时期，宋国迁都相山，就大量酿造，有"名驰冀北三千里，味占江南第一家"之美称。口子酒入口味道甘美，饮后心旷神怡，素有"隔壁千家醉，开坛十里香"的美誉。口子酒将传统的酿酒技艺——真藏实窖体系与现代白酒技术相结合，进行创新和发展，最终形成了以"大蒸大回工艺""高温润料堆积法""三部循环储酒法""制曲工艺"为核心的"真藏实窖"工艺体系，现主要有口子窖、老口子、口子坊等产品系列。口子窖酒是安徽口子酒业主导产品，口感"香气馥郁，窖香优雅，富含陈香、醇甜及窖底香"。2002年，口子窖酒被评为中国首个国家地理标志保护产品的兼香型白酒品牌。

淮北市是著名的酒乡，酒俗众多。生孩子要吃满月酒、剃头酒、百日酒，结亲要吃喜酒、会亲酒、回门酒、三朝酒、闹房酒，祝寿要吃寿酒，盖房要吃上梁酒、进屋酒，还有结拜要喝"拜把酒"。农民把酒话桑麻，文人把酒研诗文，工商把酒说财源，青年把酒述成长，客来把酒叙友情，邻里把酒讲和睦，夫妻把酒谐白头，老人把酒庆福寿。

除了古井酒、口子酒外，安徽还有"酒味绵甜净爽、口味醇和"的蚌埠皖酒，采取"熟糠拌料、轻撒上甑、截头去尾、回酒发酵"等传统生产工艺的阜阳种子酒，采用"五粮液工艺，泥池老窖"酿制而成的六安迎驾贡酒以及被誉为"酒中之花"的明光酒等许多地方佳酿。此外，萧县葡萄酒、怀远石榴酒等著名果酒也营养丰富、醇香浓郁。

江淮水产

安徽河流众多，水系发达，湖泊星罗棋布，主要分布在长江与淮河两岸，水域面积居全国前列，是内陆水产大省，水产资源丰富，其中以长江三鲜、巢湖三珍最具特色。

·长江三鲜

是指在长江中下游水域中出产的三种肉质鲜美的鱼类——刀鱼、鲥鱼和河豚。三鲜都属长江洄游鱼类，每到春发之际，随着海潮游到长江，在淡水中产卵繁殖后入海。所以，江水中的三鲜就是"春馔妙物"，自古以来即为食客恩宠之物。

刀鱼因上市最早，且鲜美无比，故列三鲜之首。刀鱼又称"刀鲚""毛鲚"，鳞细白如银光闪烁，一般长 30 厘米左右，雌大雄小，体形狭长扁平似刀。《辞海》记载："春夏集群溯河，分别到河流上游或在河口产卵，形成渔汛，产卵后又返归海中。"长江下游从南京到南通的水道，通常是刀鱼鱼群出入的最佳地段。刀鱼只在三月初至四月上旬"亮相"，清明之前是品尝长江刀鱼的最好时节，肉汁鲜美，细嫩如滑，肥而不腻，兼有微香，民间有"清明前细骨软如绵，清明后细骨硬如针"的说法。宋朝刘宰曾设刀鱼宴饯别友人，并赋诗"芼以姜桂椒，未熟香浮鼻"，赞刀鱼味美。

鲥鱼被称为"鱼中之王"，古云"红烧鲥鱼两头鲜，清蒸鲥鱼诱神仙"。鲥鱼形似鳊，鳞如银，唇边有朱点，一般长 25 ~ 40 厘米，体重 1 ~ 2 千克。肉嫩、鳞鲜、汤美，营养丰富，古为纳贡之物。因按时入江产卵，如期归海生活，故称"鲥"。每年春上，鲥鱼从东海成群结队溯江西上，至安庆宿松县小孤山即止，有民谚说："鲥鱼不过小孤山。"安庆城区及枞阳、怀宁、望江、宿松沿江诸县都曾是鲥鱼产区。一代文豪苏东坡赋诗赞曰："芽姜紫醋炙鲥鱼，雪碗擎来二尺余。尚有桃花春气在，此中风味胜莼鲈。"

三鲜中，滋味与口感最特别的当属河豚。河豚天生含剧毒，被冠以"最危险的美食"之称。它带有肉刺的鱼皮胶质浓厚、粘口、丰腴鲜美、入口即化。《本草纲目》有记载："河豚有毒""味虽珍美，修治失法，为之杀人。"

· 巢湖三珍

巢湖产的"银鱼、螃蟹、白虾"统称为"巢湖三珍"。巢湖银鱼古称"脍残鱼"，体形细长且无鳞，光滑透明，洁白如银，肉密无刺，滋味鲜美，素有"巢湖鱼类皇后"的美誉。可鲜食，也可制成银鱼干。用银鱼做的银鱼汤、银鱼炒蛋、银鱼丸子、银鱼烧豆腐等味道特别鲜美。巢湖螃蟹与河蟹、江蟹同属中华绒螯蟹的家族。个大体健，肉肥黄满，食之无腥味、无土气、肉鲜味正，营养价值高。用巢湖螃蟹制作的蟹糊、醉蟹等，为巢湖地区独有的风味。巢湖白米虾体长透明，肉白籽黄，甲壳甚薄，微有棕斑，其色、香、味俱佳，素有"巢湖白虾甲天下"之称。白虾加工晒干制成虾仁，又称"湖米"，故称"巢湖白米虾"。

· 淮王鱼

产于淮河的淮王鱼也是别具特色的江淮水产。淮王鱼俗称"肥王鱼"，因西汉淮南王刘安喜食该鱼，并常以此鱼待客，故该鱼又称为"淮王鱼"，主产于淮河寿县正阳关至淮南市凤台县黑龙潭段。体形呈圆锥形，腹浑圆，尾则扁，吻锥形向前突，口位其下而呈新月状，唇肥厚。淮王鱼有"鲜、嫩、滑、爽"四大特点。清蒸、白煮、红烧、片炒俱佳，当地有"奶汁淮王鱼"名菜。

除了以上名水产外，"大鱼人骑天上去，留得小鳞来按觞。吾物吾乡不须念，大官常馔有肥羊"的泾县琴鱼、"一双白锦跳银刀，玉质黑章大于掌"的秋浦花鳜、"体大腴肥，壳青肚白爪黄"的黄湖大闸蟹、与"庐山石鱼""春鱼""琴鱼"一起被列为"贡鱼"的清溪麦鱼等各地水产均鲜嫩可口、营养丰富。

安徽蔬果

安徽蔬果类型众多，因地质、地貌、气候、光照、降水等自然条件差异，各地蔬果特色各异。皖北地区盛产葡萄、酥梨、石榴等名果，皖南地区则出品枇杷、雪梨、山核桃、板栗等佳果。

· 萧县葡萄

宿州市萧县为全国四大葡萄基地之一，已有 1000 多年的种植历史。萧县葡萄为国家地理标志保护产品，品种繁多，其中尤以"玫瑰香"葡萄最佳，果实圆满，紫里透红，宛如珊瑚玛瑙，并有穗大、粒饱、肉肥、多汁、甘甜、透明、

萧县葡萄

清香、食后生津等特点。其中"白羽"葡萄亦别具风味，它犹如水晶白玉，晶莹透明，果粒严实，皮薄汁多，既酸又甜，香郁爽口。萧县葡萄除直接食用外，大量用来酿酒，并加工罐头。同时还具有药用价值，能壮筋骨、治瘰痹。从葡萄中提取的单宁、酒石酸，可用于镇静和食物防腐等。

· 砀山酥梨

砀山县水果种植面积近百万亩，是著名的水果之乡，年产砀山酥梨等各类水果 150 万吨，有"中国梨都"美誉。砀山酥梨为梨中名产、国家地理标志保护产品。明代，横贯砀山县境的黄河故道淤塞，洪水泛滥，沿河形成大面积沙荒和冲积平原，最典型的土壤是沙土和泡沙土。这种河水冲击的土壤，土质细

砀山酥梨

腻疏松，土层深厚，极有利于酥梨根系的生长发育，特别是沙地容热骤高骤低，有利于酥梨糖度的增加，故果实硕大，皮薄汁多，酥脆可口，并兼有止渴生津、祛热消暑、化痰润肺、止咳平喘、通便利尿之功能，"生食可清六腑之热，熟食可滋五脏之阴"，被历代中医称之为"果中甘露子，药中圣醍醐"。主要品种有金盖酥、白皮酥、青皮酥和伏酥等，其中以金盖酥品种质量最佳。

· **怀远石榴**

怀远县的石榴具有千年以上历史，是国家地理标志保护产品。种植在荆涂两山的石榴，品质优良，籽粒晶莹剔透，红润欲滴，粒大皮薄，似珍珠宝玉，其味甘美如饴。以"玉石籽""红玛瑙"为上品，核软可食，籽粒若珍珠，似宝石，风味醇厚，可滋补身体，有益身心。

· **三潭枇杷**

歙县三潭枇杷

歙县被誉为"中国枇杷之乡"，其境内新安江沿岸的漳潭、绵潭和瀹潭三个自然村合称"三潭"。这一带群山环抱三个大面积的深水潭，冬暖夏凉，终年云雾萦绕，雨量充沛，为枇杷的生长提供了得天独厚的条件。三潭枇杷皮薄、肉厚、汁甜、水多，清香爽口，营养丰富，并以早熟优质而闻名遐迩。现有20多个品种，享誉最高的是"大红袍"和"光荣花"。

· **徽州雪梨**

之所以被称为"雪梨"，是因果皮雪白，这是由于采用了独特的栽培方法。在清明节过后，梨长到纽扣般大小，梨农就用柿漆水渍过的毛边纸袋包裹住，用棕叶丝绑扎在树枝上。四五个月以后，梨子成熟，梨农把纸袋和梨子一起摘下树来。梨子成熟期内有纸袋包住，可防虫害；纸袋浓褐色，不透水和光，使梨子果皮雪白，肉质脆嫩，汁多味甘，而且易于贮藏远运，能一直保存到春节。"凉赛冰雪甜争蜜，清肺止咳脆而香。"徽州雪梨不仅是上乘水果，以皮薄、果甜、水分多而闻名，而且药用价值也较高。将梨核除去，放入冰糖炖熟食用，或用它来做梨汁、梨膏，有去热清痰、止咳润肺等功效。

·宁国山核桃

宁国市被称为"中国山核桃之乡"，宁国山核桃是国家地理标志保护产品，因其不同于其他大核桃，又名小核桃。"白露到，竹竿摇；满地金，扁担挑"，说的就是每年白露时节山核桃开杆的日子。宁国山核桃生产区域为天目山北麓乡村，

宁国山核桃

分布区内山势雄伟峻拔，沟壑交错，具有温暖湿润、直射光照较弱、散射光照较强，昼夜温差大等典型的山区小气候条件，有利于耐阴性树种山核桃的生长发育、果实生长、营养物质的积累。宁国山核桃籽大壳薄、核仁肥厚、含油量高，采用传统工艺加工后，色味香美、果仁清脆可口，具有润肺滋养、益胃养颜、乌须黑发之功效。

·广德板栗

宣城市广德县被称为"中国板栗之乡"，广德板栗栽培历史悠久，清朝嘉庆年间曾作为"贡品"，名噪大江南北。优良品种有"大红袍""处暑红""大油栗"等。相传慈禧太后第一次见到这又大又圆、红得发亮的板栗时，爱不释手，指着管押运的官员说："这栗子比你的大红袍还要亮。"大红袍板栗因此得名。广德板栗结实饱满，粒大均匀，色泽鲜艳，果味甘甜，糯性强，耐贮藏。

此外，中国四大著名樱桃品种之一的太和樱桃、又名"金丝琥珀枣"的水东蜜枣、"红梅鲜红带紫，白梅白嫩似玉"的富岱杨梅、被誉为"水果之王"的黄山猕猴桃、我国最古老的水果品种之一的来安花红、产

于"中国草莓之都"长丰县的长丰草莓、被称为"贡柿"的杨桥贡柿等名特优果品都富含丰富的营养成分。有"金衣白玉，蔬中一绝"美誉的问政贡笋、以"清新素雅"著称于世的太和椿芽等名蔬均鲜嫩无比，且营养价值较高。

安徽中药材

中药材是中国独特的卫生资源、潜力巨大的经济资源。中药材产业具有产业链条长、附加值高、成长性好等特点，在推进产业结构调整、发展壮大区域经济和增加农民收入等方面有着不可替代的重要作用。

安徽是中药材资源大省，中药资源极为丰富，全省中药材品种达到 3578 种，位居全国第 6 位。2016 年，安徽省公布了首批 12 个"十大皖药"产业示范基地，涉及 11 个市、县、区，分别是霍山石斛产业示范基地、灵芝产业示范基地、亳州白芍产业示范基地、黄精产业示范基地、茯苓产业示范基地、断血流产业示范基地、宣木瓜产业示范基地、滁菊产业示范基地、黄山贡菊产业示范基地、亳菊产业示范基地、丹皮产业示范基地和桔梗产业示范基地。按照《安徽省中医药健康服务发展规划（2015—2020 年）》要求，安徽省将加大对中药材基地建设投入，积极开发利用中药资源，实现中药资源的可持续发展。同时，加快发展现代中药产业，规划建设 2 ～ 3 个现代中药工业园，建设以亳州为中心的皖北大宗中药材种植基地，以六安为中心的大别山绿色有机中药材种植基地，以黄山、宣城为中心的皖南山区特色中药材产业基地。

· 药都亳州

亳州市自古有"中华药都"之称，是全国闻名的中药材种植基地。亳州自商汤建都到今，已有 3700 年的文明史，是汉代著名医学家华佗的故乡，受一代名医的影响，明、清时期亳州就是全国四大药都之一。

清末，亳州已经成了药商云集、药栈林立、药号巨头密布、经销中药材 2000 多种的重要"药都"。亳州中药材种植十分广泛，清代文学家刘开有诗云："小黄城外芍药花，十里五里生朝霞。花前花后皆人家，家家种花如桑麻。"亳州市中药材种植达 400 多个品种，有 800 多个中药材种植专业村，8 个中药材种植基地，药材种植面积 116.3 万亩，已成为全球较大的中药材集散地以及价格形成中心。

中国《药典》上冠以"亳"字的就有"亳芍""亳菊""亳桑皮""亳花粉"四种，其中白芍占全国总产量的 60%。亳州白芍为安徽四大栽培名药之一，"十大皖药"之一，国家地理标志产品。亳州白芍为毛茛科植物根的干制品，属药用白芍中的上品。栽培的芍药，块根入药。掘出根后刮去外皮加工而成，称"白芍"，有平肝潜阳，养血敛阴等作用，可治疗头晕、血虚腹痛、肋痛、痢疾、月经不调、崩漏等症。

·安徽著名中药材

除药都亳州外，皖西大别山也是全国药源宝库之一，主要名贵药材有大别山石斛、大别山灵芝、安徽贝母、龙汉半夏、岳西茯苓、岳西天麻、杜仲、桔梗、断血流、金头蜈蚣等。

霍山石斛 主产于六安市霍山县，"十大皖药"之一，国家地理标志产品。大多生长在云雾缭绕的悬崖峭壁崖石缝隙间和参天古树上，丛生，茎直立，肉质，不分枝，具 3 ~ 7 节，淡黄绿色，有时带淡紫红色斑点，干后淡黄色。有益胃生津、滋阴清热、调和阴阳等功效，是一种名稀中药，素有"千金草"之称。

茯苓 产于岳西、金寨、霍山、潜山等地，又名"玉灵""茯灵""万灵桂"，安徽四大栽培名药之一，"十大皖药"之一。拟层孔菌科真菌茯苓的干燥菌核，常寄生在松树根上，形如甘薯，球状，外皮淡棕色或黑褐色，内部粉色或白色，精制后称为白茯苓或者云苓。古人称茯苓为"四时神药"，因其广泛，不分四季，将它与其他各种药物配伍，对寒、温、风、湿诸疾，都能发挥其独特功效，有利水渗湿、健脾、安神的作用。

皖南山区是华东地区重要的药材种植基地，目前基本形成了以宣城、黄山、池州、芜湖、铜陵为重点的皖南山区中药材生产区域，代表药材有黄山灵芝、宣木瓜、丹皮、太子参等。

黄山灵芝　为"十大皖药"之一。外形呈伞状，菌盖肾形、半圆形或近圆形，多孔菌科真菌灵芝的子实体。自古以来人们视灵芝为仙草、祥瑞之物，传说可令人"长生不老""起死回生"。其功效古代药典多有记载，被誉为"山珍极品"，具有补气安神、止咳平喘的功效，用于眩晕不眠、心悸气短、虚劳咳喘。

丹皮　主产于铜陵市凤凰山和亳州，安徽四大栽培名药之一，"十大皖药"之一。因铜陵市凤凰山所产丹皮质量最佳，故称凤丹，现为国家地理标志保护产品。丹皮是药用牡丹根部的皮，秋、春季采挖 3～5 年的牡丹，除去根的表皮和皮肉木质，晾干即可。味苦、微寒，具有清热凉血、活血化瘀、退虚热等功效。

此外，皖南山区的黄精，宣城市的宣木瓜，亳州市、滁州市、歙县三地的菊花，霍山县的断血流，太和县的桔梗等均为"十大皖药"，功效显著。

江淮菜系

一方水土一方人，一方食物一方味。一方里，积淀着太多人间烟火，蕴含着太多地方味道，山川形胜，物景人情，造就了流传至今的舌尖臻享。菜系由于地域特征、气候环境、风俗习惯等因素的影响，会出现在原料、口味、烹调方法、饮食习惯的差异上。正是因为这些差异，菜肴具有强烈的地域性。

安徽菜涵盖徽菜、皖江、皖北、合肥、淮南五大地方风味。安徽菜系的传统品种多达千种，其代表为徽菜、沿江菜、沿淮菜。从风味特色来讲，安徽菜系是由以上三个区域的地方菜肴组成的一种既有个性又有共性的地方风味。其总体风格是：清雅纯朴、原汁原味、酥嫩香鲜、浓淡适宜，并具有选料严谨、火工独到、讲究食补、注重本味、菜式多样、南北皆宜的共同特征。

· 徽菜

即徽州菜肴，中国八大菜系之一。徽菜不等于安徽菜，原是徽州山区的地方风味，不包括皖北地区。起源于南宋时期的古徽州歙县一带，发扬光大于绩溪县"徽帮厨师"。徽菜的形成、发展与徽商的兴起、发迹有着密切的关系，徽商史称"新安大贾"，明代晚期至清乾隆末期是徽商的黄金时代，其时徽州营商人数之多，活动范围之广，资本之雄厚，皆居当时商团之前列。徽商富甲天下，偏爱家乡风味，哪里有徽商哪里就有徽菜馆。明清时期，徽商在扬州、上海、武汉盛极一时，上海的徽菜馆一度曾达 500 余家。

徽菜的形成与古徽州独特的地理环境、人文环境、饮食习俗密切相关。绿树丛荫、沟壑纵横、气候宜人的徽州自然环境，为徽菜提供了取之不尽、用之不竭的徽菜原料。徽州盛产石鸡、甲鱼、桃花鳜、竹笋、香菇、木耳、板栗、枇杷、雪梨、香榧、琥珀枣等山珍异果。得天独厚的条件成为徽菜发展的有力物质保障。同时徽州名目繁多的风俗礼仪、时节活动，也有力地促进了徽菜的形成和发展。在绩溪，民间宴席中，县城有六大盘，岭北有吃四盘、一品锅，岭南有九碗六、十碗八等风俗。

徽菜素以"重油、重色、重火工，色香味形俱全"而盛行于世。擅长烧炖，喜用火腿佐味，冰糖提鲜，原锅上桌，原汁原味，香气四溢。徽菜的基本特点有：一是就地取材，选料严谨，四季有别，充分发挥当地盛产山珍野味的优势。如选料时笋非问政山不用、鸡非当年仔鸡不取、鳖必用马蹄大为贵、鱼以色白鲜活为宜。二是火工独到。徽菜之重火工是历来的优良传统，其独到之处集中体现在擅长烧、炖、熏、蒸类的功夫菜上。有的菜先炸后蒸，有的菜先炖后炸，还有的熏中淋水、火烧涂料、中途焖火等，使菜肴味更为鲜美。如"徽式烧鱼"几分钟即能成菜，保持肉嫩味美、汁鲜色浓的风格，是巧用武火的典范；"黄山炖鸡""问政山笋"经过风炉炭火炖熬，成为清新适口、酥嫩鲜醇的美味，是文火细炖的结晶。不同菜肴使用不同的控火技术是徽帮厨师造诣深浅的重要标志，也是徽菜能形成酥、嫩、香、鲜独特风格的基本手段。三是烹调技法独特。徽菜常用的烹饪技法有20大类50余种，其中最能体现徽式特色的是滑烧、清炖和生熏法。烧，讲究软糯可口，余味隽永；炖，要求汤醇味鲜，熟透酥嫩；熏，重在色泽鲜艳，芳香馥郁；蒸，做到原汁原味，爽口宜人，一菜一味。四是讲究食补，以食补疗，药食并重，以食养身，在保持风味特色的同时，十分注意菜肴的滋补营养价值，其烹调技法多用于烧、炖，使成菜软糯可口，熟透酥嫩，徽菜常用整鸡、整鳖煮汁熬汤，用山药炖鸡等。

最有代表性的徽菜名品有"火腿炖甲鱼""黄山炖鸽""清蒸石鸡""腌鲜鳜鱼""香菇盒""问政山笋""双爆串飞""虎皮毛豆腐""香菇板栗""杨梅丸子""凤炖牡丹""双脆锅巴""徽州圆子"等。此外，还有"清蒸鹰龟""青螺炖鸭""方腊鱼""一品锅""中和汤"等名菜佳肴。

江淮菜系主要包括沿江菜和沿淮菜。

沿江菜 以长江两岸的芜湖、安庆地区为代表。这一地区河流纵横，湖塘沟汊密布，鱼、虾、蟹、鳖、菱、藕、莲、芡等水产资源丰富，素称"鱼米之乡"。纵横交错的丰饶田畴，岗丘起伏的丘陵地带，盛产大米、棉花、茶叶、水果及其他多种经济作物，还有丰富的家禽家畜等肉食品。群众饮食多以鱼、肉、鸡、鸭、鹅及蛋品等制作菜肴，城市居民口味较淡，农村及山区群众口味偏咸，并嗜辣味。沿江菜讲究刀工，注重形色，善于用糖调味，尤其以烟熏技术别具一格，如"毛峰薰鲥鱼""无为薰鸭"都采用先薰后卤的独特方法，吃起来异香可口，回味隽永。

江城芜湖的江鲜是沿江菜的典型代表。"春有河豚夏有鲴，秋有肥蟹冬有鲫"，讲究时令，只用料酒、姜、盐等最常见的调料，突出本味，是烹饪江鲜的原则。常见的江鲜名菜有"江鲴白汤"，鲴鱼用猪油煸炒，葱姜去腥，待汤汁烧开后放入鱼丸和荷包蛋，汤白如乳汁，鲜美浓郁。"清蒸白刀"也是名菜，二三月是吃刀鱼的最佳时节，清明一过，刀鱼就老了，刀鱼味美但刺多，小刀鱼只能油炸，大刀鱼才适合清蒸。沿江菜具有清爽、酥嫩、鲜醇的特色，代表菜品有"清香炒悟鸡""生熏仔鸡""八大锤""火烘鱼""蟹黄虾盅"名菜佳肴。

沿淮菜　以淮河流域的蚌埠、宿州、阜阳的地方菜为代表。淮北平原辽阔，土质肥沃，盛产小麦、山芋、玉米、高粱等，砀山酥梨、萧县葡萄、涡阳苔干、太和椿芽早已蜚声中外，这给沿淮菜的形成与发展提供了良好的物质基础。沿淮地区人们饮食以面食为主，喜食牛羊肉，其中白牛肉、苔干羊肉丝、羊肉汤等地方风味特浓。沿淮菜一般咸中带辣，汤汁味重色浓，擅长烧、炸、熘等烹调技法，惯用生大蒜、香菜、辣椒调味和配色，风味特点是咸、鲜、酥脆、微辣、爽口，极少以糖调味。代表菜有"奶汁肥王鱼""香炸琵琶虾""鱼咬羊""老蚌怀珠""朱洪武豆腐""焦炸羊肉"等名菜佳肴。

此外，历史悠久、独具地方特色的各类安徽小吃也是琳琅满目，甜咸酸辣各味俱全。皮薄馅大、汁多味美的芜湖小笼汤包，汤味醇厚、鲜香爽辣的淮南牛肉汤，绵韧耐嚼、回味持久的采石矶茶干，"薄如秋月，形似满月，落地珠散玉碎，入口回味无穷"的黄山烧饼，颜色金黄、面形粗壮的阜阳格拉条，入口酥软、骨薄如纸的滁州琅琊酥糖等特色小吃都是让食客们欲罢不能的"舌尖上的安徽"。

安徽奇石

安徽省地质构造复杂，地貌类型多样，孕育出丰富的奇石资源，经过精心加工，成为市场上炙手可热的观赏工艺品。主要的观赏石有灵璧石、宣城景文石、淮南紫金石、宿州褚兰石、巢湖石、宣石、无为军石、泗州石、黄山蜡石、歙县金川怪石、马鞍山绿松石、宁国菊花石、歙县昌源石、旌德栖真石、铜陵和池州孔雀石、明光火山弹、黄山砚石等。

·灵璧石

灵璧石，出自安徽省宿州市灵璧县北渔沟镇、朝阳镇等一带的山脚下。该石是远古地层中的碳酸盐类岩石，质地坚硬细密，油润沉厚。外表清润秀奇，线条柔和，坳坎变化，千姿万态，妙趣迭出。石肌往往巉岩嶙峋、沟壑纵横、粗犷雄浑，气韵苍古、凝重。有的石肤则圆润细腻，滑如凝脂，温润尔雅，入手畅心怡怀，韵味十足。颜色以黑、青、灰、褐黄色为主，也有白色、暗红、五彩等色，一般以黝黑如漆者为佳。体量有大有小，皆独立成景，天然形成山形、景观、鸟兽之状；大者比较难觅，高广达数丈，宜置于园林庭院，立石为山；中者可放于厅堂或作草坪、池塘坡岸缀石；小者最多，可置于案头几架，亦可装点盆景；有极高的观赏价值。灵璧石的开发，已有三四千年历史，为我国历史上的四大名石之一。

灵璧石采于土中，多为一层，尤其是表层石，受长期日照风吹雨打，其质地、形态的原始气息最浓。灵璧石的原岩形成于距今约 8 亿年前的震旦纪，那时这一带为辽阔的浅海，大量藻类随时代变迁与海水中的碳酸盐一起沉淀下来，形成碳酸盐层被深埋地下固结成岩，碳酸盐结晶为方解石、白云石，混杂于其中的藻类则构成各种色纹。在漫长的地质构造运动作用中，岩层发生褶皱、断裂后，经亿万年雨水冲蚀，自然造就成具有瘦、皱、漏、透等特点的巧石。

后 记

党的十八大以来，安徽省牢记习近平总书记"把好山好水保护好"的谆谆教导，坚持加强系统设计、改善生态环境，制定出台了《关于推进长江经济带生态优先绿色发展利用规划》等重大举措，着力打造"三河一湖一园一区"生态文明样板工程，加快建设绿色江淮美好家园。

为深入贯彻落实习近平新时代中国特色社会主义思想，帮助广大干部全面领会党的十八大以来关于生态文明建设思想和视察安徽重要讲话精神，以更高的站位、务实的举措了解安徽的自然禀赋、秀美的山水景色、丰富多彩的民俗风物等信息，牢牢坚持"人与自然和谐共生"的科学自然观、"绿水青山就是金山银山"的绿色发展观、"良好生态环境是最普惠民生福祉"的基本民生观、"山水林湖草是生命共同体"的整体系统观、"用最严格制度最严密法制保护生态环境"的共赢全球观，做到学思用贯通、知信行统一，激励广大干部助力全面建设现代化五大发展美好安徽，安徽省委组织部组织编写了本书。

《美好安徽》干部培训省情系列教材，主要作为干部培训的辅助教材、干部自学的参考读本、干部院校学员的案头书籍和高校典藏图书、省外来宾赠阅书籍，共分《山水安徽》《人文安徽》《红色安徽》《创新安徽》四卷。

安徽省委有关领导对《美好安徽》干部培训省情系列教材编写工作给予重视支持、有力指导，并审定书稿。本书由安徽省委组织部牵头，省水利厅、省文化和旅游厅负责编写，安徽师范大学给予支持。参加本书调研、写作和修改工作的主要人员有：晋知华、杨效忠、李小林、周非、王家先、许晓彤、周光明、黄成林、黄灵敏、李光升、徐迎春、谷永生、欧阳林哲、汪雪峰、余渊、朱永恒、唐骏、汪淑敏、彭敏、张艳、黄薇薇、张月蓉等。王士友、钱念孙负责统稿。参加本书审读的人员有：王士友、钱念孙、欧世平等。在编写出版过程中，省委组织部干部教育处负责组织协调工作，省辖市和省直有关部门提出了宝贵意见，安徽人民出版社等单位给予大力支持。在此，谨对所有给予本书帮助支持的单位和同志表示衷心感谢！

由于水平有限，书中难免有疏漏和错误之处，敬请广大读者批评指正。

编　者

2019 年 7 月